高等学校经管类系列教材

投资组合理论及应用

（第二版）

金 辉 编著

西安电子科技大学出版社

内 容 简 介

本书从投资组合分析入手，在内容编排上强调对投资学理论的经济学理解、数学推导和模型应用，并涉及投资学理论中相关实证技术的简单介绍。

本书共十四章。第一章到第六章围绕投资组合分析展开，内容涉及投资组合的收益和风险、投资组合的选择、市场均衡下的资产收益和风险以及市场有效性等投资学的基础理论；第七章到第十三章对债券、股票、期货、期权等金融产品进行收益和风险分析、资产定价等；第十四章对行为金融学的发展做了简单介绍。

本书适合高等院校金融、管理、经济类专业本科生使用，也可作为证券、金融实务工作者了解投资学理论的参考用书。

图书在版编目(CIP)数据

投资组合理论及应用/金辉编著. —2 版. —西安：西安电子科技大学出版社，2022.6(2024.4 重印)
ISBN 978 - 7 - 5606 - 6412 - 5

Ⅰ. ①投…　Ⅱ. ①金…　Ⅲ. ①组合投资－研究　Ⅳ. ①F830.59

中国版本图书馆 CIP 数据核字(2022)第 055613 号

策　　划　陈　婷　马乐惠
责任编辑　陈　婷
出版发行　西安电子科技大学出版社(西安市太白南路 2 号)
电　　话　(029)88202421　88201467　　邮　编　710071
网　　址　www.xduph.com　　　　电子邮箱　xdupfxb001@163.com
经　　销　新华书店
印刷单位　咸阳华盛印务有限责任公司
版　　次　2022 年 6 月第 2 版　2024 年 4 月第 2 次印刷
开　　本　787 毫米×960 毫米　1/16　印张　15.5
字　　数　306 千字
定　　价　39.00 元
ISBN 978 - 7 - 5606 - 6412 - 5/F

XDUP　6714002 - 2

前　　言

  时光荏苒，距《投资组合理论及应用》第一版的出版已经过去了四年。根据第一版教材使用情况及来自各方的热心反馈，我们进行了本次修订。本次修订保持了第一版的逻辑思路，增加了第十章"远期与期货"，对原第一章、第五章、第六章、第八章、第十一章、第十二章和第十三章进行了完善，使得内容更加完整、精练和准确，与后续课程的衔接脉络更为清晰。修订后的教材突出了对投资学理论的经济学思维和模型运用启示这两方面的解读，删除了原第五章"资本市场均衡模型"中关于 CAPM 模型实证检验方法的介绍。对删除内容感兴趣的读者可以参阅《投资学实证方法及课程论文集》（金辉著，浙江大学出版社 2018 年出版）。本次修订对最后一章"行为金融学的发展"进行了大幅度的修改，希望能帮助读者在后续课程的学习上厘清思路。

  修订后的教材仍保持了服务于应用型本科教学的特色，全书结构安排基本不变：第一章到第六章围绕投资组合分析展开，内容涉及投资组合的风险和收益、投资组合的选择、市场均衡下的资产收益和风险以及市场有效性等投资学的基础理论；第七章到第十三章拓展了投资学的基础理论，对债券、股票、期货、期权等金融产品进行收益和风险分析、资产定价等；第十四章则针对以有效市场假说为基础的传统金融学的局限性，对行为金融学的发展做了简单的介绍。

  本次修订得到了杭州电子科技大学的大力支持以及姚奕倩、罗雄华和林国鑫等研究生的协助和配合，在此表示深深的谢意。

  由于编者水平有限，书中可能存在疏漏或不足之处，请读者不吝指教。作者电子邮箱：jinhui@hdu.edu.cn。

金　辉

2021 年 10 月于月雅湖畔

第一版前言

投资学是金融专业的核心课程，其理论体系成为现代金融学的重要支撑。自 1952 年马柯威茨系统性地提出投资组合理论以来，以数量化方法为主的投资学理论就成为投资学的主流，其特征表现为对投资学理论的数学表述、理论推导和实证检验。随着金融经济数据、定量分析工具和基础财务理论可用性的不断增加，投资学越来越技术化、工程化和实证化。

本书从投资组合分析入手，在内容编排上强调对投资学理论的经济学理解、数学推导和模型应用，并涉及投资学理论中相关实证技术的简单介绍。这样做有助于学生对投资学基本概念和核心理论的理解，也为后续培养学生的实证分析和实践操作能力打下良好的基础。

本书的结构安排如下：第一章为投资组合理论概述；第二章到第六章围绕投资组合分析展开，内容涉及投资组合的收益和风险、投资组合的选择、市场均衡下的资产收益和风险，以及市场有效性等投资学的基本理论；第七章到第十二章拓展了投资学的基本理论，对债券、股票、期权和投资基金等金融产品进行了收益和风险分析、资产定价等；第十三章针对以有效市场假说为基础的传统金融学的局限性，对行为金融学及其发展做了简单的介绍。

本书是在编著者多年教学实践讲义的基础上整理而成的，在编写过程中编著者参考了大量国内外相关教材及文献，在此向原作者致以崇高的敬意。本书从构思、撰写到成稿，反反复复历经四个春秋。本书除第十三章以外，均由本人完成规划、编写和校对等工作；第十三章由李甫伟博士编写。本书编写期间也得到了骆永芳、陶兰、黄珏、金晓兰、吴盼盼、薛思鹏、刘佩佩和高歌等研究生的大力协助，他们在学习之余承担了资料查阅、打字和绘图等琐碎工作，在此一并表示感谢。

希望本书能为高等院校应用型本科生的投资学教学提供帮助。由于作者水平有限，书中可能依然存在疏漏和不足之处，欢迎读者批评指正并提出建议，请不吝致函，jinhui@hdu.edu.cn。

金　辉

2017 年 10 月于下沙江滨

目　　录

第一章　投资组合理论概述

本章要点

- 投资组合的基本概念
- 现代投资组合理论的内容

第一节　投资组合的基本概念

一、投资组合理论的起源

投资组合理论研究并解决在面临各种相互关联的、确定的或不确定的结果的条件下，理性投资者应该怎样做出最佳投资选择，把一定数量的资金按适当比例，分散投放到许多不同的资产上，以实现效用最大化的问题。投资组合理论（Portfolio Theory）最早是由美国著名经济学家哈里·马科维茨（Harry Markowitz）于 1952 年在其论文《资产组合选择》中提出的。该论文阐述了证券收益和风险分析的主要原理与方法，建立了均值方差证券组合模型的基本框架，为投资组合理论在之后几十年的迅速充实、拓展和提高奠定了牢固的理论基础。

二、证券投资的收益与风险

1. 收益

收益是指财富的增值，一般用收益率表示。证券投资的目的在于使投资者获得一定的回报，即收益。不同的证券收益来源不同，如：债券投资的收益主要体现在高于固定的银行存款利率的利息和在流通市场上的买卖价差；股票投资的收益由股票增值（具体表现为股票价格上涨带来的收益）、股息（以股票面额计算的相对稳定的收益）和红利（指普通股的收益，其发放根据企业经营状况而定）三部分组成。

2. 风险

风险是指收益的不确定性或遭受各种损失的可能性。证券投资的风险是指投资者达不到预期收益或遭受各种损失的可能性，可分为系统性风险和非系统性风险，如表 1-1 所示。

表 1 - 1　证券投资的风险分类

风 险 类 型	概念及特点
系统性风险	概念：某些因素对证券市场上所有的证券都会带来损失的可能性就是系统性风险。如：国家的某项经济政策的变化、有关法律的制定、市场风险、利率风险、购买力风险、汇率风险等。 特点：强调对整个证券市场所有证券的影响，通常难以回避和消除
非系统性风险	概念：某些因素对单个证券造成损失的可能性就是非系统性风险。如：市场对某公司的产品需求减少、经营风险、财务风险、违约风险等。 特点：对某个证券的个别影响，一般可以通过证券的合理投资组合来避免

3. 收益与风险的关系

在为投资组合的配置选择资产类型时，投资者需要考虑资产类型的潜在回报率和风险这两方面的因素。不同类型的资产有着不同的收益和风险，高风险可以用高回报来补偿，低风险则伴随着低回报。

国库券、公司债券、共同基金、股票、期权、期货等不同类型资产的风险逐步增大，收益率也随之增大，如图 1 - 1 所示。

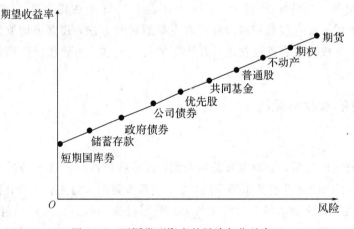

图 1 - 1　不同类型资产的风险与收益率

三、投资组合管理的意义

人们常用把鸡蛋放进不同篮子的例子来说明资产组合能降低投资风险。投资组合理论证明，资产组合的风险随着组合所包含的资产数量和种类的增加而降低，资产关联性极低的多元化资产组合可以有效地降低非系统性风险。

投资者在进行资产投资时，不仅希望投资收益最大化，而且希望投资风险最小化。投资者通过构建投资组合，可以在投资收益和投资风险中找到一个平衡点，即在风险一定的条件下实现收益的最大化，或在收益一定的条件下使风险达到最低。

第二节 现代投资组合理论的内容

一、马科维茨的均值方差模型

马科维茨于 1952 年在《金融学杂志》(Journal of Finance)上发表了题为《资产组合选择》(Portfolio Selection)的论文，这标志着现代投资组合理论发展的开端。之后，他在 1959 年出版的《投资组合选择：有效率分散投资的策略》一书中不仅分析了分散投资的重要性，还给出了如何进行正确的分散的方法；1987 年，马科维茨在出版的《投资组合选择与资本市场中的均值-方差分析》一书中，全面阐述了自己的资产组合理论，该理论在一系列严格假设的基础上，用证券或证券组合的期望收益率表示其收益，用期望收益率的方差来衡量其风险，通过建立一个二次规划模型求解有效证券组合，并根据投资者的无差异曲线，确定投资者最满意的证券组合。其主要内容包括：基本的均值方差模型、证券投资组合的可行集、有效组合与有效边界、最满意证券组合的选择。

1990 年，当时在纽约市立大学任教的马科维茨被授予诺贝尔经济学奖。

二、托宾的收益风险理论

著名经济学家詹姆士·托宾(James Tobin)在 1958 年 2 月的《经济研究评论》(The Review of Economic Studies)杂志上发表了《作为处理风险行为的流动性偏好》(Liquidity Preference as Behavior Toward Risk)一文，阐述了他对风险和收益关系的理解。托宾在其理论中意识到马科维茨的模型有缺陷：马科维茨假定投资者在构筑投资组合时是在风险资产的范围内选择的，没有考虑无风险资产和现金，而实际上投资者会在持有风险资产的同时持有国库券等低风险资产和现金。由此，托宾得出的结论是：各种风险资产在风险资产组合中所占的比例与风险资产组合占全部投资的比例无关。也就是说，投资者的风险决策包括两个决策：一个是将多大比例的资产放在风险资产投资中，另一个是投资于风险资产的资金在各种风险资产之间如何分配。而后一个决策的依据是马科维茨的模型，即无论风险偏好如何，投资者的风险资产组合都应该是一样的，都是处于有效边界上的资产组合。

托宾是 1981 年诺贝尔经济学奖得主，耶鲁大学经济学教授。

三、夏普的单因素模型(市场模型)

为了提高实用性,威廉·夏普(William Sharpe)在马科维茨的指导下,对马科维茨模型进行简化并取得了重大进展,于1961年完成了博士论文。根据其博士论文,威廉·夏普于1963年1月又在《管理科学》杂志上发表了《投资组合分析的简化模型》(A Simplified Model for Portfolio Analysis)一文,文中提出了单因素模型。我们知道,运用马科维茨的模型选择风险资产的组合需要完成大量的计算,这严重妨碍了该模型的实际应用,而夏普提出的单因素模型则大大减少了计算量。比如,用马科维茨的模型,如果考虑1500只股票,需要计算的估计值为1 127 250个;运用夏普的模型,在1500只股票中选择资产组合,只需计算4501个参数,计算量大约是马科维茨模型的1/250。

由于夏普在投资理论方面贡献卓著,1990年他与马科维茨等人一起获得了诺贝尔经济学奖。

四、夏普、林特纳和莫辛对资本资产定价模型的贡献——CAPM模型

1964年9月,夏普在《金融学杂志》上发表的论文《资本资产价格:风险条件下的市场均衡理论》中,提出了著名的CAPM模型,标志着现代投资组合理论从微观分析到市场分析的转变。CAPM模型的进步在于,它是以β系数而不是以证券收益率的方差作为资产的风险度量指标。这不仅大大减少了马科维茨模型中关于风险值的计算工作,而且可以对过去难以估价的证券资产的风险价格进行定价。夏普的模型中把马科维茨的资产组合选择理论中的资产风险进一步分为资产的系统性风险和非系统性风险两部分。夏普提出一个重要的理论结论:投资的分散化只能消除非系统性风险,而不能消除系统性风险,即投资任何一种证券都必须承担系统性风险。

CAPM模型是金融市场现代价格理论的核心。这个模型表明:

(1)投资于股票的预期回报至少要等于无风险投资的回报。

(2)由于股票投资有风险,因此,股票市场整体的报酬率相对于无风险资产有一个风险溢价。

(3)个别股票的β值决定了该股票的预期报酬。

哈佛大学经济系教授林特纳、挪威经济学家莫辛也分别于1962年2月和1966年10月发表论文,提出了与CAPM相同的模型,所以CAPM模型也被称为夏普-林特纳-莫辛模型,但是由于林特纳和莫辛已先后去世,所以未能获得诺贝尔经济学奖。

五、套利定价理论(APT模型)

斯蒂芬·A.罗斯(Ross)对套利定价理论(Arbitrage Pricing Theory,APT)的最初建立作出

了很大的贡献。他在发表于 1976 年 12 月《经济理论》杂志上的论文——《资本资产定价的套利理论》中，在因素模型的基础上，提出了套利定价理论，使资本资产定价理论有了突破性发展。

与 CAPM 模型相似，APT 模型也是一种均衡的资产定价模型，它讨论的也是证券期望收益和风险之间的关系。它们之间的主要区别是：CAPM 模型依赖于均值-方差分析，而 APT 模型则假定收益率是由因素（指数）模型产生的。APT 的假设条件不需要像 CAPM 模型那样对投资者的偏好做出很强的假设，如 CAPM 模型假定投资者是风险规避者，而 APT 模型只要求投资者对于较高水平财富的偏好胜过对于较低水平财富的偏好。还有一个主要假设是，如果市场上存在不增加风险就能增加收益的机会，则每个投资者都会利用这个机会增加收益，即套利。套利定价理论认为，非均衡状态下套利机会的存在使投资者进行无风险套利，最终导致均衡状态下套利机会的消失，使市场达到均衡状态。

六、布莱克、斯科尔斯和默顿的期权定价理论(B-S 模型)

现代期权定价理论的革新始于 1973 年。美国芝加哥大学教授布莱克和斯科尔斯在《政治经济学杂志》(Journal of Political Economy)上发表的题为《期权和公司债务定价》(The pricing of options and corporate liabilities)的论文，首次给出了具有解析解的欧式股票期权定价公式，这就是著名的布莱克-斯科尔斯(Black-Scholes)期权定价公式。同年，默顿(Robert Merton)发表了《理性期权定价理论》(Theory of Rational Option Pricing)，提出了与布莱克-斯科尔斯类似的期权定价模型并做出了一些重要的扩展。默顿做出的扩展主要有三个方面：一是提出了支付已知红利的股票期权定价公式；二是推导出了随机利率期权定价模型；三是给出了股票价格服从跳跃扩散过程的期权定价模型。正是由于默顿在期权定价理论方面做出的贡献，所以布莱克-斯科尔斯公式又被称为布莱克-斯科尔斯-默顿(Black-Scholes-Merton)期权定价模型。

为表彰斯科尔斯和默顿在期权定价领域做出的突出贡献，1997 年他们被授予诺贝尔经济学奖。由于布莱克不幸于 1995 年英年早逝，所以无缘诺贝尔奖。诺贝尔奖委员会在 1997 年的新闻简报中高度评价斯科尔斯、默顿和布莱克的贡献。现在，全世界成千上万的投资者都在运用这一模型给股票期权定价。布莱克、斯科尔斯和默顿的理论为金融衍生品市场的发展奠定了基础。而且他们的方法具有更广泛的应用价值，因为类似的方法还可以用来对保险合约和担保合约定价或者对实际投资项目进行评估。

七、法马的有效市场假说理论(EMH)

有效市场假说理论(Efficient Market Hypothesis，EMH)是由芝加哥大学教授尤金·法马(Eugene Fama)在 1970 年发表于《金融学杂志》的《有效资本市场：理论与经验研究综述》一文中正式提出的，这篇文章的发表也标志着"有效市场假说"理论体系的正式形成。法马认为，当证券价格能够充分地反映投资者可以获得的信息时，证券市场就是有效市场，即在有效市场中，无论随机选择何种证券，投资者都只能获得与投资风险相当的正常收益率。

法马根据投资者可以获得的信息种类，把有效市场分为三个层次，即弱式有效市场、半强式有效市场、强式有效市场，从此激发了金融学家们对 EMH 进行广泛的实证检验的兴趣。弱式有效市场检验(weak form test)是检验历史价格中所包含的所有信息是否充分体现在现行的价格中；半强式有效市场检验(semistrong form test)是检验公开可用的信息是否充分体现在现行的证券价格中；强式有效市场检验(strong form test)是检验所有的相关信息——公开的或内幕的信息是否充分体现在证券价格中，以及某类投资者是否可以获得超额利润。

从 20 世纪 70 年代开始，越来越多的金融学研究发现很多市场异常现象是存在的，并试图用行为金融学理论来进行解释。

八、行为金融学的新发展

20 世纪 80 年代，经济学家们通过大量实证研究发现了许多金融市场偏离 CAPM 的异象，比如(市值)小盘股效应、(盈利水平)价值型股票效应、(长期收益)价格反转等，这些异象用现代金融学无法解释。为了解释这些金融市场的异象，法马和弗伦奇提出了多因素资产定价模型，其中的三因素模型对后来的理论研究产生了很大的影响。

还有一些金融学家将行为科学、认知科学和心理学的研究成果应用于对投资者行为的分析。至 20 世纪 90 年代，这个领域涌现了大量高质量的理论和实证文献，形成了最具活力的行为金融学派。1999 年克拉克奖得主马修(Matthew Rabin)、2002 年诺贝尔经济学奖得主丹尼尔(Daniel Kahneman)和弗农(Vernon Smith)都是这个领域的代表人物，他们为这个领域的基础理论做出了重要贡献。行为金融理论认为，证券的市场价格并不只由证券内在的价值所决定，还在很大程度上受到投资者主体行为的影响，即投资者的心理与行为对证券市场的价格决定及其变动具有重大影响。行为金融理论是和有效市场假说相对应的一种学说，其基础理论可分为套利限制和前景理论两部分。

本 章 小 结

(1) 投资组合理论研究并回答在面临各种相互关联的、确定的或不确定的结果的条件下，理性投资者应该怎样做出最佳投资选择，把一定数量的资金按合适比例，分散投放到不同资产上，以实现效用最大化。

(2) 现代投资组合理论主要包括投资组合优化理论(马科维茨的均值方差模型、托宾的收益风险理论、夏普的单因素模型)和资本市场均衡理论(资本资产定价模型、套利定价模型),其理论基础是有效市场假说,即假设投资者都是理性的,证券的价格反映所有的信息。

(3)投资组合理论的应用是指以现代投资组合理论为基础,对各类金融资产进行产品定价、收益预测和风险管理等。

第二章　投资组合的收益和风险

本章要点
- 相关的统计概念
- 几种不同的收益率
- 风险调整收益
- 投资组合的期望收益和方差
- 投资组合的可行集

第一节　相关的统计概念

一、一些统计的概念

1. 期望值和方差

在不确定条件下考察某一变量，当不同情形发生时变量取值不同。期望值是指以不同情形发生的概率为权重的所有变量取值的加权平均，用公式表示为

$$E(r) = \sum_{i=1}^{n} p_i r_i$$

方差是变量取值偏离其期望值的平方的加权平均，用公式表示为

$$\sigma^2(r) = \sum_{i=1}^{n} p_i [r_i - E(r)]^2$$

标准差是方差的平方根。方差和标准差为测量不确定性提供了一种方法。

期望收益率和方差是描述单个证券收益率分布的两个重要的数学特征。

2. 协方差和相关系数

现实中，证券之间往往具有相互关联性，一种证券价格的上涨可能伴随着另一种证券价格的上涨或下跌，或者一种证券价格的下跌很可能伴随着另一种证券价格的上涨或下跌。统计学的协方差和相关系数提供了描述这种关联性的有效工具。协方差用公式表示为

$$\text{cov}(r_A, r_B) = E\{[r_A - E(r_A)][r_B - E(r_B)]\} = E(r_A \cdot r_B) - E(r_A) \cdot E(r_B)$$

相关系数用公式表示为

$$\rho_{AB} = \frac{\mathrm{cov}(r_A, r_B)}{\sigma_A \sigma_B}$$

3. 判定系数

相关系数的平方即为判定系数，它表示某一投资收益的可变性与另一投资收益的可变性有关的部分究竟占多大的百分比。比如，股票 A 和股票 B 的相关系数为 0.90，那么可以说股票 A 收益率变动的 81% 与股票 B 的收益率变动有关。

二、正态分布假设

1. 正态分布

许多变量的取值最终大都因多个随机变量的影响而呈现出正态分布的特征，因此，在大多数实际应用中会自然地采用正态分布。正态分布密度函数为

$$f(x) = \frac{1}{\sqrt{2\pi}\sigma} e^{-\frac{(x-\mu)^2}{2\sigma^2}}$$

其示意图如图 2-1 所示。

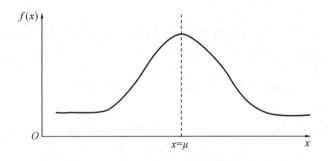

图 2-1 正态分布密度函数示意图

当收益率近似正态分布时，投资管理会容易掌握。第一，正态分布是对称的，对均值的正偏离和负偏离的概率相等，所以可以用收益率的标准差来度量风险。第二，正态分布是唯一变化稳定的分布，用收益率服从正态分布的资产来构造投资组合，投资组合的收益率也是正态的。第三，只用两个参数估计就能获得未来事件的概率，使得事件分析大大简化。

2. 正态分布的偏离

为了评价正态分布假设是否正确，可以考察对正态分布的偏离程度。资产收益对正态分布的偏离可以通过计算收益分布的高阶矩来度量，一般采用偏度和峰度这两个指标。偏度是关于不对称的度量；峰度用来度量厚尾的程度，考虑的是分布两端极端值出现的可能

性是否变大。

（1）偏度公式：

$$skew = \frac{\sum\limits_{i=1}^{n} P_i [r_i - E(r)]^3}{\sigma^3}$$

（2）峰度公式：

$$kurtosis = \frac{\sum\limits_{i=1}^{n} P_i [r_i - E(r)]^4}{\sigma^4} - 3$$

当分布偏度为正时（偏度大于 0），标准差会高估风险；相反，当分布偏度为负时（偏度小于 0），标准差会低估风险。任何峰度大于 0 时表示其分布相对于正态分布存在厚尾特征。

【例 2 - 1】 假定沪深 300 的月收益率近似符合均值为 1％，标准差为 6％ 的正态分布。那么在任何一个月指数收益率为负的概率是多少？收益率低于 −15％ 的概率是多少？

解 采用 Excel 中的 NORMDIST 函数可以得到概率如下：

$NORMDIST(-1/6) = 0.4338$ 即 $P\{x \leqslant 0\} = P\left\{\dfrac{x-1}{6} \leqslant \dfrac{0-1}{6}\right\} = \phi\left(-\dfrac{1}{6}\right) = 0.4388$

$NORMDIST(-16/6) = 0.0383$ 即 $P\{x \leqslant -15\} = P\left\{\dfrac{x-1}{6} \leqslant \dfrac{-15-1}{6}\right\} = \phi\left(-\dfrac{8}{3}\right) = 0.0383$

第二节　几种不同的收益率

为了便于比较投资收益的大小，通常对收益的度量标准化，即

$$收益率 = \frac{期末财富 - 期初财富}{期初财富}$$

一、不同持有期的收益率

观察和考察不同期限的零息国库券。假设零息国库券是以票面价值折价出售，其收益来自购买价和最终票面价值的差价。假设国库券价格为 $P(T)$，面值为 100 元，持有期为 T 年，我们把期限为 T 年的无风险收益率表示成投资价值增长的百分比，即

$$r_f(T) = \frac{100}{P(T)} - 1$$

当 T 为 1 时，上式即为 1 年期的无风险收益率。

【例 2 - 2】 假定面值为 100 元的零息国库券的价格和不同的年限如表 2 - 1 所示，运用

上述式子可以计算出每一种证券的总收益率。

表 2-1 不同年限的国库券收益率

期限 T	价格 $P(T)$/元	$[100/P(T)]-1$	该期限的无风险收益率/%
半年	97.36	0.0271	2.71
1 年	95.52	0.0469	4.69
25 年	23.30	3.2918	329.18

从上述例子中可以看出，持有期越长，总收益越高。要比较不同持有期的投资收益，需要将每一个总收益率换算成某一常用期限的收益率，一般采用年化收益率的方法。

二、收益率的年化

1. 有效年利率(EAR)

通常把所有的投资收益表达为有效年利率(Effective Annual Rate，EAR)，即一年期投资价值增长的百分比。对于一年期的投资来说，有效年利率等于总收益 $r_f(1)$。对于期限少于一年的投资，可以把每一阶段的收益按复利计算到一年。比如：对于例 2-2 中半年的投资，按 2.71% 的收益率复利计算得到的一年后的投资终值为 $1+EAR=1.0271^2=1.0549$，也就是 $EAR=5.49\%$。对于投资期长于一年的投资来说，通常把有效年利率作为年收益率。

把有效年利率与总收益 $r_f(T)$ 联系在一起，运用下面的公式计算持有期为 T 时的回报。

$$1+EAR=[1+r_f(T)]^{1/T}$$

2. 年化百分比利率(APR)

短期投资(通常情况下 $T<1$)的收益率是通过简单利率而不是复利来计算的，即采用的是年化百分比利率(Annual Percentage Rate，APR)。通常来说，如果把一年分为 n 个相等的期间，并且每一期间的利率是 $r_f(T)$，那么，$APR=n\times r_f(T)$。反之，可以通过年化百分比利率得到每个期间的实际利率 $r_f(T)=T\times APR$。

总之，对一个期限为 T 的短期投资来说，每年有 $n=1/T$ 个复利计算期。因此，复利计算期、有效年利率和年化百分比利率之间的关系可以用以下公式来表示：

$$1+EAR=[1+r_f(T)]^n=[1+r_f(T)]^{1/T}=[1+T\times APR]^{1/T}$$

$$APR=\frac{(1+EAR)^T-1}{T}$$

【例 2-3】 运用上述公式可以得出有效年利率为 5.8% 的情形下与不同复利计算期限

相对应的年化百分比利率。反之，同样可以得到年化百分比利率为 5.8% 时有效年利率的值。结果如表 2-2 所示。

表 2-2　年化百分比利率和有效年利率

期　限	T	EAR$=(1+r_{\mathrm{f}}(T))^{1/T}-1=0.058$		APR$=r_{\mathrm{f}}(T)\times(1/T)=0.058$	
		$r_{\mathrm{f}}(T)$	APR$=((1+\mathrm{EAR})^T-1)/T$	$r_{\mathrm{f}}(T)$	EAR$=(1+\mathrm{APR}\times T)^{1/T}-1$
1 年	1.0000	0.0580	0.05800	0.0580	0.05800
6 个月	0.5000	0.0286	0.05718	0.0290	0.05884
3 个月	0.2500	0.0142	0.05678	0.0145	0.05927
1 个月	0.0833	0.0047	0.05651	0.0048	0.05957
1 星期	0.0192	0.0011	0.05641	0.0011	0.05968
1 天	0.0027	0.0002	0.056 38	0.0002	0.05971
连续		$r_{\mathrm{cc}}^{①}=\ln(1+\mathrm{EAR})=0.05638$		EAR$=\exp(r_{\mathrm{cc}})-1=0.05971$	

注：① r_{cc} 表示在连续复利时的年化百分比利率。

三、连续复利收益率(CCR)

当计算利息的频率不断提高，即 T 不断变小，趋近于零的时候，就得到连续复利。此时，有效年利率与年化百分比利率(在连续复利时，用 r_{cc} 表示)的关系为

$$1+\mathrm{EAR}=\exp(r_{\mathrm{cc}})=\mathrm{e}^{r_{\mathrm{cc}}}$$

所以 $r_{\mathrm{cc}}=\ln(1+\mathrm{EAR})$。

【思考题 2-1】　一家银行提供给你两种三年定期存款 100 000 元的利率选择：① 月利率 1%；② 年连续复利利率 12%。你选择哪一个？

第三节　风险调整收益

一、期望收益率和方差

统计学上，期望值是随机试验在同样的机会下重复多次的结果计算出的等同"期望"的平均值。将这个概念应用在经济学上，用来表示人们对于未来收益的一种估计，称为期望收益率。期望收益率即年持有期收益率的平均值，表示为

$$E(r) = \sum_s p(s) r(s)$$

风险用期望收益率的方差表示为

$$\sigma^2 = \sum_s p(s)(r(s) - E(r))^2$$

式中，$p(s)$ 为各种情形发生的概率；$r(s)$ 为任一情形下的持有期收益率。

【例 2 - 4】　考虑某股票指数基金的未来收益，对市场状况和股票指数市场进行情景分析，将其分为极好、好、不好和糟糕四种情况，计算持有期收益率及均值偏离程度，如表 2 - 3 所示。

表 2 - 3　股票指数基金持有期收益率的情景分析

购买价格＝100 元			无风险利率＝0.04				
市场状况	概率	年末价格	现金分红	持有期收益率	超额收益	均值偏差	均值偏差平方
极好	0.25	126.50	4.50	0.3100	0.2700	0.2124	0.0451
好	0.45	110.00	4.00	0.1400	0.1000	0.0424	0.0018
不好	0.25	89.75	3.50	−0.0675	−0.1075	−0.1651	0.0273
糟糕	0.05	46.00	2.00	−0.5200	−0.5600	−0.6176	0.3815
期望值（均值）＝0.0976；持有期收益率的方差＝0.0380；持有期收益率的标准差＝0.1949 风险溢价＝0.0576；超额收益的标准差＝0.1949							

二、历史收益率的时间序列分析

观测历史数据，将每种观测值看作是一种"情形"，认为每一个观测值等概率发生，那么，基于历史数据计算风险和收益如下：

（1）n 个样本数据的期望收益率（算术平均值）：

$$E(r) = \sum_{t=1}^{n} \frac{1}{n} r_t$$

（2）方差：

$$\sigma^2 = \sum_{t=1}^{n} \frac{1}{n-1} [r_t - E(r)]^2$$

由于采用的是对样本算术平均数值的偏差，而不是未知的真实期望，故导致了一些估计误差，即自由度偏差。自由度偏差可以通过方差算术平均值与因子 $n/(n-1)$ 的乘积来消除。

（3）协方差：

$$\text{cov}(r_A, r_B) = \sum_{t=1}^{n} \frac{1}{n-1} [r_A - E(r_A)][r_B - E(r_B)]$$

三、夏普比率

收益（风险溢价）和风险（用标准差来衡量）之间的权衡可以用夏普比率 S 来表述，其定义为

$$夏普比率 = \frac{风险溢价}{超额收益的标准差}$$

即

$$S = \frac{E(r_P) - r_f}{\sigma_P}$$

根据表 2-3 中投资股票指数基金的情景分析，得到 5.76% 的风险溢价，超额收益的标准差为 19.49%，那么夏普比率等于 0.3。

夏普比率是用来度量投资组合吸引力的指标之一。它在分散化投资组合风险－收益的权衡时是一种合适的方法，但是将其运用在单个资产（比如投资组合中的一只股票）上是不合适的。

第四节　投资组合的期望收益和方差

一、投资组合的期望收益

考虑由两种证券构成的投资组合，证券 1 的期望收益为 $E(r_1)$，证券 2 的期望收益为 $E(r_2)$，两种证券的投资比例分别为 x 和 y，且 $x + y = 1$，那么投资组合的期望收益为

$$E(r_P) = xE(r_1) + yE(r_2)$$

假设证券组合中包含 N 种证券，每种证券的收益率为一随机变量，分别为 r_1，r_2，$\cdots$，r_N，各证券的期望收益率分别为 $E(r_1)$，$E(r_2)$，$\cdots$，$E(r_N)$，各证券的权重系数分别为 x_1，x_2，$\cdots$，x_n，且 $\sum_{i=1}^{N} x_i = 1$，$x_i \geqslant 0$，那么，证券组合 P 的期望收益率为

$$E(r_P) = x_1 E(r_1) + x_2 E(r_2) + \cdots x_N E(r_N) = \sum_{i=1}^{N} x_i E(r_i)$$

【例 2-5】　假定证券组合 P 由股票 A 和股票 B 组成，投资比例分别为：$x_1 = 30\%$，

$x_2 = 70\%$，股票 A 和股票 B 的年期望收益率分别为 13.03% 和 8.69%，那么，证券组合 P 的期望收益率是多少？

解 证券组合 P 的期望收益率的估计值为

$$E(r_P) = x_1 E(r_1) + x_2 E(r_2) = 30\% \times 0.1303 + 70\% \times 0.0869 = 9.99\%$$

二、投资组合的风险度量

1. 资产之间的关联性

从现实情况来看，证券间往往具有相互关联性：一种证券价格的上涨很可能伴随着另一种证券价格的上涨或下跌，或者是一种证券价格的下跌可能伴随着另一种证券价格的上涨或下跌。也就是说，两种证券之间存在着一定的联动性。那么如何描述证券之间的联动程度呢？又如何对两种特定证券间的联动程度做出估计呢？统计学为我们提供了一种有效的方式，即通过协方差和相关系数来判断。相关系数可作为证券间关联程度的度量，因为相关系数除了具有与协方差相同的特性外，其全部取值在 +1 与 −1 之间，从而便于对随机变量的相互关系的比较。相关系数衡量了两个证券收益率的相互影响，符号表示影响的方向，大小计量了影响的程度。

2. 投资组合的风险度量

投资组合的风险涉及两个以上的证券，要衡量投资组合的风险，需要考虑证券收益变化的相互影响。

对于两种证券构成的投资组合，假设 σ_1^2 为证券 1 的方差，σ_2^2 为证券 2 的方差，$\text{cov}(r_1, r_2)$ 为证券 1、2 的协方差，那么证券组合 P 的方差为

$$\sigma_P^2 = x^2 \sigma_1^2 + y^2 \sigma_2^2 + 2xy\,\text{cov}(r_1, r_2)$$

扩大到 $N(N > 2)$ 种证券的组合，那么证券组合 P 的方差为

$$
\begin{aligned}
\sigma_P^2 &= E\big[(\boldsymbol{r}_P - \bar{\boldsymbol{r}}_P)^2\big] \\
&= E\big[(\boldsymbol{x}^{\mathrm{T}} r - \boldsymbol{x}^{\mathrm{T}} \bar{r})^2\big] \\
&= E\big[\boldsymbol{x}^{\mathrm{T}}(\boldsymbol{r}_P - \bar{\boldsymbol{r}}_P)(\boldsymbol{r}_P - \bar{\boldsymbol{r}}_P)^{\mathrm{T}} \boldsymbol{x}\big] \\
&= \boldsymbol{x}^{\mathrm{T}} E\big[(\boldsymbol{r}_P - \bar{\boldsymbol{r}}_P)(\boldsymbol{r}_P - \bar{\boldsymbol{r}}_P)^{\mathrm{T}}\big] \boldsymbol{x} \\
&= \boldsymbol{x}^{\mathrm{T}} \boldsymbol{V} \boldsymbol{x} = \sum_{i=1}^{N} \sum_{j=1}^{N} x_i x_j \sigma_i \sigma_j \rho_{ij}
\end{aligned}
$$

式中，$\boldsymbol{V}$ 为协方差矩阵；σ_P^2 为证券组合 P 的方差；σ_i^2 为证券 i 收益率的方差；ρ_{ij} 为证券 i 与证券 j 的相关系数（$i, j = 1, 2, \cdots, N$）。

如果有 N 种资产，每种资产为等量投资，那么投资组合的方差为

$$\sigma_{\rm P}^2 = \sum_{i=1}^{N} \left(\frac{1}{N}\right)^2 \sigma_i^2 + \sum_{i=1}^{N} \sum_{\substack{k=1 \\ k \neq i}}^{N} \left(\frac{1}{N}\right) \left(\frac{1}{N}\right) \sigma_{ik}$$

$$= \frac{1}{N} \sum_{i=1}^{N} \left(\frac{\sigma_i^2}{N}\right) + \left(\frac{N-1}{N}\right) \sum_{i=1}^{N} \sum_{\substack{k=1 \\ k \neq i}}^{N} \left(\frac{\sigma_{ik}}{N(N-1)}\right) = \frac{1}{N} \bar{\sigma}_i^2 + \frac{N-1}{N} \bar{\sigma}_{ik}$$

式中，$\bar{\sigma}_i^2$ 和 $\bar{\sigma}_{ik}$ 分别表示方差和协方差的均值。

由上式可以看出，当 N 非常大时，单个证券的方差对投资组合方差的贡献趋于 0，但是协方差对投资组合的方差贡献趋于平均协方差。也就是说，单个证券的风险被分散掉了，但是协方差对总体风险的贡献不能被分散。

三、投资组合的风险分散

1. 系统性风险和非系统性风险

通过投资组合可以分散个体的非系统性风险，但是不能分散总体的系统性风险。如图 2-2 所示，考虑等权重的投资组合，随着投资组合中证券数量 N 的增加，总体风险 $\sigma_{\rm P}^2$ 降低，直到最终即使增加证券数量也无法再降低风险。比如，因为所有的股票都受商业周期的影响，所以我们持有多少种证券都无法避免商业周期的风险敞口。其中，不断降低的部分是非系统性风险，不能降低的部分则是系统性风险。

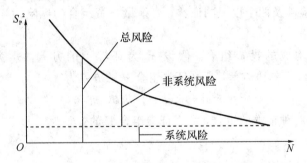

图 2-2　系统性风险和非系统性风险

【例 2-6】　已知股票 A 和股票 B 的标准差以及相关系数如表 2-4 所示。

表 2-4　股票 A 和股票 B 的标准差及相关系数

证券名称	标准差	相关系数	投资比重
股票 A	1.2895	0.7315	0.30
股票 B	0.8973		0.70

那么，由股票 A 和股票 B 构成的投资组合 P 的方差是多少？

解

$$\sigma_P^2 = x_A^2 \sigma_A^2 + x_B^2 \sigma_B^2 + 2 x_A x_B \rho_{AB} \sigma_A \sigma_B$$

$$= 0.30^2 \times 1.2895^2 + 0.70 \times 0.8937^2 + 2 \times 0.3 \times 0.7 \times 0.7315 \times 1.2895 \times 0.8973$$

$$= 0.8951$$

2. 风险分散与保险原则

风险分散是指在投资组合中加入更多的证券，会进一步分散公司因素，组合的波动也会继续下降，直到最终即使增加证券数量也无法再降低风险。

当所有风险都在公司层面，分散化可以将风险降到低水平。由于风险来源是相互独立的，因此组合对任何一种风险的敞口降到了可以忽视的水平，这就是保险原则。

第五节　投资组合的可行集

一、投资组合的可行集

回顾一下，考虑两种风险资产 D 和 E 的组合，那么该组合的期望收益率和方差分别为

$$E(r_P) = x_D E(r_D) + x_E E(r_E)$$

$$\sigma_P^2 = x_D^2 \sigma_D^2 + x_E^2 \sigma_E^2 + 2 x_D x_E \mathrm{cov}(r_D, r_E)$$

【例 2-7】　两个不同类型的证券 D 和 E 的相关数据如表 2-5 所示，试计算投资组合的组合期望收益率、协方差和标准差。

表 2-5　两个不同证券的描述性统计

证　券	证　券　D	证　券　E
期望收益率/%	8	13
标准差/%	12	20
协方差	72	
相关系数	0.30	

解

$$E(r_P) = 8 x_D + 13 x_E$$

$$\sigma_P^2 = 12^2 x_D^2 + 20^2 x_E^2 + 2 \times 12 \times 20 \times 0.3 \times x_D x_E, \quad \sigma_P = \sqrt{\sigma_P^2}$$

在以期望收益率为纵坐标和标准差为横坐标的坐标系中，任意一种证券或证券组合都

可用该坐标系中的一点来表示。对于一个由证券 D 和证券 E 组成的证券组合,它的期望收益率和标准差也确定了坐标系中的一点,这一点将随着组合的权数变化而变化,其轨迹将是经过 D 和 E 的一条连续曲线,我们将这条曲线称为两种证券的组合线,也称为**投资组合的可行集**。投资组合的可行集实际上就是在期望收益率和标准差的坐标系中描述了证券 D 和证券 E 所有可能的集合,即资产所组成的一切可能的证券组合。

二、不允许卖空时两种证券的投资组合

1. 两种风险资产证券组合的期望收益与方差

设有两种证券 D、E,其收益分别为随机变量 r_D、r_E,各证券的期望收益率分别为 $E(r_D)=\bar{r}_D$ 与 $E(r_E)=\bar{r}_E$,各证券的加权系数为 x_D、x_E,且 $x_D \geqslant 0$、$x_E \geqslant 0$,表示不允许卖空。记证券组合 P 的收益率为 r_P,则

$$r_P = x_D r_D + x_E r_E$$

证券组合 P 的期望收益率和方差(风险)分别为

$$E(r_P) = x_D E(r_D) + x_E E(r_E)$$

$$\sigma_P^2 = x_D^2 \sigma_D^2 + x_E^2 \sigma_E^2 + 2 x_D x_E \rho_{DE} \sigma_D \sigma_E$$

式中,σ_P^2 为证券组合 P 的方差;σ_D^2、σ_E^2 分别为证券 D、E 收益率的方差;ρ_{DE} 为 r_D 和 r_E 的相关系数。将 $x_D = 1 - x_E$ 代入以上两式,得

$$E(r_P) = x_D E(r_D) + (1 - x_D) E(r_E) \tag{2-1}$$

$$\sigma_P^2 = x_D^2 \sigma_D^2 + (1 - x_D)^2 \sigma_E^2 + 2 x_D (1 - x_D) \rho_{DE} \sigma_D \sigma_E \tag{2-2}$$

上式就是确定证券组合 P 的可行域的基本方程。

2. 完全正相关情况下两种证券组合的组合线

在完全正相关情况下,将 $\rho_{DE} = 1$ 代入式(2-1)和式(2-2),得

$$E(r_P) = x_D E(r_D) + (1 - x_D) E(r_E)$$

$$\sigma_P = x_D \sigma_D + (1 - x_D) \sigma_E$$

假设 $\sigma_D \neq \sigma_E$,联立求解以上两式,得

$$E(r_P) = \frac{E(r_E) \sigma_D - E(r_D) \sigma_E}{\sigma_D - \sigma_E} + \frac{E(r_D) - E(r_E)}{\sigma_D - \sigma_E} \sigma_P$$

因此,由证券 D 和证券 E 构成的组合线是连接 D、E 两点间的直线,如图 2-3 所示。

3. 完全负相关情况下两种证券组合的组合线

在完全负相关情况下,$\rho_{DE} = -1$,式(2-1)和式(2-2)变为

$$E(r_P) = x_D E(r_D) + (1 - x_D) E(r_E)$$

$$\sigma_P = |x_D \sigma_D - (1 - x_D) \sigma_E|$$

可见，$E(r_\mathrm{P})$ 和 σ_P 的关系是分段线性的，其组合线如图 2-3 所示。

在完全负相关的情况下，证券 D 和证券 E 呈完全反向变化，因此，按照比例

$$x_\mathrm{D} = \frac{\sigma_\mathrm{E}}{\sigma_\mathrm{D} + \sigma_\mathrm{E}}, \quad x_\mathrm{E} = \frac{\sigma_\mathrm{D}}{\sigma_\mathrm{D} + \sigma_\mathrm{E}}$$

同时买入证券 D 和证券 E 可抵消风险，形成一个无风险组合，所得到的无风险利率为

$$E(r_\mathrm{P}) = \frac{E(r_\mathrm{D})\sigma_\mathrm{E} + E(r_\mathrm{E})\sigma_\mathrm{D}}{\sigma_\mathrm{D} + \sigma_\mathrm{E}}$$

4. 不相关情况下两种证券组合的组合线

当证券 D 和 E 的收益率不相关时，$\rho_\mathrm{DE} = 0$，式（2-1）和式（2-2）变为

$$E(r_\mathrm{P}) = x_\mathrm{D} E(r_\mathrm{D}) + (1 - x_\mathrm{D}) E(r_\mathrm{E})$$

$$\sigma_\mathrm{P}^2 = x_\mathrm{D}^2 \sigma_\mathrm{D}^2 + (1 - x_\mathrm{D})^2 \sigma_\mathrm{E}^2$$

因此组合线是一条经过 D 和 E 的双曲线，如图 2-3 所示。

组合线上的点代表同时买入证券 D 和 E 构成的组合，越靠近 D，即买入 D 越多，E 越少。

5. 不完全相关情况下两种证券组合的组合线

在不完全相关情况下，组合线是一条经过 D、E 两点的双曲线，它的弯曲程度由相关系数 ρ_DE 决定：ρ_DE 越小，弯曲程度越大。当 $\rho_\mathrm{DE} = 1$ 时，弯曲程度最小，为直线 DE；当 $\rho_\mathrm{DE} = -1$ 时，弯曲程度最大，呈折线。不完全相关是一种中间状态，比正完全相关弯曲程度大，比负完全相关弯曲程度小。

上述几种情况的可行集汇总如图 2-3 所示。

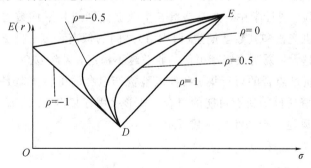

图 2-3 两种资产构成的投资组合可行集

从组合的形状来看，组合风险降低的程度由证券间的关联程度决定。证券间的相关性越小，证券组合创造的潜在收益越大，即在同等风险的情况下，获得的证券组合的期望收益越大；或在相同的期望收益下，承担的风险越小。

三、不允许卖空时多种证券组合的可行集

一般而言，由多种证券（不少于三种证券）构造证券组合时，可行集是所有证券组合构成的期望收益和标准差坐标系中的一个区域。其形状如图 2-4 所示。

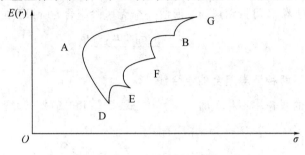

图 2-4　多种证券组合的可行集

本 章 小 结

（1）期望值与期望收益。统计学中，期望值是随机试验在同样的机会下重复多次的结果计算出的等同"期望"的平均值。期望收益是指未来投资期间可能实现的平均收益。该收益在目前并没有实现，将来的实际收益也可能与期望的收益存在偏差。由于收益和投资之间存在时间上的滞后，这种滞后导致收益受到许多未来不确定因素的影响，从而使得收益成为一个未知量。投资者在进行决策时要面对未来，只能根据经验和所掌握的资料对未来的形势进行判断和预测，形成对收益的期望。

（2）方差与风险。统计学中，方差是指各个数据分别与其平均数之差的平方的和的平均数，用来度量随机变量和其数学期望（即均值）之间的偏离程度。投资学上用方差来表示投资的风险，方差越大，说明该资产可能的收益越不稳定，风险越高。

（3）两种风险资产组合的可行集。两种风险资产组合的可行集就是投资两种资产时所包含的两种资产投资比例的所有可能的组合。其形状用连接两种资产的一条曲线表示，曲线弯曲程度由两种风险资产的相关系数决定。

第三章　投资组合的选择及最优化

本章要点

- 有效边界
- 投资者的效用函数
- 加入无风险资产的投资组合
- 最优风险资产组合
- 最优完整投资组合
- 马科维茨的投资组合选择过程

第一节　有　效　边　界

一、最小方差组合

最小方差组合就是所有可能组合(可行集)中风险最小的投资组合。假设市场上有两种风险资产，其期望收益率分别为 $E(r_1)$ 和 $E(r_2)$，方差分别为 σ_1 和 σ_2，两种资产的协方差为 $\mathrm{cov}(r_1, r_2)$，相关系数 $\rho_{12} = \mathrm{cov}(r_1, r_2)/(\sigma_1\sigma_2)$，投资者在两种资产上的投资比例为 x 和 y，且 $y = 1 - x$。那么，两种风险资产组合的期望收益 $E(r_P)$ 和风险 σ_P 为

$$\begin{cases} E(r_P) = xE(r_1) + yE(r_2) \\ \sigma_P^2 = x^2\sigma_1^2 + y^2\sigma_2^2 + 2xy\,\mathrm{cov}(r_1, r_2) \end{cases}$$

其中，$\mathrm{cov}(r_1, r_2) = \rho_{12}\sigma_1\sigma_2$，$x + y = 1$，故

$$\sigma_P^2 = x^2\sigma_1^2 + (1-x)^2\sigma_2^2 + 2x(1-x)\rho_{12}\sigma_1\sigma_2$$

为了求出投资组合可行集上的最小方差组合，令 $\mathrm{d}\sigma_P/\mathrm{d}x = 0$，即

$$\frac{\mathrm{d}\sigma_P}{\mathrm{d}x} = \frac{1}{2}\frac{2x\sigma_1^2 - 2(1-x)\sigma_2^2 + 2\rho_{12}\sigma_1\sigma_2(1-2x)}{[x^2\sigma_1^2 + (1-x)^2\sigma_2^2 + 2\rho_{12}\sigma_1\sigma_2 x(1-x)]^{\frac{1}{2}}} = 0$$

整理得到

$$[(\sigma_1^2 + \sigma_2^2) - 2\rho_{12}\sigma_1\sigma_2]x + \rho_{12}\sigma_1\sigma_2 - \sigma_2^2 = 0$$

可以求得

$$x^* = \frac{\sigma_2^2 - \rho_{12}\sigma_1\sigma_2}{\sigma_1^2 + \sigma_2^2 - 2\rho_{12}\sigma_1\sigma_2}$$

$$y^* = 1 - x^* = \frac{\sigma_1^2 - \rho_{12}\sigma_1\sigma_2}{\sigma_1^2 + \sigma_2^2 - 2\rho_{12}\sigma_1\sigma_2}$$

这样就得到了最小方差组合的投资比例。

将给定组合的期望收益下方差最低的组合点描成曲线，就得到了最小方差边界。最小方差边界是投资组合可行集的最左边界。显然，最小方差边界上最小方差组合上方的点提供最优风险与收益，可以作为最优组合。

二、有效组合与有效边界

1. 有效组合

所谓有效组合，是指在同样的风险水平下，该证券组合与其他证券组合相比，具有最高的收益率；或者在同样的收益水平下，有最小的方差，即有最低的风险。

马科维茨在一系列的假设基础上，根据西方经济学的效用理论分析指出，投资者的行为将是一个寻找有效组合的过程。为了建立均值方差模型，马科维茨将复杂的现实情况进行了简化，主要假设如下：

（1）证券市场是有效的，每个投资者都掌握充分的信息，了解每种证券的期望收益率及其方差。

（2）每种证券的收益率都服从正态分布，风险可用收益率的方差表示，收益可用期望收益率表示。

（3）各种证券的收益率之间是关联的，且服从联合正态分布，其相关程度可用相关系数及协方差表示。

（4）投资者是风险规避型的，其投资目的是在既定风险水平下使收益最大，或在获得既定收益条件下使风险最小。

（5）投资者以期望收益率及收益率的方差作为选择投资方案的依据，如果投资者选择风险较高的方案，则要求额外的投资收益作为补偿，即期望收益率与风险之间存在正相关关系。

（6）资本市场上没有摩擦，即资本和信息可以自由流动，不存在交易成本，不存在对红利、股息和资本收益的征税。

（7）投资者的个人资本是无限可分的，也就是说一个投资者可以购买想购买的任何部分份额。

（8）投资者可以以无风险利率借入和贷出任何款项。

2. 有效边界

有效边界就是由所有的有效组合在风险-收益平面上所形成的曲线，也就是最小方差边界上最小方差组合上方的所有组合。

　　一个投资者将从在各种风险水平上能够带来最大收益率的，以及在各种期望收益率水平上风险最小的证券组合中选择出最佳证券组合，即有效边界定理。图 3-1 给出了证券组合的可行集，其中 A 是最小方差组合，曲线 DAG 代表最小方差边界，曲线 AG 代表有效边界。

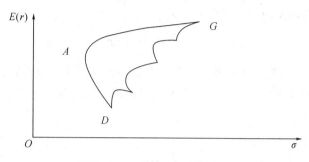

图 3-1　有效组合与有效边界

第二节　投资者的效用函数

一、风险资产组合的选择

　　投资者遵循均值-方差准则选择资产。对于风险资产组合 A 和风险资产组合 B，如果 $E(r_A) \geqslant E(r_B)$ 与 $\sigma_A \leqslant \sigma_B$ 至少有一个条件严格成立，那么投资组合 A 优于投资组合 B，这就是均值-方差准则。

　　【思考题 3-1】　表 3-1 提供了三种风险水平不同的投资组合，假设无风险利率是 5%，投资者应该如何进行选择？

表 3-1　可供选择的风险资产组合　　　　　　　　　　　　%

组　合	风 险 溢 价	期 望 收 益	标 准 差
低等风险	2	7	5
中等风险	4	9	10
高等风险	8	13	20

　　假设投资者根据风险收益情况给出每个投资组合的效用值分数，资产期望收益越高分数越高，波动性越大分数越低，分数越高的组合越有吸引力。因此，如何确定效用值分数是关键。

二、效用函数

效用函数表示效用值随后果值变化的关系。证券组合的效用函数是指证券组合的效用与证券收益率之间的对应关系，一般用 $U(r)$ 表示。效用函数有线性、二次型、指数型等多种形式。金融学应用最多的一个效用函数为

$$U = E(r) - \frac{1}{2} A\sigma^2 \tag{3-1}$$

式中，U 为效用值，A 为投资者的风险厌恶系数。通过效用函数可以看出，效用值随期望收益的增加和风险的减少而增加。注意：因为无风险资产的风险补偿为零，所以它的效用值就是其自身的收益率。

期望效用函数的定义为

$$E(U) = \sum_{i=1}^{n} p_i U(r_i) \tag{3-2}$$

式中，P_i 为第 i 种情形发生的概率，r_i 为第 i 种情形下的证券收益率，$i = 1, 2, \cdots, n$。

所以，一定的投资组合对应着一定的效用值。当证券组合中的风险资产配置增加时，期望收益增加，但是收益波动性也增加，因此效用可能增加也可能减少。

由式(3-1)可知，当风险资产方差降低时，风险资产效用值的高低由风险厌恶系数 A 决定，投资者的风险厌恶程度越高(A 越大)，对风险要求的补偿就越高。

三、投资者的风险特征

风险厌恶系数 A 反映了投资者对风险的偏好程度。风险厌恶的投资者($A > 0$)只有当效用高于无风险资产的收益率时才会愿意投资；风险中性的投资者($A = 0$)只根据资产的期望收益率来判断收益预期，无所谓风险的高低，这意味着他们对风险补偿的要求为零；风险偏好者($A < 0$)更加愿意参加公平博弈或其他赌博，他们将风险的乐趣考虑在内后上调了效用水平。

在第一章中曾列出不同类型资产的收益率，表明风险资产都需要风险溢价作为补偿，也就是说大多数投资者都是风险厌恶者。风险厌恶的投资者会放弃公平赌局和更差的投资，而更愿意考虑无风险资产和有正的风险溢价的投资产品。

【例 3-1】 考虑三个风险厌恶程度不同的投资者：$A_1 = 2$，$A_2 = 3.5$，$A_3 = 5$，现在三人对表 3-1 中的三个投资组合进行评价，效用函数的形式同式(3-1)。假设无风险利率为 5%，请给出每个投资者的最优选择。

解 因为无风险利率为 5%，用效用函数式(3-1)得到三个投资者对无风险资产的效用值都是 0.05。表 3-2 列出了三个投资者对每种风险资产的打分情况，其中用粗体显示的

部分是每个投资者的最优选择。

表 3 - 2   几种投资组合对不同风险厌恶水平投资者的效用值

风险厌恶系数 A	低等风险资产组合的效用值	中等风险资产组合的效用值	高等风险资产组合的效用值
2	0.0675	0.0800	**0.09**
3.5	0.0656	**0.0725**	0.06
5	0.0638	**0.0650**	0.03

【思考题 3 - 2】   现有一个资产组合期望收益率为 20%，标准差为 30%，同时一个短期国债提供的无风险收益率为 7%，一个风险厌恶系数 $A=4$ 的投资者会在二者中如何选择？$A=2$ 呢？

四、无差异曲线

由期望效用函数的定义式（3-2）可知，一定的投资组合对应着一定的效用值。从理论上讲，在效用函数一定的条件下，有可能找到一些投资组合，这些组合具有相同的期望效用值，说明对于投资者而言，这些投资组合是没有区别的。如果将这些期望效用值相同的投资组合在 $E(r)$-σ 坐标系中描出对应的点，并用平滑曲线将其连接起来，如图 3-2 所示，就可以得到期望效用无差异曲线，或称风险收益无差异曲线。

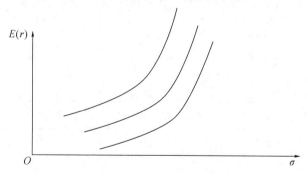

图 3 - 2   期望效用无差异曲线

因此，每个投资者的无差异曲线形成密布整个平面又互不相交的曲线簇。同一条无差异曲线上的所有投资组合给投资者带来的满意程度均相同；不同无差异曲线上的所有投资组合给投资者带来的满意程度不同，越位于上方的无差异曲线上的投资组合给投资者带来的满意程度就越高。

考虑风险厌恶系数 $A=4$ 的一个投资者目前全部投资于无风险组合，收益率 $r_f=5\%$。因为这个组合的方差为零，所以由效用函数可知 $U=0.05$。当投资者投资于 $\sigma=1\%$ 的风险

组合时，为了获得相同的效用，其期望收益必须上升，以弥补更高的 σ 值。根据式（3-1）可得

$$U = E(r) - \frac{1}{2} \times A \times \sigma^2$$

$$0.05 = E(r) - \frac{1}{2} \times 4 \times 0.01^2$$

这说明必要的期望收益率为

$$E(r) = 0.05 + \frac{1}{2} \times 4 \times 0.01^2 = 0.0502$$

对不同的 σ 重复这样的计算，可以得到保证效用值为 0.05 所需的 $E(r)$，从而得到效用水平为 0.05 时所有期望收益和风险的组合。把这些组合在 $E(r)-\sigma$ 坐标系上描点即得到无差异曲线。

【例 3-2】 表 3-3 计算了 $U=0.05$ 和 $U=0.09$ 时，$A=2$ 和 $A=4$ 所对应的期望收益值。

表 3-3　无差异曲线的期望收益计算结果

σ	$A=2$		$A=4$	
	$U=0.05$	$U=0.09$	$U=0.05$	$U=0.09$
0	0.0500	0.0900	0.0500	0.0900
0.05	0.0525	0.0925	0.0550	0.0950
0.10	0.0600	0.1000	0.0700	0.1100
0.15	0.0725	0.1125	0.0950	0.1350
0.20	0.0900	0.1300	0.1300	0.1700
0.25	0.1125	0.1525	0.1750	0.2150
0.30	0.1400	0.1800	0.2300	0.2700
0.35	0.1725	0.2125	0.2950	0.3350
0.40	0.2100	0.2500	0.3700	0.4100
0.45	0.2525	0.2925	0.4550	0.4950
0.50	0.3000	0.3400	0.5500	0.5900

注意：表中数据为需要达到相应效用值的期望收益。

图 3-3 描绘了表 3-3 所对应的无差异曲线。

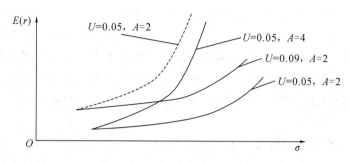

图 3-3　$U=0.05$ 和 $U=0.09$，分别对 $A=2$ 和 $A=4$ 的无差异曲线

图 3-3 反映出风险厌恶程度高的投资者的无差异曲线比风险厌恶程度低的投资者的曲线更陡峭，更陡峭的曲线意味着投资者需要更多的期望收益来补偿同样的组合风险。通常假定所有投资者都是风险规避者，风险规避程度越高的投资者（即风险厌恶系数大的投资者），其无差异曲线越陡峭，斜率越大。

更高的无差异曲线意味着对应更高的效用水平，因此投资者更愿意在更高的无差异曲线上寻找投资组合。在有效边界上加入无差异曲线，就可以得到与有效边界相切的最高的无差异曲线，切点对应最高效用组合的标准差和期望收益，如图 3-4 所示。

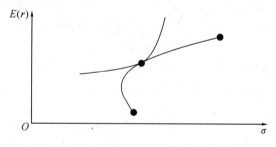

图 3-4　两种风险资产的最优组合

考虑两种风险资产 D 和 E 所构成的投资组合（$x_D：x_E$），假设其效用函数的形式如式（3-1）。令 $\mathrm{d}U/\mathrm{d}x_D=0$，可得最高效用组合的投资比例为

$$x_D=\frac{E(r_D)-E(r_E)+A(\sigma_E^2-\sigma_D\sigma_E\rho_{DE})}{A(\sigma_D^2+\sigma_E^2-2\sigma_D\sigma_E\rho_{DE})}, \quad x_E=1-x_D \tag{3-3}$$

第三节　加入无风险资产的投资组合

通过分配无风险资产与风险资产之间的比例来控制投资组合的风险是最基本的资产配置决策。资本由风险投资组合转移到无风险资产时，不改变各种风险投资组合中的相对比

例。所以，可以把风险资产组合看作一个单独的风险资产。

【例 3 - 3】 假定初始投资组合的总市值为 30 万元，其中 9 万元投资于即期的货币市场基金，即无风险资产；剩余的 21 万元投资于风险证券，其中 113 400 元投资于股权权益（E），96 600 元投资于长期债券（B）。那么风险投资组合中资产 E 和 B 的比例各是多少？完整资产组合中风险资产的比例又是多少？如果该投资组合的所有者为降低总体风险，希望将持有的风险投资组合比重从 0.7 降为 0.56，那么完整资产组合中风险资产 E 和 B 的比例又是多少？

解 风险投资组合的总值降低为 $0.56 \times 300000 = 168000$ 元，需要卖出原来 21 万元风险组合中的 42000 元，用这部分来购买即期资产（货币市场基金）。整个无风险资产增加到 $300000 \times (1 - 0.56) = 132000$ 元。

因 E 和 B 在风险投资组合中的权重分别为 0.54 和 0.46，卖出 $0.54 \times 42000 = 22\,680$ 元的 E 和 $0.46 \times 42000 = 19320$ 元的 B。在卖出后，每只股票在风险投资中的比例无实际变化。

例 3 - 3 中的关键点在于风险资产组合中的资产比例依旧不变。假设给定的风险投资组合 P，考虑投资者在投资预算中给风险投资组合 P 的比例为 y，剩余部分 $1 - y$ 分配给无风险资产 F。定义风险组合 P 收益率为 r_P，期望收益为 $E(r_P)$，标准差为 σ_P；无风险资产收益率为 r_f，风险资产的风险溢价为 $E(r_P) - r_f$。整个组合 C 的期望收益 $E(r_P)$ 和标准差 σ_C 分别为

$$E(r_P) = yE(r_P) + (1 - y)r_f = r_f + y[E(r_P) - r_f] \tag{3-4}$$

$$\sigma_C = y\sigma_P \tag{3-5}$$

给定某个 y 值，在期望收益-标准差的平面坐标中可以绘出该投资组合的特征。假设风险资产组合的 $E(r_P) = 15\%$，$\sigma_P = 22\%$，无风险资产收益率为 $r_f = 7\%$，可行集如图 3 - 5 所示。

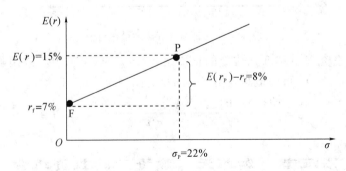

图 3 - 5 投资组合的资本配置线

图 3 - 5 为一系列投资可行集，即一系列不同的 y 值产生的所有投资组合期望收益与标准差的配对组合。图形是以 r_f 为起点，穿过 P 的一条直线，截距为 r_f，斜率 $S =$

$[E(r_P)-r_f]/\sigma_P$，即等于夏普比率。这条直线被称为资本配置线，表示对投资者而言所有可能的风险收益组合。资本配置线的斜率记为 S，等于每增加一单位标准差时，整个投资组合增加的期望收益。

【例3-4】 假定投资者投资 30 万元，又额外借入了 12 万元，将所有可用资金投入风险资产中。那么投资组合中风险资产和无风险资产的比例是多少？

解 这是一个通过借款杠杆获得的风险头寸，即

$$y=\frac{420\ 000}{300\ 000}=1.4$$

此时 $1-y=1-1.4=-0.4$，反映出无风险资产的空头头寸。投资者以 7% 的利率借入而不是借出资金。根据式（3-4）和式（3-5）可得

$$E(r_C)=7\%+1.4\times8\%=18.2\%$$

$$\sigma_C=1.4\times22\%=30.8\%$$

可见，杠杆风险投资组合比无杠杆投资组合的标准差要高。然而，投资组合的收益分布仍然呈现相同的夏普比率

$$S=\frac{E(r_C)-r_f}{\sigma_C}=\frac{18.2-7}{30.8}=0.36$$

在现实中，普通投资者并不能以无风险利率借入资金，借款者的违约风险导致贷款者要求更高的贷款利率。因此，普通投资者的借款成本超过了无风险利率 7%，假设借入利率为 $r_f^B=9\%$，在这样的条件下夏普比率（资本配置线）的斜率将是

$$\frac{E(r_P)-r_f^B}{\sigma_P}=\frac{6}{22}=0.27$$

如图 3-6 所示，资本配置线在 P 点被扭曲。P 点的左边，投资者以 $r_f=7\%$ 借出资金；P 点的右边，投资者以 $r_f=9\%$ 借入资金。

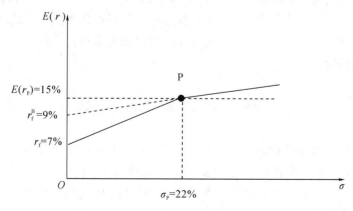

图 3-6 借贷利率不相等时的资本配置线

第四节　最优风险资产组合

一、夏普比率最大

在风险资产组合中引入无风险资产后，最优风险组合实际上是使无风险资产与风险资产组合的连线斜率（即夏普比率 $\dfrac{E(r_P)-r_f}{\sigma_P}$）最大的风险资产组合，其中 $E(r_P)$ 和 σ_P 分别代表风险资产组合的预期收益率和标准差，r_f 表示无风险利率。构建最优风险组合的目标即找到 x_D : x_E，使得 $\max S=(E(r_P)-r_f)/\sigma_P$，其中

$$\begin{cases} E(r_P)=x_D r_D+x_E r_E \\ \sigma_P^2=x_D^2\sigma_D^2+x_E^2\sigma_E^2+2x_D x_E\rho_{DE}\sigma_D\sigma_E \end{cases}$$

约束条件为：$x_D+x_E=1$。令 $\mathrm{d}S/\mathrm{d}x_D=0$，整理得到

$$x_D=\frac{(r_D-r_f)\sigma_E^2-(r_E-r_f)\rho\sigma_D\sigma_E}{(r_D-r_f)\sigma_E^2+(r_E-r_f)\sigma_D^2-(r_D-r_f+r_E-r_f)\rho_{DE}\sigma_D\sigma_E} \tag{3-6}$$

$$x_E=1-x_D$$

二、资产分离理论

投资者不同的风险厌恶程度通过在资本配置线上选择不同的点来实现，相比之下更加厌恶风险的投资者会在无风险资产和最优风险组合 P 之间更多地投资无风险资产。这一结果称为投资组合的分离特性。

投资组合的分离特性表明投资组合决策问题可以分为两个独立的步骤。第一步决定最优风险组合是完全技术性的工作，给定投资管理者所有资产的数据，最优风险组合对所有客户而言都是一样的。第二步整个投资组合在无风险证券和最优风险组合间的配置，则取决于客户个人的风险偏好。

第五节　最优完整投资组合

在表示可行集的资本配置线上加入无差异曲线，就可以得到与资本配置线相切的最高无差异曲线，切点对应最优投资组合的标准差和期望收益，如图 3-7 所示。

给定无风险利率 r_f，以及期望收益为 $E(r_P)$、标准差为 σ_P 的风险资产，对于任意风险资产的比例 y，组合的期望收益为

$$E(r_{\mathrm{C}}) = r_{\mathrm{f}} + y[E(r_{\mathrm{P}}) - r_{\mathrm{f}}]$$

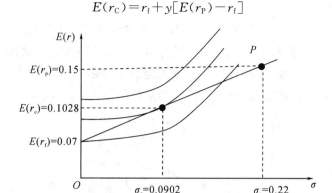

图 3-7 用无差异曲线寻找最优组合

整个组合的方差为

$$\sigma_{\mathrm{C}}^2 = y^2 \sigma_{\mathrm{P}}^2$$

为了通过选择风险资产的最优配置 y 使效用最大化，可以把问题写为

$$\max_{y} U = E(r_{\mathrm{C}}) - \frac{1}{2}A\sigma_{\mathrm{C}}^2 = r_{\mathrm{f}} + y[E(r_{\mathrm{P}}) - r_{\mathrm{f}}] - \frac{1}{2}Ay^2\sigma_{\mathrm{P}}^2$$

令 $\mathrm{d}U/\mathrm{d}y = 0$，解出风险厌恶者风险资产的最优头寸 y^* 为

$$y^* = \frac{E(r_{\mathrm{P}}) - r_{\mathrm{f}}}{A\sigma_{\mathrm{P}}^2} \qquad (3-7)$$

这个解表明风险资产的最优头寸与风险厌恶系数和风险水平相关。

【例 3-5】 假设 $r_{\mathrm{f}} = 70\%$，$E(r_{\mathrm{P}}) = 15\%$，$\sigma_{\mathrm{P}} = 22\%$。那么根据式（3-7），一个风险厌恶系数 $A=4$ 的投资者的最优解为

$$y^* = \frac{0.15 - 0.07}{4 \times 0.22^2} = 0.41$$

也就是说，该投资者将会把投资预算的 41% 投资于风险资产，59% 投资于无风险资产。当 41% 投资于风险资产，根据式（3-4）和式（3-5），得到整个组合的期望收益和标准差为

$$E(r_{\mathrm{C}}) = 7 + 0.41 \times (15 - 7) = 10.28\%$$

$$\sigma_{\mathrm{C}} = 0.41 \times 22\% = 9.02\%$$

整个组合的风险溢价是 $E(r_{\mathrm{C}}) - r_{\mathrm{f}} = 3.28\%$，标准差为 9.02%。

不同的投资者具有不同的风险偏好，投资者的风险偏好可通过其无差异曲线来反映，无差异曲线的位置越靠上，满意程度越高。因此，投资者需要在有效边界上找到一个具有下述特征的有效组合：相对于其他有效组合，该组合所在的无差异曲线在风险和收益平面上的位置最高，这样的有效组合是投资者最满意的有效组合，也是无差异曲线簇与有效边

界的切点所表示的组合。

给定最优风险资产组合 P 和无风险资产，即可得到其资本配置线，然后通过无差异曲线可以得到整个最优投资组合，即最优完整组合 C。假设现在构造了最优风险组合 P，可以通过投资者的风险厌恶系数 A 来计算整个投资组合 C 中投资风险资产的最适比例，如图3-8所示。其中，C 为最优完整投资组合，P 为最优风险资产组合。

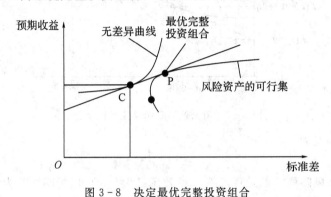

图 3-8　决定最优完整投资组合

第六节　马科维茨的投资组合选择过程

综合前面几节的介绍，根据马科维茨的均值方差模型，投资组合的选择步骤如下：

（1）确定所有资产的投资特征，包括期望收益率、方差和协方差。

（2）决定投资者面临的风险资产可行集，通过风险资产的最小方差边界和最小方差组合，确定投资机会的有效边界。

（3）在投资组合中加入无风险资产，实现包含无风险资产的投资组合最优化，即寻找斜率最大的资本配置线。

（4）夏普比率最大的资本配置线与有效边界相切，切点是最优风险组合 P。这条资本配置线优于其他资本配置线，构成新的有效边界。

（5）根据投资者效用函数的无差异曲线，在新的有效边界即资本配置线上找到最优风险组合 P 与无风险资产之间选择的合适比例，构成最终的最优完整投资组合。

【思考题3-3】　假设一个月的无风险利率为0.4%。风险资产1的平均月收益率为1.5%，标准差为10.00%；风险资产2的平均月收益率为0.8%，标准差为5.0%，它们之间的相关系数为40%。现有一名投资者，他的效用函数是简单的均值-方差效用函数，风险厌恶系数为2.2。请绘制出风险机会集、最优风险组合、资本配置线、投资者的无差异曲线以及最优完全组合。

投资组合的风险随着组合所包含的资产数量和种类的增加而降低，资产间关联性低的多元化投资组合可以有效地降低非系统风险。因此，构建投资组合的主要目的是有效地降低风险，在投资收益和投资风险中找到一个平衡点，即在风险一定的条件下实现收益的最大化，或在收益一定的条件下，使风险达到最低。

本 章 小 结

（1）有效组合是指既定风险水平下具有最高回报，或者具有相同回报下风险最小的组合。有效边界是所有有效组合在风险-收益平面上所形成的曲线。

（2）投资者的风险特征根据风险厌恶系数 A 来表现，当 $A>0$ 时表现为风险厌恶，$A=0$ 时表现为风险中性，$A<0$ 时表现为风险偏好。对某个特定的投资者而言，在效用函数一定的条件下，有可能找到一些证券组合，这些证券组合具有相同的期望效用值。

（3）无差异曲线是效用值相等的所有投资组合点的连接线。在一系列无差异曲线中，离横轴越远表示效用越高。无差异曲线的斜率描述了投资者在同一种风险特征下对风险的厌恶程度的不同。

（4）引入无风险资产后，最优风险组合实际上是使无风险资产与风险资产组合的连线斜率（即夏普比率 $[E(r_P)-r_f]/\sigma_P$）最大的风险资产组合，其中 $E(r_P)$ 和 σ_P 分别代表风险资产组合的期望收益率和标准差，r_f 表示无风险利率。

（5）资产分割理论表明组合决策问题可以分为两个独立的步骤。第一步决定最优风险组合是完全技术性的工作，给定投资管理者所有资产的数据，最优风险组合对所有客户而言都是一样的。第二步整个投资组合在无风险资产和最优风险组合之间的配置，则取决于投资者个人的风险偏好。

（6）给定最优风险组合和其资本配置线（即给定无风险资产），通过使投资者效用最大化，可以得到整个最优完整投资组合，即得到与资本配置线相切的最高的无差异曲线，切点对应最优完整投资组合的标准差和期望收益。

第四章 简化的投资组合选择模型

本章要点

- 单指数模型
- 单指数模型与风险分散
- 单指数模型的参数估计
- 多指数模型

第一节 单指数模型

在马科维茨均值方差模型的估算中，计算量最大的部分是资产组合中各种股票之间协方差的计算，如果资产组合中有 N 种股票，那么协方差的计算量为 $N(N-1)/2$。因此，马科维茨的后继研究者致力于证券组合的简化研究以提高均值方差模型的实用性。

一、单指数模型的提出

单指数模型由威廉·夏普提出，其基本思想是证券收益率只与一个共同因素有关。大量的分析和经验表明，经济周期的变化、市场利率水平的波动、通货膨胀、影响全局的技术创新（计算机技术、通信技术是典型的例子）、生产成本和劳动力价格的变化等，这些带有全局性或宏观性的因素会对几乎所有的公司产生影响，尽管程度不完全一样，但影响的方向是一样的。因此，可以将存在于公司外部的影响所有公司股价的因素都看成一个因素。

除此之外，影响公司股价的就是公司内部特有的因素，如公司的战略、公司的市场营销策略、公司的内部管理等因素。这些因素对每个公司的影响是不确定的，有的公司会出现这样的问题，有的公司不一定会出现这样的问题。总体来说，这类因素对公司股价影响的期望值是零，即随着投资的分散化，这类因素的影响是逐渐减少的。因此，夏普认为实际影响的因素只有一个，即宏观经济因素。在此基础上，他提出了单因素模型，大大减少了选择资产组合时需要估计的工作量。

（一）单因素模型

1. 收益来源

任何证券 i 的收益率通常都可以被分解为预期与非预期收益率之和，即

$$r_i = E(r_i) + e_i \qquad (4-1)$$

式中，未预期收益率 e_i 的均值为 0，标准差为 $\sigma(e_i)$，用来衡量证券收益率的不确定性。

假设引起证券市场收益变化的因素有一些影响所有公司的宏观经济变量 m，那么将不确定性因素分解为整个经济系统的不确定性（用 m 表示）和特定公司的不确定性（用 e_i 表示），在这种情况下，由式（4-1）得

$$r_i = E(r_i) + m + e_i \qquad (4-2)$$

宏观经济因素 m 衡量未预期的宏观突发事件（注：m 没有下标，它指的是影响所有证券的共同因素），其均值为 0，标准差为 σ_m。与之相对应的是，e_i 仅衡量特定公司的突发事件。最重要的是 m 和 e_i 是相互独立的，e_i 表示公司特有因素，它独立于 m 这一影响整个经济的共同因素。相应的，投资风险可分为宏观经济因素带来的系统性风险和企业特定因素带来的非系统性风险。

由于某些证券比其他证券对宏观经济的冲击更敏感（例如，汽车公司对宏观经济条件变化的反应比制药公司更强烈），如果给每家公司赋一个敏感性系数（敏感度），就可以衡量这些细微的差别。因此，如果用 β_i 来表示公司 i 的敏感性系数（敏感度），式（4-2）就可以变形为以下单因素模型，即

$$r_i = E(r_i) + \beta_i m + e_i \qquad (4-3)$$

这意味着证券 i 的系统风险取决于它的 β 系数，具有周期性的公司对市场变化的敏感度更高，因此其承受的系统性风险也相应较高。

2. 方差

由于将引起证券市场收益变化的因素分解为整个经济系统的不确定性（用 m 表示）和特定公司的不确定性（用 e_i 表示），而 m 和 e_i 是相互独立的，故证券收益 r_i 的方差来源于这两类彼此独立的因素（系统的和公司特有的），即

$$\sigma_i^2 = \sigma_m^2 + \sigma^2(e_i) \qquad (4-4)$$

引入敏感性系数以后，证券 i 的系统性风险为 $\beta_i^2 \sigma_m^2$，总风险为

$$\sigma_i^2 = \beta_i^2 \sigma_m^2 + \sigma^2(e_i) \qquad (4-5)$$

3. 协方差

在未引入敏感系数之前，共同因素 m 将所有证券关联了起来，因为所有证券均会对同一宏观经济消息做出反应，而各公司的特有事件 e_i 之间却没有联系。由于 m 与任意公司特

有事件之间没有联系，任意两种证券 i 和 j 之间的协方差为

$$\mathrm{cov}(r_i, r_j) = \mathrm{cov}(m+e_i, m+e_j) = \sigma_m^2 \qquad (4-6)$$

引入敏感系数之后，任意两种证券间的协方差取决于其 β 系数，即

$$\mathrm{cov}(r_i, r_j) = \mathrm{cov}(\beta_i m+e_i, \beta_j m+e_j) = \beta_i \beta_j \sigma_m^2 \qquad (4-7)$$

就单因素模型而言，式(4-7)表明公司之间存在近似替代关系，β 值相等的公司其系统性风险也相同。

这个模型可以简单地将宏观经济因素与公司特有因素区分开来。但是，由于并不确定宏观因素到底包括哪些，尤其是各个宏观因素的权重无法确定，导致它缺乏实际应用价值。

(二) 单指数模型

观察证券市场可以发现，当市场价格(用某种股票市场指数度量)上涨时，大部分股票的价格也上涨；当市场价格下跌时，大部分股票的价格也下跌。这说明，各种证券对市场变化有共同的反应，证券收益应该是相关的。其相关的程度，可以用一种证券的收益率与股票市场指数的收益率的关系来刻画。因此，夏普又提出，用一个股票指数来代表市场整体情况，譬如以美国的标准普尔500股票指数来代替单因素模型中的宏观影响因素。因为各种宏观影响因素对每个股票的影响最终会表现为整个股票市场的股价上升或下降，故可以表现为某种有很好市场代表性的股票指数的变动。夏普的这个见解为单因素模型的应用排除了障碍，使股价的宏观影响因素的估计和测量成为可能。

假如 m 表示市场指数，市场的超额收益率为 $R_m = r_m - r_f$，标准差为 σ_m。由式(4-3)可知指数模型是线性的，所以可以采用一元线性回归的方法来估计单一证券对指数的敏感性系数 β_i，即将该证券的超额收益率 $R_i = r_m - r_f$ 对指数的超额收益率 R_m 进行回归。回归分析首先需要搜集配对观测样本 R_{it} 和 R_{mt} 的历史数据，其中，t 代表每对样本的观测期(如某月股票与指数的超额收益率)。回归方程如下：

$$R_{it} = \alpha_i + \beta_i R_{mt} + e_{it} \qquad (4-8)$$

该方程的截距 α_i 代表了市场超额收益率为0时证券的预期超额收益率，斜率 β_i 代表证券对指数的敏感性，即指数收益率每增加或下降1％所引起的证券收益率的增长或下降的比率。e_{it} 代表 t 时刻零均值的公司特有突发事件对证券收益的影响，称为残值。这个方程式将股票收益分为两个部分，一部分依赖于市场，另一部分独立于市场。

单指数模型是一种特殊的单因素模型，其中的公共因素就是市场指数收益率，这时的单指数模型也称为市场模型。

二、单指数模型中期望收益率、方差和协方差的估计

（一）两个基本假设

（1）单个证券的不确定性收益部分的均值为 0，且两两不相关，即

$$E(e_i)=0，对于一切 i \neq j，E(e_i e_j)=0$$

这一假设使单指数模型同其他用以描述协方差矩阵的模型区别开来。它意味着各种证券有规则地一起变动的唯一理由是它们同市场一起变动，而可以解释各种证券一起变动的市场以外的影响因素是不存在的。对于单指数模型来说，这个假设是十分重要的，模型的性能如何就取决于这个假设与实际的近似程度。

（2）市场指数与单个证券的收益不相关，即

$$cov(e_i，R_m)=E[(e_i-0)(R_m-\bar{R}_m)]=0$$

（二）单个证券的指标估计

1. 期望收益率

期望收益率的计算公式为

$$E(R_i)=\bar{R}_i=E(\alpha_i+\beta_i R_m+e_i)=\alpha_i+\beta_i \bar{R}_m \tag{4-9}$$

其中，第二项表示市场风险溢价乘以单一证券的相对敏感度 β_i，即证券的风险溢价部分源于市场指数的风险溢价，这一项被称为系统风险溢价，它来自刻画整个市场的风险溢价，代表了整个经济状况。

风险溢价的另一部分由该等式中的第一项 α_i 来表示，它代表了非市场溢价。例如，如果认为证券的定价偏低，α_i 可能会比较大，因为这样才能提供有吸引力的期望收益。当发现证券的价格处于均衡状态时，这种吸引力会丧失，α_i 也趋向于 0。

2. 方差

由式（4-8）可以得出每种证券的总风险中包含的系统成分与公司特有成分，以及任意两种证券的协方差。方差和协方差均由证券的 β_i 值和市场指数的特性决定。方差计算如下：

$$
\begin{aligned}
\sigma_i^2 &= E(R_i-\bar{R}_i)^2 \\
&= E[(\alpha_i+\beta_i R_m)+e_i-(\alpha_i+\beta_i \bar{R}_m)]^2 \\
&= E[\beta_i(R_m-\bar{R}_m)+e_i]^2 \\
&= \beta_i^2 E(R_m-\bar{R}_m)^2+2\beta_i E[e_i(R_m-\bar{R}_m)]+E(e_i)^2 \\
&= \beta_i^2 \sigma_m^2+\sigma^2(e_i)
\end{aligned}
\tag{4-10}
$$

由式（4-10）可知，可以将证券收益率的方差分为两部分，一部分是系统性风险 $\beta_i^2 \sigma_m^2$，

系统性风险主要是由宏观因素影响产生的风险，是与整体市场相关联的风险。另一部分是残值方差或独立风险或非系统性风险 $\sigma^2(e_i)$，非系统性风险主要是由微观因素影响产生的风险，是由个别资产本身的各种因素造成的收益不稳定性而产生的。因此，任一证券的风险均包含系统性风险和非系统性风险。

3. 协方差

当 $i \neq j$ 时，任何两种证券间的协方差公式为

$$
\begin{aligned}
\mathrm{cov}(R_i, R_j) &= E[(R_i - \bar{R}_i)(R_j - \bar{R}_j)] \\
&= E\{[\beta_i(R_m - \bar{R}_m) + e_i][\beta_j(R_m - \bar{R}_m) + e_j]\} \\
&= \beta_i\beta_j E[(R_m - \bar{R}_m)^2] + E(e_i e_j) + \beta_i E[e_j(R_m - \bar{R}_m)] + \beta_j E[e_i(R_m - \bar{R}_m)] \\
&= \beta_i\beta_j \sigma_m^2
\end{aligned}
\tag{4-11}
$$

由式(4-11)可知，协方差只取决于市场风险。当 $j = m$ 时，由于 $\beta_m = 1$，可以得到

$$
\beta_i = \frac{\mathrm{cov}(R_i, R_m)}{\sigma_m^2}
\tag{4-12}
$$

（三）证券组合的指标估计

如果一种证券的单指数模型成立，那么证券组合 P 的收益率为

$$
R_P = \sum_{i=1}^{N} x_i R_i = \sum_{i=1}^{N} (\alpha_i + \beta_i R_m + e_i) = \alpha_P + \beta_P R_m + e_P
$$

式中：α_P、β_P、e_P 分别为 α_i、β_i、e_i 的加权平均。因此，证券组合的期望收益率为

$$
E(R_P) = \bar{R}_P = \sum_{i=1}^{N} x_i \bar{R}_i = \sum_{i=1}^{N} x_i(\alpha_i + \beta_i \bar{R}_m) = \alpha_P + \beta_P \bar{R}_m
\tag{4-13}
$$

证券组合的方差为

$$
\begin{aligned}
\sigma_P^2 &= E(R_P - \bar{R}_P)^2 = E[(\alpha_P + \beta_P R_m + e_P) - (\alpha_P + \beta_P \bar{R}_m)]^2 \\
&= E[\beta_P(R_m - \bar{R}_m) + e_P]^2 \\
&= \beta_P^2 E(R_m - \bar{R}_m)^2 + 2\beta_P \sum_{i=1}^{N} x_i E[e_i(R_m - \bar{R}_m)] + E\left(\sum_{i=1}^{N} x_i e_i\right)^2 \\
&= \beta_P^2 E(R_m - \bar{R}_m)^2 + \sum_{i=1}^{N} x_i^2 E(e_i^2) \\
&= \left(\sum_{i=1}^{N} x_i \beta_i\right)^2 \sigma_m^2 + \sum_{i=1}^{N} x_i^2 \sigma^2(e_i) \\
&= \beta_P^2 \sigma_m^2 + \sigma^2(e_P)
\end{aligned}
$$

即

$$
\sigma_P^2 = \beta_P^2 \sigma_m^2 + \sigma^2(e_P)
\tag{4-14}
$$

组合方差的系统性风险部分为 $\beta_P^2\sigma_m^2$，取决于每个证券的敏感系数。这部分风险取决于组合 β_P 和 σ_m^2，无论组合如何分散化，都保持不变，不论持有多少股票，它们对市场的风险敞口都会反映在组合的系统性风险中。相对的，组合方差的非系统性风险为 $\sigma^2(e_P)$，因为来自于公司层面的 e_i 是独立的，期望值为零，所以，当更多的股票被加到投资组合中时，公司层面的风险会被消除，降低了非市场风险，这类风险因此被称为可分散的风险。

（四）单指数模型的意义

单指数模型将股票的风险分为系统性风险和非系统性风险，其主要优势是大大减少了股票分析时估算的工作量。一般的，如果证券组合中包含 N 个证券，那么运用市场模型估计任何证券组合的预期收益率和方差时，需要对以下各项进行估计：

（1）N 个市场外预期超额收益 α_i 估计。

（2）N 个敏感性系数 β 估计。

（3）N 个公司特有方差 $\sigma^2(e_i)$ 估计。

（4）1 个市场风险溢价 $E(R_m)$ 估计。

（5）1 个共同宏观经济因素 σ_m^2 估计。

即需要计算的估计值为 $3N+2$ 个。可见，在一个有成千上万个证券的市场上，马科维茨模型需要天文数字的估计值，而指数模型所需要的估计值远远少于马科维茨模型。

第二节　单指数模型与风险分散

一、投资组合的风险分散

随着组合中股票的数量增加，非市场因素带来的组合风险越来越小，这部分风险通过分散化逐渐被消除。然而，无论公司数量如何上升，市场风险仍然存在。在单指数模型的假设条件下，系统风险反映了不能分散掉的风险，非系统风险表示投资者只要通过分散化投资就可以消除这项风险。

所谓充分分散化的投资组合，是指如果一个资产组合是充分分散化的，那么这个资产组合的公司特有风险或非系统风险会完全分散掉，在这样的组合中，就只有系统风险。投资组合的收益率为

$$R_P = \alpha_P + \beta_P R_m + e_P \tag{4-15}$$

假定投资者将资金等比例地投在证券组合的每种证券 $i=1,2,\cdots,N$ 上，则

$$\sigma_P^2 = \beta_P\sigma_m^2 + \frac{1}{N}\left[\sum_{i=1}^{N}\frac{1}{N}\sigma^2(e_i)\right] \tag{4-16}$$

式(4-16)中 $\sum\limits_{i=1}^{N}\dfrac{1}{N}\sigma^2(e_i)$ 为平均残差，被分母 N 除后，其值随 N 的增大而趋于零。也就是说，由于这些 e_i 是独立的，都具有零期望值，可以认为，随着资产组合中的股票数量越来越多，非系统风险将趋于零。

表 4-1 表示了投资组合中股票数量和残差风险的关系。由表 4-1 可知，随着投资组合中股票数量的增加，平均残差的重要性剧烈下降，残差风险下降得非常快。对于中等规模的组合而言，其大部分风险已经被消除了。

表 4-1 投资组合的规模和残差风险

股票数量	残差风险/%
1	100
2	50
3	33
4	25
5	20
10	10
20	5
100	1
1000	0.1

注：残差风险表示为其占同种股票投资组合的比例，$\sigma^2(e_i)$ 为常数。

不仅是等权重的资产组合，其他任何能满足随 N 增大其非系统风险将趋于零的组合，都是充分分散化的投资组合。因此，充分分散化的投资组合的收益公式为

$$\widetilde{R}_P = \alpha_P + \beta_P R_m \tag{4-17}$$

但是，与 β_P 相关联的系统风险，不会随着证券组合的增大而消减。假设残值方差或残差风险趋于零，证券组合的风险就接近于系统风险：

$$\sigma_P^2 = \beta_P^2 \sigma_m^2 = \left(\frac{1}{N}\sum_{i=1}^{N}\beta_i\right)^2 \sigma_m^2 \tag{4-18}$$

所以，分散化使系统风险平均化、正常化。

图 4-1 表示随着资产组合中股票数量的增加，非系统风险不断降低，资产组合的风险下降，最终资产组合的风险会趋于系统风险。实证研究结果支持了这一结论。经验认为，15种左右的证券组合就可以忽略其市场风险了。

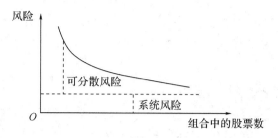

图 4-1 系统风险与非系统风险的关系图

二、投资组合的风险结构

随着投资组合分散化程度增加，投资组合的总方差就会接近系统风险，其值为市场因素的方差 σ_m^2 乘以投资组合敏感性系数的平方 β_P^2。因此，投资组合的风险分散程度为

$$R^2 = \frac{\beta_P^2 \sigma_m^2}{\sigma_P^2} = \left(\frac{\text{cov}(R_P, R_m)}{\sigma_m^2}\right)^2 \frac{\sigma_m^2}{\sigma_P^2} = \left(\frac{\rho_{Pm}\sigma_P\sigma_m}{\sigma_m^2}\right)^2 \frac{\sigma_m^2}{\sigma_P^2} = \rho_{Pm}^2 \tag{4-19}$$

可见，投资组合的风险分散程度正是模型的判定系数。

第三节　单指数模型的参数估计

一、估计历史 β 值

估计各种参数最通行的方法是利用一组反映个别证券事后（历史）收益率、市场指数收益率的 N 个历史数据，根据最小二乘法对下列时间序列进行回归，即可求出 β 值：

$$R_{it} = \alpha_i + \beta_i R_{mt} + e_{it}$$

式中，R_{it} 表示证券 i 在 t 期的收益率；R_{mt} 表示 t 期市场指数的收益率；α_i 表示回归线的纵轴截距；β_i 表示回归线的斜率；e_{it} 是残值。

根据最小二乘法的原理可得

$$Q = \sum_{t=1}^{N} \left[R_{it} - (\alpha_i + \beta_i R_{mt}) \right]^2 \tag{4-20}$$

求出上式的偏导数，并令它们等于零，就能得到 β 系数的估计值，其条件是假设它们不随时间发生变化。

令 $\dfrac{\partial Q}{\partial \alpha_i} = 0$，$\dfrac{\partial Q}{\partial \beta_i} = 0$，则

$$\beta_i = \frac{\sigma_{im}}{\sigma_m^2} = \frac{\sum_{t=1}^{N}\left[(R_{it} - \bar{R}_i)(R_{mt} - \bar{R}_m)\right]}{\sum_{t=1}^{n}(R_{mt} - \bar{R}_m)^2} \tag{4-21}$$

α_i 的估计值可以使用下式求得

$$\alpha_i = \bar{R}_i - \beta_i \bar{R}_m = \frac{1}{N}\sum_{t=1}^{N} R_{it} - \beta_i \frac{\sum_{t=1}^{N} R_{mt}}{N} \tag{4-22}$$

二、β 值的预测能力

用历史 β 值来预测未来的可靠性如何？1971 年 3 月 Blume 在 *Journal of Finance* 上发表的论文"On the Assessment of Risk"研究了这个问题。其结论为单个证券的预测能力很差，判定系数(即相关系数的平方)仅为 36%，随着资产组合的扩大，预测能力才有改善。表 4-2 为 1954—1961 和 1961—1968 年间各资产组合 β 值的相关系数。

表 4 - 2　1954—1961 年间和 1961—1968 年间各资产组合 β 值的相关系数

资产组合中资产的数量	相关系数
1	0.60
2	0.73
4	0.84
7	0.88
10	0.92
20	0.97
35	0.97
50	0.98

注：β 值的相关系数由两个相邻时间段进行计算。

三、证券特征线模型

证券特征线模型是描述证券实际收益率的模型，属于收益率生成过程模型。如果将市场组合看成一个证券，那么特征线模型研究的就是证券与市场组合之间的关联性。

证券 i 与市场组合 m 收益率之间的关系可用下列回归模型描述：

$$R_{it} = \alpha_i + \beta_i R_{mt} + e_{it}$$

此回归方程就是证券 i 的特征方程。其中，e_i 是随机误差项，其期望值为 0，并且 $\mathrm{cov}(R_m, e_i) = 0$，对于不同的证券 $(i \neq j)$，$\mathrm{cov}(e_i, e_j) = 0$。

证券 i 的特征线如图 4-2 所示，是对给定的一组证券 i 与市场组合 m 收益率的不同时刻的观测值 (R_i, R_m) 的一条最佳拟合线，也就是特征方程中由市场收益率所决定的那部分收益率为

$$\hat{R}_i = \alpha_i + \beta_i R_m \tag{4-23}$$

图 4-2 的散点图更清楚地描述了股票 H 和某市场指数之间的关系。如图 4-2 所示，回归线穿过散点，每个散点和回归线的垂直距离对应每个 t 时股票 H 收益率的残值 e_{Ht}。回归分析结果见表 4-3。

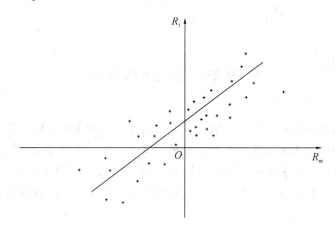

图 4-2　证券收益的散点图和特征线

表 4-3　股票 H 的证券特征线的回归统计 $R^2 = 0.5239$

回归项	系　数	标准误差	t 值	p 值
截距	0.0086	0.0099	0.8719	0.3868
市场指数	2.0348	0.2547	7.9888	0.0000

表 4-3 中的 t 统计量是回归系数与其标准误差之比，可以用来评估真实值而非估计值等于零的概率，t 值越大真实值等于零的概率越低。在 5% 的显著性水平下，一般要求 t 值高于 2.0。回归结果显示截距 (α) 的 t 值为 0.8719，意味着该估计值并不显著，不能拒绝真实值为零的原假设。p 值表示如果真实值为零，那么得到 0.0086 的可能性为 0.3868，即存在一定的可能性。同样，市场指数的系数 $(\beta$ 值$)$ 和其标准误差产生一个很大的 t 值 (7.9888)，p 值几乎为

零，因此可以大胆地拒绝真实 β 值为零的原假设。

对于任何一个证券组合 P，由于

$$R_P = x_1 R_1 + x_2 R_2 + \cdots + x_N R_N = \sum_{i=1}^{N} x_i R_i \qquad (4-24)$$

将各个证券的特征方差代入式(4-23)，得到

$$R_P = \sum_{i=1}^{N} x_i \alpha_i + \left(\sum_{i=1}^{N} x_i \beta_i \right) R_M + \sum_{i=1}^{N} x_i e_i \qquad (4-25)$$

因此，证券组合的特征方程和特征线分别为

$$R_P = \alpha_P + \beta_P R_m + e_P \qquad (4-26)$$

$$\hat{R}_P = \alpha_P + \beta_P R_m \qquad (4-27)$$

式中，$\alpha_P = \sum_{i=1}^{N} x_i \alpha_i$，$\beta_P = \sum_{i=1}^{N} x_i \beta_i$，$e_P = \sum_{i=1}^{N} x_i e_i$。

第四节　多指数模型

单指数模型认为只有一个因素影响证券的收益率。在现实中，影响证券价格的共同因素除了单指数模型中的市场股票指数的变化外，还可能包括通货膨胀的变化、失业率的变化、工业生产的增长、贸易赤字的变动、政府预算开支的变动、利率水平的变化、长期和短期贷款利率的变动、汇率的变化等。因此，用多指数模型取代单指数模型来考察证券的收益更切合实际。

一、一般的多指数模型

(一) 模型形式

一般的，设证券收益率普遍受到若干个共同因素 I_1，I_2，$\cdots$，I_K 的影响，可建立多指数模型来描述证券收益率对这 K 个指数的敏感性：

$$R_i = \alpha_i + b_{i1} I_1 + \cdots + b_{ik} I_K + e_i \qquad (4-28)$$

式中，I_1，I_2，$\cdots$，I_K 为 K 个指数，b_{i1}，$\cdots$，b_{iK} 为证券 i 对这 K 个指数的灵敏性。同单指数模型一样，e_i 为证券 i 的剩余收益部分，是一个随机变量。

多指数模型的三个假设如下：

(1) e_i 的均值为零，$\mathrm{E}(e_i)=0$，对于一切 $i \neq j$，e_i 与 e_j 不相关，即 $\mathrm{E}(e_i e_j)=0$。

(2) e_i 与指数 I_j 之间的协方差为 $E[e_i(I_j - \bar{I}_j)]=0$。

(3) 对于一切 $i \neq j$，指数 I_i 与指数 I_j 之间的协方差为 $E[(I_i - \bar{I}_i)(I_j - \bar{I}_j)]=0$。

(二) 证券的指标估计

1. 收益表达式

收益表达式为

$$R_i = \alpha_i + b_{i1} I_1 + \cdots + b_{iK} I_K + e_i \qquad (4-29)$$

2. 期望收益率

期望收益率为

$$E(R_i) = E(\alpha_i + b_{i1} I_1 + \cdots + b_{iK} I_K + e_i) = \alpha_i + b_{i1} E(I_1) + \cdots + b_{iK} E(I_K) \qquad (4-30)$$

3. 证券 i 收益率的方差

证券 i 收益率的方差为

$$
\begin{aligned}
\sigma_i^2 &= E(R_i - \bar{R}_i)^2 \\
&= E\left[(\alpha_i + b_{i1} I_1 + \cdots + b_{ik} I_k + e_i) - (\alpha_i + b_{i1} \bar{I}_1 + \cdots + b_{ik} \bar{I}_k) \right]^2 \\
&= E\left[b_{i1}(I_1 - \bar{I}_1) + \cdots + b_{ik}(I_K - \bar{I}_K) + e_i \right]^2 \\
&= b_{i1}^2 \sigma_{I1}^2 + \cdots + b_{iK}^2 \sigma_{IK}^2 + \sigma^2(e_i) \\
&= \sum_{j=1}^{K} b_{ij}^2 \sigma_{ij}^2 + \sigma^2(e_i) \qquad (4-31)
\end{aligned}
$$

4. 协方差

证券 i 和 j 之间的协方差为

$$\mathrm{cov}(R_i, R_j) = E\left[(R_i - \bar{R}_i)(R_j - \bar{R}_j) \right] = b_{i1} b_{j1} \sigma_{I_1}^2 + \cdots + b_{iK} b_{jK} \sigma_{I_K}^2 = \sum_{s=1}^{K} b_{is} b_{js} \sigma_{Is}^2$$

$$(4-32)$$

由式(4-29)~式(4-32)可知，如果估计了每只股票的 α_i、对每个指数的 b_{ik}、$\sigma^2(e_i)$ 及每个指数的均值 $\bar{I}_k$ 和方差 $\sigma_{I_K}^2$，就能估计任何投资组合的收益和风险，总共是 $2N + 2K + KN$ 个估计量。

【思考题 4-1】 行业指数模型是最受关注也是运用最广泛的一种特殊的多指数模型。该模型认为，证券的收益率不但受市场指数的影响，而且受企业所在行业指数的影响。这个假设是基于某些企业的经营范围横跨好几个传统行业，如果企业的收益主要来自它们在某一行业的经营活动，那么可以把企业不属于的行业指数从模型中删除。请写出行业指数模型的一般形式。

(系统性风险因素表示为：市场股票指数+各个行业指标指数。)

二、两指数模型

两指数模型的表达式为

$$R_i = a_i + b_{i1}R_m + b_{i2}I_2 + e_i \tag{4-33}$$

其中，影响证券收益率 R_i 的因素分别为市场股价指数的收益率 R_m 和通货膨胀率 I_2。其证券组合中期望收益率的表达式为

$$E(R_i) = a_i + b_{i1}E(R_m) + b_{i2}E(I_2) \tag{4-34}$$

收益率的方差为

$$\sigma_P^2 = b_{P1}^2\sigma_m^2 + b_{P2}^2\sigma_{I_2}^2 + \sigma^2(e_P) \tag{4-35}$$

【例 4-1】 假设有股票 A 和 B，两种股票收益率对市场股价指数收益率、通货膨胀率的敏感程度 b 系数和剩余收益的方差 $\sigma^2(e_i)$ 如表 4-4 所示。

表 4-4　股票敏感程度系数和剩余收益的方差

股票	b_{i1}	b_{i2}	$\sigma^2(e_i)$
A	0.8	1.2	0.04
B	1.2	0.4	0.05

假设市场股价指数收益率的方差为 5％，通货膨胀率的方差为 3％。问：(1) 股票 A 和 B 的方差各是多少？(2) 假设投资者以 0.6：0.4 的比例将资金投资于这两种股票上，那么证券组合的方差是多少？

解　(1) 根据式(4-35)，股票 A 的方差为

$$\sigma_A^2 = b_{A1}^2\sigma_m^2 + b_{A2}^2\sigma_{I_2}^2 + \sigma^2(e_A) = 0.8^2 \times 0.05 + 1.2^2 \times 0.03 + 0.04 = 0.1152$$

股票 B 的方差为

$$\sigma_B^2 = b_{B1}^2\sigma_m^2 + b_{B2}^2\sigma_{I_2}^2 + \sigma^2(e_B) = 1.2^2 \times 0.05 + 0.4^2 \times 0.03 + 0.05 = 0.1268$$

(2) 证券组合收益率对市场股价指数收益率的 b 系数为

$$b_{P1} = \sum_{i=1}^{2} x_i b_{i1} = 0.6 \times 0.8 + 0.4 \times 1.2 = 0.96$$

通货膨胀率的 b 系数为

$$b_{P2} = \sum_{i=1}^{2} x_i b_{i2} = 0.6 \times 1.2 + 0.4 \times 0.4 = 0.88$$

市场组合中剩余收益的方差为

$$\sigma^2(e_P) = \sum_{i=1}^{2} x_i^2 \sigma^2(e_i) = 0.6^2 \times 0.04 + 0.4^2 \times 0.05 = 0.0224$$

所以证券组合的方差为

$$\sigma_P^2 = b_{P1}^2\sigma_m^2 + b_{P2}^2\sigma_{I_2}^2 + \sigma^2(e_P) = 0.96^2 \times 0.05 + 0.88^2 \times 0.03 + 0.0224 = 0.0917$$

本 章 小 结

　　（1）单指数模型把证券收益的不确定性分为系统性的（宏观）因素和公司特定的（微观）因素，其中的宏观因素用股票市场指数来代表。单指数模型可以扩展到多指数模型，此时证券收益的风险来源有多个系统性因素。

　　（2）在单指数模型中，投资组合的系统性风险等于 $\beta^2\sigma_m^2$，而两项资产的协方差为 $\beta_i\beta_j\sigma_m^2$。

　　（3）单指数模型通过对超额收益率的回归分析来估计参数，得到的回归线就是证券特征线。证券特征线的斜率是资产的 β 值，截距是样本期间的资产 α。

　　（4）指数模型大大减少了在马科维茨组合选择程序中所需的指标估算量，同时有助于证券分析中的专业化分工。

第五章　资本市场均衡模型

本章要点

- 资本资产定价模型
- 套利定价模型
- 资本资产定价模型的实证检验
- 资本资产定价的三因素模型

第一节　资本资产定价模型

资本资产定价模型的提出标志着金融学走向成熟。这一模型于 1965 年由威廉·夏普（William Sharpe）、约翰·林特纳（John Lintner）和简·莫辛（Jan Mossin）分别独立提出。从马科维茨的投资组合选择理论发展到资本资产定价模型，时间间隔长达 12 年，可见现代金融学发展道路的艰难与曲折。

一、模型的假设条件

资本资产定价模型的推导基于一系列的假设，这些假设的核心是使每个投资者尽可能同质化，尽管投资者的初始财富和风险厌恶程度存在差异。

（1）市场上存在着大量的投资者，每个投资者的财富相对于所有投资者的财富总和而言是微不足道的。投资者是价格接受者，他们的交易行为对证券价格不产生影响。这与微观经济学中对完全竞争市场的假设是一致的。

（2）所有投资者只考虑一个相同的投资持有期。这种行为是短视的，因为它忽略了在持有期结束的时点上发生任何事情的影响。短视行为通常不是最优行为。

（3）投资者的投资范围仅限于市场上公开交易的金融资产，比如股票、债券、无风险借入或贷出等。这一假设排除了不可交易资产（如教育、人力资本）、私有企业和政府投资的资产（如市政大楼、国际机场）。

（4）不存在交易成本，买卖任何资产都不存在成本（摩擦）。如果交易成本不为零，任何资产的收益率都将是决策前是否拥有该资产的函数。因而，在模型中引入交易成本将会使模型变得非常复杂。引入交易成本是否值得，取决于交易成本对投资者决策行为的重要性，但考虑到交易成本的高低，它们的重要性可能不大。

（5）所有投资者都是理性的，都追求资产组合的方差最小化，这意味着他们都运用马科维茨的资产选择模型。

（6）所有投资者采用相同的方法进行证券分析并对经济前景的看法一致，这使所有投资者关于有价证券未来收益率的期望分布具有一致性估计，也就是说，无论证券的价格如何，投资者都得到相同的马科维茨模型输入表。依据马科维茨模型，给定一系列证券的价格和无风险利率，所有投资者的期望收益率和协方差矩阵相同，从而产生了有效边界和唯一的最优风险资产组合，这一假定也被称为同质期望。

（7）无限卖空不受任何限制，个人投资者可以卖空任意数量的股票。

（8）可以以无风险利率不受限制地借款和贷款。投资者可以以无风险证券利率贷出和借入任意数额的所需资金。

二、CAPM 模型的推导

（一）资本市场线

资本市场线（Capital Market Line，CML）理论是资本资产定价模型的核心内容。

1. 投资者所面临的有效边界

根据上述假设条件，所有投资者关于有价证券未来收益率的期望分布具有一致性估计，因此，每一个投资者将获得相同的切点证券组合。这意味着所有投资者面临着同样的有效边界，该有效边界就是由无风险证券出发与风险证券组合可行集的有效边界相切的射线，如图 5-1 中所示证券组合可行集的上边界线。由于每一个投资将获得相同的切点证券组合，因此，在决定最优风险资产组合时，不需要考虑这个投资者对风险和收益的任何偏好。也就是说，最优风险资产组合的决定完全由市场决定，与投资者的偏好无关。

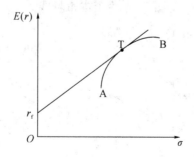

图 5-1 引入无风险借贷后的有效边界

2. 市场组合 M

所谓市场组合或市场证券组合，包含对所有证券投资的证券组合，其中每一种证券的投资比例等于它的相对市值。一种证券的相对市值，等于这种证券总的市场价值除以所有证券总的市场价值。

在资本资产定价模型中，市场证券组合起着核心作用。因为有效边界就是由市场证券组合加上适量的无风险借贷决定的。从理论上讲，市场组合 M 不仅包括普通股票，还包括其他种类的投资，如债券、优先股票和不动产等。

可以得到如下结论：当市场处于均衡状态时，最佳风险证券组合 T 等于市场组合 M。

首先，在均衡状态下，任何市场上存在的资产必须被包含在最优风险组合 T 里。否则，不被 T 所包含的资产就无人问津，其价格就会下跌，从而收益率会上升，直到进入 T 所代表的资产组合。其次，市场均衡时，对任何一种资产都不会有过度的需求和供给。因为所有理性投资者所选择的风险资产的比例都应同市场组合 M 的投资比例相同，所以在市场处于均衡时，各种风险资产的市场价值在全部风险资产的市场总价值里的比重应与在 M 所代表的资产组合里的比重相同。

总而言之，当所有证券价格调整结束时，市场已进入均衡状态。第一，每一个投资者都想要持有一定数量的每一种风险资产。第二，目前每一种证券的市场价格使得对证券的需求量等于已发行的数量。第三，无风险使得借入货币量等于贷出货币量。因此，在均衡状态下，最优风险证券组合 T 就等于市场组合 M。

3. 资本市场线方程

在资本资产定价模型假设下，当市场达到均衡时，市场组合 M 就成为一个有效组合，并且最优风险证券组合 T 就等于市场组合 M，因此，所有有效组合都可视为无风险证券 r_f 与市场组合 M 的再组合。而无风险证券 r_f 与市场组合 M 的再组合是一条连接 r_f 与 M 的射线，这条射线被称为资本市场线。图 5-2 为资本市场线。

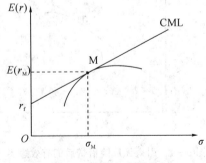

图 5-2　资本市场线

资本市场线揭示了有效组合的收益和风险之间的均衡关系。由于 r_f 与 M 点的坐标分别为 $(0, r_f)$，$(\sigma_M, E(r_M))$，因此资本市场线的方程为

$$E(r_P) = r_f + \frac{E(r_M) - r_f}{\sigma_M} \sigma_P \qquad (5-1)$$

其中，$E(r_P)$ 和 σ_P 分别表示有效组合 P 的期望收益率和标准差，$E(r_M)$ 和 σ_M 分别表示市场组合 M 的期望收益率和标准差，r_f 表示无风险证券收益率。

均衡条件下的证券市场的两个关键特征是：第一，资本市场线方程(5-1)中的无风险利率 r_f 常常被视为时间等待的报酬；第二，资本市场线方程(5-1)中的斜率 $[E(r_M) - r_f]/\sigma_M$ 被认为是承受一个单位风险的报酬，通常称之为风险的价格。

从本质上讲，证券市场提供了一个时间与风险之间交换的场所，以及供给和需求的力量决定证券价格的场所。因此，资本市场线方程中的无风险利率和斜率分别代表时间和风险的价格。

4. 两基金分离定理

由于最优风险证券组合 T 等于市场组合 M，引出了被动但有效的指数化投资策略。首先，按照市场组合的比例来构筑风险资产组合，实现风险分散的目的；其次，按照投资者的风险偏好，将资金分投到无风险证券和所构筑的风险资产组合中。这种策略的产生是市场整合的结果，被称为**共同基金原理**。

假定所有的投资者持有市场指数共同基金，那么构成组合的选择可以分为两方面：一方面是技术问题，如何由专业管理人员来创建风险基金；另一方面是个人问题，由于投资者有不同的风险厌恶程度，存在如何在共同基金和无风险资产中进行整体资产配置的问题。由于市场组合和无风险证券可以看作两个不同的基金，这个结论也构成了新的**两基金分离定理**：所有的合乎理性的投资组合都是市场组合和无风险证券的一个线性组合，而所有这样的线性组合构成了资本市场线。

（二）证券市场线

资本市场线只揭示了有效组合的收益风险均衡关系，而没有给出任意证券或组合的收益风险关系。证券市场线(Security Market Line，SML)则揭示了任意证券或组合的收益风险关系。

1. 证券市场线方程

对于任意一个单个证券 i，构建其与市场组合 M 的组合线。由于 M 是有效组合，因此，该组合线在 M 点一定与资本市场线相切，即在 M 点的斜率一定是 $[E(r_M) - r_f]/\sigma_M$，如图 5-3所示。

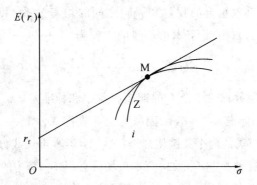

图 5-3　证券 i 与市场组合 M 的组合线

设组合线上任意一点为 Z，组合的权重为 x_i，$x_M=1-x_i$，则有

$$E(r_Z)=x_M E(r_M)+x_i E(r_i)$$

$$\sigma_Z^2=x_M^2\sigma_M^2+x_i^2\sigma_i^2+2x_M x_i \mathrm{cov}(r_M,\ r_i)$$

$$\frac{\partial E(r_Z)}{\partial x_i}=E(r_i)-E(r_M)$$

$$\frac{\partial \sigma_Z}{\partial x_i}=\frac{1}{\sigma_Z}\big[(x_i-1)\sigma_M^2+x_i\sigma_i^2+(1-2x_i)\mathrm{cov}(r_i,\ r_M)\big]$$

所以

$$\frac{\partial E(r_Z)}{\partial \sigma_Z}=\frac{E(r_i)-E(r_M)}{\big[(x_i-1)\sigma_M^2+x_i\sigma_i^2+(1-2x_i)\mathrm{cov}(r_i,\ r_M)\big]/\sigma_Z}$$

由于在 M 点，$x_i=0$，$\sigma_Z=\sigma_M$，代入上式可得

$$\frac{\partial E(r_Z)/\partial x_i}{\partial \sigma_Z/\partial x_i}\bigg|_{x_i=0}=\frac{E(r_i)-E(r_M)}{\mathrm{cov}(r_i,\ r_M)-\sigma_M^2}\times\sigma_M=\frac{E(r_M)-r_f}{\sigma_M}$$

化简得

$$E(r_i)-r_f=\frac{\mathrm{cov}(r_i,\ r_M)}{\sigma_M^2}\times\big[E(r_M)-r_f\big]$$

令 $\mathrm{cov}(r_i,\ r_M)/\sigma_M^2=\beta$，则

$$E(r_i)=r_f+\big[E(r_M)-r_f\big]\beta_i \qquad (5-2)$$

式（5-2）就是证券市场线方程。

由此，可以得到 CAPM 定理：当完善的资本市场达到均衡时，任何风险资产的超额回报和证券市场组合的超额回报成正比例关系，即有上面的关系式（5-2）。

在式（5-2）中，$\beta_i=\mathrm{cov}(r_i,\ r_M)/\sigma_M^2$，表示证券 i 的风险量，称为证券 i 的 β 系数。由于证券 i 的系统风险是 $\beta_i^2\sigma_M^2$，因此，β 系数计量的是单个证券的系统性风险，是一种有别于方差的风险计量指标。$E(r_M)-r_f$ 表示市场风险价格，代表了对单位风险的补偿。

$\beta_i[E(r_M)-r_f]$表示风险溢价。

同样的，对于任意证券组合P，期望收益率的一部分是无风险利率r_f（对推迟消费的补偿）；另一部分是$\beta_P[E(r_M)-r_f]$，它是风险溢价，与承担的系统性风险的大小成正比。

CAPM揭示了市场均衡时，证券i（或证券组合P）的期望收益率等于无风险利率加上风险溢价。

2. 证券市场线

（1）证券市场线的含义。

证券市场线反映的是证券或证券组合的β系数与期望收益率之间的线性关系，如图5-4所示。当证券组合P为市场组合M时，β系数为1；当P为无风险证券时，β系数为0。

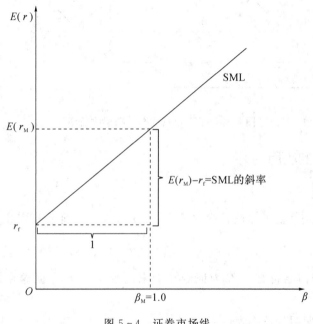

图5-4　证券市场线

（2）证券市场线（SML）与资本市场线（CML）的联系与区别。

两者的联系如下：

① 两者描述的都是均衡状态下证券或组合的收益和风险之间的关系。

② 两者都是一条从无风险利率出发连接市场组合点的直线，且无风险利率相同。

③ 两者都存在斜率和市场超额收益。

两者的区别如下：

① 适用范围不同：CML表示全部有效组合的收益和标准差之间的关系；SML表示所

有证券(包括有效组合与非有效组合)的收益与证券对市场组合协方差之间的关系。

② 选择的风险变量不同：CML 选择有效组合的标准差作为风险变量，而 SML 选择证券与市场组合的协方差或 β 值作为风险变量。

③ 表示的组合类型不同：全部有效组合都落在 CML 上，非有效组合和个别证券则落在 CML 的下方；而全部证券和有效组合则都落在 SML 上。因此，SML 上的点投影在 CML 的线上或下方，CML 上的点只投影在 SML 的线上，如图 5-5 所示。

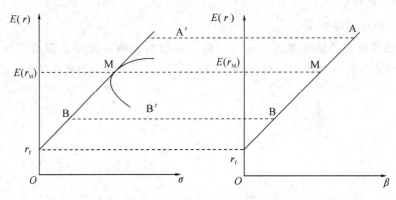

图 5-5　证券市场线与等期望收益率线

三、CAPM 模型的应用

(一) 资产估值

资产定价是指资产的期望收益率与风险之间的关系式。证券投资收益率计算公式为

$$r_t = \frac{D_t + P_t - P_0}{P_0}$$

其中，P_0 为证券的初始价格，P_t 为证券在期末的价格，D_t 为证券在持有期间的红利类收益。

因此，资产的期望收益率为

$$E(r_t) = \frac{E(P_t + D_t) - P_0}{P_0}$$

可得

$$P_0 = \frac{E(P_t + D_t)}{E(r_t) + 1} \tag{5-3}$$

因此，如果确定了期望收益率与风险的关系以及未来价格和红利的期望值，就可以确定出某证券的理论价格 P_0，进而通过与该证券市场价格的比较，作出投资决策。这也是资产期望收益率与风险之间的关系被称为资本资产定价的原因，SML 线上各点为均衡价格。

【例5-1】 预期 A 公司明年每股股息为 0.7 元，并且今后每股股息将以每年 10% 的速度稳定增长。当前的无风险利率为 0.05，市场组合的风险溢价为 0.08，A 公司股票的 β 值为 1.5。那么，A 公司股票当前的合理价格 P_0 是多少？

解　根据固定股利增长模型，得出公司股票当前的合理价格为

$$P_0 = \frac{D_1}{k-g} = \frac{0.7}{k-0.1}$$

由资本资产定价模型得

$$k = r_f + [E(r_M) - r_f] \times \beta_P = 0.05 + 0.08 \times 1.5 = 0.17$$

因此，A 公司股票当前的合理价格为

$$P_0 = \frac{0.7}{0.17-0.1} = 10(元)$$

（二）资源配置

资本资产定价模型适用于资本预算决策。一个企业如果打算投资新项目，资本资产定价模型会给出基于 β 的必要收益率，这一收益率是投资者可以接受的。管理者可以运用资本资产定价模型得到该项目的内部收益率(IRR)，即必要收益率。

【例5-2】 假设无风险利率为 8%，市场投资组合的期望收益率为 16%，某投资项目的 β 估计值为 1.3。

（1）求这一项目的必要收益率。

（2）如果该项目的预期收益为 19%，是否要投资该项目？

解　因为 IRR = 8 + 1.3×(16-8) = 18.4% < 19%，所以可以投资。

（三）投资业绩评估基准

证券市场线为评估投资业绩提供了一个基准。以 β 值来测度给定一项投资的风险，证券市场线就能得出投资者为了补偿风险所要求的期望收益和货币的时间价值。如图 5-6 所示，股票的实际期望收益与正常期望收益之间的差，称为股票的阿尔法，记做 α。当 $\alpha < 0$ 时，该资产被高估；当 $\alpha > 0$ 时，该资产被低估。当某资产的实际收益率低于必要收益率，即 $\alpha < 0$ 时，选择不投资该资产。有看法认为证券分析就是找出 α 非零的证券，这一分析显示资产组合管理的起点是一个消极的市场指数资产组合。因此，资产组合管理者将增加 α 大于零的证券的比例，减少 α 小于零的证券的比例。

【例5-3】 股票 XYZ 的预期收益率为 12%，$\beta=1$；股票 ABC 的预期收益率为 13%，$\beta=1.5$，市场期望收益率为 11%；$r_f=5\%$。

（1）根据资本资产定价模型，购买哪只股票更好？

（2）每只股票的 α 是多少？画出证券市场线，在图上画出每只股票的风险-收益点并标注出 α 值。

解 （1）根据资本资产定价模型，得

$$E(r_{XYZ})=5+1\times(11-5)=11\%<12\%$$
$$E(r_{ABC})=5+1.5\times(11-5)=14\%>13\%$$

可知，股票 XYZ 被低估了，股票 ABC 被高估了，所以购买股票 XYZ 较好。

（2）由上面的计算可知 $\alpha_{XYZ}=1\%$，$\alpha_{ABC}=-1\%$，具体如图 5-6 所示。

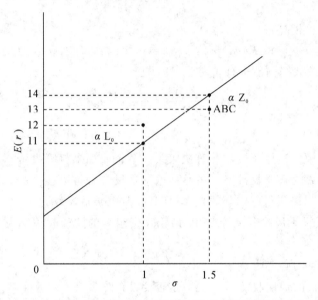

图 5-6　证券市场线和阿尔法非零的股票

第二节　资本资产定价模型的有效性

一、β 值的合理性

（一）CAPM 的实证检验

早在 20 世纪 70 年代末，有关 CAPM 的有效性及在投资管理中应用 β 值的合理性问题就被提出了。理查德·罗尔（Richard Roll）分别于 1977 年、1978 年、1980 年和 1981 年论证了传统 CAPM 的不可检验性，概括了简单应用模型可能带来的错误及不正确结果。1992年，法马（Fama）和弗伦奇（French）又发现预期收益与 β 值之间没有显著关系。

CAPM 的检验主要回答了在现实生活中，β 值是否为衡量资产风险的相对标准，资产收益是否与 CAPM 确定的收益-风险关系相符合。在大量检验中发现，结果是不一致的，原因有二：一是资本市场的复杂性使得 CAPM 的许多假设在现实生活中不能成立；二是受到

实证检验统计技术的限制。

CAPM 有效性问题的关键在于市场组合和 β 值的衡量标准。从理论上来说，市场组合应包括全世界范围内的各种风险资产，即包括金融资产和非金融资产。而在现实检验中，人们通常是以某一市场指数作为市场组合的替代品，这自然就使 CAPM 的检验结果的有效性大打折扣了。

有关收益-风险关系显著与否的关键，在于计算 β 值的方法。否定派认为，CAPM 尽管提出了一个简单的收益-风险理论关系，但这不是一个准确的表达，因此 β 不能作为衡量资本市场风险的标准。

(二) CAPM 模型与市场模型的区别与联系

在这里要注意区分 CAPM 中的 β 值和单指数模型（市场模型）中的 β 值，前者包含市场均衡和市场组合的概念，后者则直接定义为某一市场指数的敏感性，在实际计算时，CAPM 的市场组合往往取某一市场指数，因此人们容易把这两个 β 值简单地等同起来。

CAPM 模型描述的是一种证券的均衡预期收益率与这种证券的 β 系数之间的正相关关系。市场模型是描述证券实际收益率的模型，反映了收益率的生成过程。CAPM 是一个均衡模型，市场模型是一个经验模型。无论在 CAPM 模型还是市场模型中，β 系数代表的都是证券收益率对市场证券组合收益率的敏感程度。随着投资组合中证券数量的增加，市场模型中的非系统性风险将趋于零，形成充分分散化的投资组合。此时，充分分散化的投资组合的收益公式为 $R_P = a_P + \beta_P R_m$，对市场模型两边取期望值后为 $E(R_P) = a_P + \beta_P E(R_m)$。通过比较可以看出，CAPM 模型中预测的所有资产的 α 都为零。

二、资本资产定价模型的发展

资本资产定价模型使用了一系列的简化假设，通过适当放宽模型的假设可以增加模型的复杂程度，对模型进行改进，从而得到更准确的预测结果。下面介绍一些 CAPM 模型的扩展形式。

(一) 零 β 模型

默顿和罗尔分别提出了有效边界上投资组合的一系列有趣的特点，其中三点如下：

(1) 两种有效边界上的投资组合构成的任何投资组合是其本身的有效边界。

(2) 任何资产的期望收益可以表述为任何两个有效投资组合 P 和 Q 的期望收益的线性组合，其方程为

$$E(r_i) - E(r_Q) = [E(r_P) - E(r_Q)] \frac{\text{cov}(r_i, r_P) - \text{cov}(r_P, r_Q)}{\sigma_P^2 - \text{cov}(r_P, r_Q)} \qquad (5-4)$$

(3) 对有效边界上的每一投资组合（除了其中的最小方差投资组合）作有效边界的切线

与纵轴相交，再从交点作水平线与最小方差边界相交，即得到与其不相关的"伴随"投资组合，如图 5-7 所示。这些"伴随"投资组合并不相关，被称为有效投资组合中的零 β 投资组合。如果选择市场投资组合和它的零 β 伴随投资组合 Z，那么资本资产定价模型可以简化为

$$E(r_i) - E(r_Z) = \beta_i [E(r_M) - E(r_Z)] \qquad (5-5)$$

式（5-5）除了无风险利率被 $E(r_Z)$ 所代替外，与资本资产定价模型的证券市场线相似。

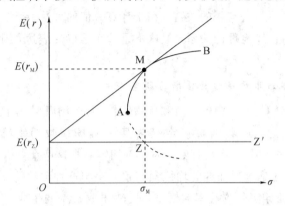

图 5-7 不含无风险资产的资本资产定价模型

当投资者面临无风险利率资产的借入或投资限制时，费雪·布莱克(Fisher Black)使用这些限制来说明上述简化的资本资产定价模型。在这种情形下，虽然某些投资者不一定选择市场指数的投资组合，但至少将在有效边界上选择投资组合。因为零 β 投资组合的平均收益要远远高于短期国库券利率，零 β 模型可以解释为什么在证券的 β 值较小的情况下，α 的平均估值是正的；而在证券的 β 值较大的情况下，α 的平均估值是负的，这些都与资本资产定价模型所预测的相反。尽管这样，该模型还不足以证明资本资产定价模型在实证上是有效的。

（二）跨期 CAPM 和多 β CAPM

罗伯特·默顿通过使用连续时间模型扩展了许多资本资产定价模型。在默顿的基本模型中，释放的假设条件是只考虑一个时期的投资水平。对此，默顿提出投资者短期短视假说，假设投资者都在优化自己的生命周期消费及投资计划，他们不断根据其健康状况和计划退休年龄调整消费与投资决策。当投资组合收益的不确定性仅是风险的唯一来源且投资机会保持不变，即市场组合或单个证券的期望收益分布不变时，默顿提出的跨期资本资产定价模型(ICAPM)与单期模型预测的收益-贝塔关系相同。该模型在形式上与经典的 CAPM 模型没有什么不同，如果把经典的 CAPM 模型看作静态，那么跨期 CAPM 就是动态模型，前者可以从后者推导出来。

在跨期 CAPM 模型的基础上，进一步释放投资机会集长期不变的假设条件，默顿于

1973 年提出了多 βCAPM。一般假设定义 $k(k=1, 2, \cdots, K)$ 为外在市场风险，并找到与 k 相关的对冲风险投资组合。因此，默顿的期望收益-贝塔关系式将会产生与多指数模型相关的短期证券市场线，即

$$E(R_i) = \beta_{iM}E(R_M) + \sum_{k=1}^{K} \beta_{ik}E(R_k) \tag{5-6}$$

式中，β_{iM} 为市场指数投资组合的证券 β 值，β_{ik} 为第 k 种对冲投资组合的 β 值。

(三) 流动性和交易费用

经典的资产定价模型（如资本资产定价模型）假设市场是无摩擦的市场，这意味着在证券市场上不存在交易费用，但是这个假设与实际不符。例如，在资本资产定价模型中，所有的投资者享有同样的信息，拥有相同的风险投资组合，这个结果所隐含的就是所有的投资者都不存在交易动机。当新的信息出现时，价格会相应地发生变化，但是每一个投资者仍会继续持有一组市场投资组合，这就使得没有任何资产交易发生。交易发生的前提条件就是投资者实际的收益率与期望相异，也就是异质信念，即整个市场没有共享的信念。这些私有信息将会引起交易，投资者为获得更多的利益将根据其不同的需求来调整自己的投资组合。实际上，交易及交易费用对投资者来说非常重要。

资产的流动性被认为是影响资产价格的一个重要因素，Amihud 和 Mendelson(1986) 的论文在这一研究上有突破性的进展。流动性一部分是交易费用问题，特别是指买卖价差；另一部分是价格影响。部分买卖价差被认为是对承受风险波动的补偿。假设一个公平的股票价格是买入价和卖出价的平均值，投资者负责支付售出和买进的资金；交易市场另外一方的交易商获得了这部分价差。这种价差是流动性的重要组成部分，是证券的交易代价。由于每次做股票交易的成本不同，那些交易频繁的投资者很快就会感到流动性股票的交易费用太高了。另外，做长期投资的投资者可以在一个较长的时间内分摊这些成本，故无需为价差担心。

当发生交易费用时，持有少量风险资产可能最佳。因此，不同的投资者在其投资组合中将会持有不同数量的风险资产，两基金分离定理不再成立。在这种情形下，假设市场上有 K 个投资者，资产 i 的期望收益率 μ_i 可以写成

$$\mu_i = r_f + \frac{\sum_k T_k(\mu_k - r_f)\beta_{ki}}{\sum_k T_k} \tag{5-7}$$

其中，μ_k 为投资者 k 所持有投资组合的平均收益率，T_k 为投资者 k 所投资的金额，β_{ki} 为资产 i 与投资者 k 所持有投资组合的 β 值，$k=1, 2, \cdots, K$。

如果所有投资者都持有市场组合，那么 $\mu_k = \mu_M$，$\beta_{ki} = \beta_i$，式(5-7)所揭示的风险收益关系就简化成经典的 CAPM 模型。

第三节 套利定价模型

一、模型的假设条件

利用证券之间的错误定价来赚取无风险利润的行为称为套利。在均衡市场价格的情况下没有套利机会是资本市场理论最基本的原理。1976 年，斯提芬·A. 罗斯在因素模型的基础上，提出了套利定价理论（APT），使资本资产定价理论有了突破性进展。与资本资产模型类似，套利定价模型也是一种均衡的资产定价模型，讨论的也是证券期望收益和风险之间的关系，但套利定价模型所用的假设条件比资本资产定价模型要少得多。APT 模型的基本假设如下：

（1）市场处于竞争均衡状态；

（2）投资者喜欢更多的财富而不是更少的财富；

（3）资产的回报可用因素模型表示。

二、因素模型

与资本资产定价模型依赖于均值方差分析框架不同，套利定价模型依赖于证券（证券组合）收益率的生成过程。套利定价理论（APT）认为，证券收益是与某些因素相关的。在介绍套利定价理论之前，先回顾一下因素模型。

因素模型认为各种证券的收益率均受某个或某几个共同因素影响。各种证券的收益率之所以相关，主要是因为它们都会对这些共同因素起反应。因素模型的主要目的就是找出这些因素，并确定证券收益率对这些因素变动的敏感度。

（一）单因素模型

单因素模型认为，证券收益率只受一种因素影响。对于任意的证券 i，其在 t 时期的单因素模型表达式为

$$r_{it} = \alpha_i + b_i F_t + e_{it} \tag{5-8}$$

其中，r_{it} 为证券 i 在 t 时期的收益率；F_t 为该因素在 t 时期的值；b_i 为证券 i 对该因素的敏感度；e_{it} 为证券 i 的收益率在 t 时期的随机扰动项，其均值为 0，标准差为 σ_{e_i}；α_i 为常数，表示因素值为 0 时证券 i 的预期收益率。因素模型认为，随机扰动项 e 与因素是不相关的，且两种证券的随机扰动项之间也是不相关的。

根据式（5-8），证券 i 的预期收益率为 $E(r_i) = \alpha_i + b_i E(F)$，其中，$E(F)$ 为该因素的期望值。

（二）两因素模型

两因素模型认为，证券收益率取决于两个因素，其表达式为

$$r_{it} = \alpha_i + b_{i1}F_{1t} + b_{i2}F_{2t} + e_{it} \tag{5-9}$$

其中，F_{1t} 和 F_{2t} 分别为影响证券收益率的两个因素在 t 时期的值，b_{i1} 和 b_{i2} 分别为证券 i 对这两个因素的敏感度。

在两因素模型中，证券 i 的预期收益率为：$E(r_i) = \alpha_i + b_{i1}E(F_1) + b_{i2}E(F_2)$，其中，$E(F_1)$ 和 $E(F_2)$ 分别为两个因素的期望值。

（三）多因素模型

多因素模型认为，证券 i 的收益率取决于 k 个因素，其表达式为

$$r_{it} = \alpha_i + b_{i1}F_{1t} + b_{i2}F_{2t} + \cdots + b_{ik}F_{Kt} + e_{it} \tag{5-10}$$

三、套利组合

根据套利定价理论，在不增加风险的情况下，投资者将利用构建套利组合的机会来增加其现有投资组合的预期收益率。

根据套利的定义，套利组合需要满足以下三个条件：

（1）套利组合要求投资者不追加资金，即套利组合属于自融资组合。如果用 x_i 表示投资者持有证券 i 的比例变化，则该条件可以表示为

$$x_1 + x_2 + x_3 + \cdots + x_n = 0 \tag{5-11}$$

（2）套利组合对任何因素的敏感度为零，即套利组合没有因素风险。因此，证券组合对某个因素的敏感度等于该组合中各种证券对该因素敏感度的加权平均数。在单因素模型下该条件可表达为

$$b_1x_1 + b_2x_2 + \cdots + b_nx_n = 0 \tag{5-12}$$

在两因素模型下，（2）的表达式为

$$b_{11}x_1 + b_{12}x_2 + \cdots + b_{1n}x_n = 0$$
$$b_{21}x_1 + b_{22}x_2 + \cdots + b_{2n}x_n = 0$$

在多因素模型下，（2）的表达式为

$$b_{11}x_1 + b_{12}x_2 + \cdots + b_{1n}x_n = 0$$
$$b_{21}x_1 + b_{22}x_2 + \cdots + b_{2n}x_n = 0$$
$$\cdots\cdots$$
$$b_{k1}x_1 + b_{k2}x_2 + \cdots + b_{kn}x_n = 0$$

（3）套利组合的预期收益率应大于零，即

$$x_1E(r_1) + x_2E(r_2) + \cdots + x_NE(r_N) > 0 \tag{5-13}$$

【例 5 - 4】 某投资者拥有一个三种股票组成的投资组合，三种股票的市值均为 500 万元，投资组合的总价值为 1500 万元。假定这三种股票均符合单因素模型，其预期收益率 $E(r_P)$ 分别为 16%、20% 和 13%，其对该因素的敏感度 (b_i) 分别为 0.9、3.1 和 1.9。请问该投资者能否修改其投资组合，以在不增加风险的情况下提高预期收益率。

解 令三种股票市值比例的变化分别为 x_1，x_2，x_3，根据式（5 - 11）和式（5 - 12），可以得到

$$x_1 + x_2 + x_3 = 0$$

$$0.9x_1 + 3.1x_2 + 1.9x_3 = 0$$

上述两个方程有三个变量，因此有多个解。作为其中的一个解，令 $x_1 = 0.1$，则可解出 $x_2 = 0.083$，$x_3 = -0.183$。

为检验该解能否提高预期收益率，将其代入式（5 - 13）检验。式（5 - 13）的左边等于：

$$0.1 \times 0.16 + 0.083 \times 0.2 - 0.183 \times 0.13 = 0.881\%$$

由于 0.881% 为正数，可以通过卖出 274.5 万元的第三种股票（等于 -0.183×1500 万元），买入 150 万元第一种股票（等于 0.1×1500 万元）和 124.5 万元第二种股票（等于 0.083×1500 万元），使投资组合的预期收益率提高 0.881%。

四、APT 模型的推导

投资者的套利活动是通过买入收益率偏高的证券，同时卖出收益率偏低的证券实现的，其结果是使收益率偏高的证券价格上升，收益率回落；收益率偏低的证券价格下降，收益率相应回升。这一过程将一直持续到各种证券的收益率与各种证券对各因素的敏感度保持适当的关系，即市场达到均衡为止。基于这一思想，下面介绍 APT 模型的推导过程。

（一）单因素模型下的定价公式的推导（方法 1）

投资者套利活动的目标是套利组合的预期收益率最大化（因为根据套利组合的定义，套利无需投资，也没有风险）。套利组合的期望收益率 $E(r_P)$ 为

$$E(r_P) = x_1 E(r_1) + x_2 E(r_2) + \cdots + x_N E(r_N) \tag{5 - 14}$$

但是，套利活动要受到式（5 - 11）和式（5 - 12）这两个条件的约束。根据拉格朗日定理，可建立如下函数：

$$L = (x_1 E(r_1) + x_2 E(r_2) + \cdots + x_N E(r_N)) - \lambda_0 (x_1 + x_2 + \cdots + x_N) - \lambda_1 (b_1 x_1 + b_2 x_2 + \cdots + b_N x_N)$$

$$\tag{5 - 15}$$

L 取最大值的一阶条件是上式对 x_i 和 λ 的偏导数等于零，即

$$\frac{\partial L}{\partial x_1} = E(r_1) - \lambda_0 - \lambda_1 b_1 = 0$$

$$\frac{\partial L}{\partial x_2} = E(r_2) - \lambda_0 - \lambda_1 b_2 = 0$$

$$\cdots\cdots$$

$$\frac{\partial L}{\partial x_N} = E(r_N) - \lambda_0 - \lambda_1 b_N = 0$$

$$\frac{\partial L}{\partial \lambda_0} = x_1 + x_2 + \cdots + x_n = 0$$

$$\frac{\partial L}{\partial \lambda_1} = b_1 x_1 + b_2 x_2 + \cdots + b_n x_n = 0$$

由此可以得到均衡状态下，$E(r_i)$ 和 b_i 的关系为

$$E(r_i) = \lambda_0 + \lambda_1 b_i \qquad\qquad (5-16)$$

这就是单因素模型下的 APT 定价公式，其中 λ_0 和 λ_1 为常数。从式（5-16）可以看出，在均衡状态下预期收益率和影响因素敏感度呈线性关系，这条直线叫做套利定价线或 APT 资产定价线，如图 5-8 所示。

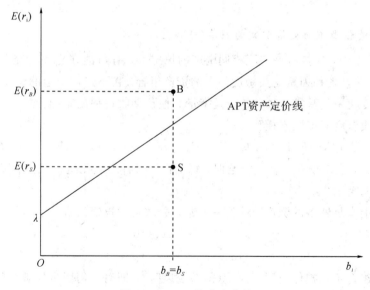

图 5-8 APT 资产定价线

根据套利定价理论，如果预期收益率对任何一个因素的敏感度不在套利定价线上，那么投资者就有机会构造套利资产组合。图 5-8 中，资产 B 点位于 APT 资产定价线上方，表示资产价格被低估，预期收益较高；而资产 S 点位于 APT 资产定价线以下，表示资产被高估，预期收益率较低。投资者可以通过购买资产 B，同时出售相同金额资产 S，构成一个套利资产组合。这样，投资者没有使用任何新的资金。同时，资产 B 和资产 S 都有相同的因

素敏感度，这就使得构成的套利资产组合的因素敏感度为零。因此，套利不增加风险，而且套利资产组合都有正的预期收益率。

式(5-16)适用于所有资产。无风险证券的因素敏感度为 $b_i=0$，所以有 $E(r_i)=\lambda_0=r_f$。因此，式(5-16)可写为

$$E(r_i)=r_f+\lambda_1 b_i \qquad (5-17)$$

考虑一个对因素敏感度为 1 的资产组合 P，即 $b_p=1$，由于 $E(r_P)=r_f+\lambda_1 b_p$，所以 $\lambda_1=E(r_p)-r_f$。由此可见，λ_1 代表因素风险回报，即一个拥有单位因素敏感度的资产组合的超额收益。

令 $\delta_1=E(r_P)$，即 δ_1 表示单位因素敏感度组合的预期收益率，则 $\lambda_1=\delta_1-r_f$。所以

$$E(r_i)=r_f+(\delta_1-r_f)b_i \qquad (5-18)$$

用同样的方法，可以得出两因素模型下的 APT 资产定价公式为

$$E(r_i)=\lambda_0+\lambda_1 b_{i1}+\lambda_2 b_{i2} \qquad (5-19)$$

多因素模型下的 APT 资产定价公式为

$$E(r_i)=\lambda_0+\lambda_1 b_{i1}+\lambda_2 b_{i2}+\cdots+\lambda_k b_{ik} \qquad (5-20)$$

(二) 多因素模型下的定价公式的推导(方法 2)

在 APT 模型中，在具有许多不相同资产的情况下，有可能建立一个充分分散化(即非系统风险为零)并且各种因素的灵敏度为零的资产组合。在不追加资金的情况下，这种资产组合的收益率变化一定是零。这个结论是衡量其他预期收益率的基础。

如果所有投资者对多因素模型

$$r_i=E(r_i)+b_{i1}(F_1-E(F_1))+b_{i2}(F_2-E(F_2))+\cdots+b_{ik}(F_K-E(F_K))+e_i$$

都有相同的估计，当市场存在套利机会时，每个投资者都会利用这一机会。那么，这一过程会逐渐使套利机会消失。

假设市场上有足够多的资产，对于一个充分分散化的投资组合

$$x_1+x_2+\cdots+x_N=0$$

$$x_1 e_1+x_2 e_2+\cdots+x_N e_N\approx 0$$

如果投资组合不承担任何因素风险(即系统风险)，即对任何因素的敏感度为零，则

$$\begin{bmatrix} b_{11} & \cdots & b_{N1} \\ \vdots & \ddots & \vdots \\ b_{1K} & \vdots & b_{NK} \end{bmatrix}\begin{bmatrix} x_1 \\ \vdots \\ x_N \end{bmatrix}=\begin{bmatrix} 0 \\ \vdots \\ 0 \end{bmatrix}$$

在这种情况下，投资组合的收益率实际上是没有风险的。如果不存在套利机会且不追加资金，这种资产组合的收益率变化一定等于零，即

$$x_1 E(r_1)+x_2 E(r_2)+\cdots+x_N E(r_N)=0$$

即意味着资产投资比例向量与期望收益向量（$E(r_1)$，$E(r_2)$，…，$E(r_N)$）正交。同时，由充分分散化投资组合及其不承担因素风险的特征可知，资产投资比例向量与单位向量、因素敏感性向量也正交。

根据线性代数的知识，如果一个向量与 $N-1$ 个向量正交意味着它与第 N 个向量也正交，那么，这第 N 个向量就可以用 $N-1$ 个向量的线性组合表出。这样，期望收益向量可以表示为单位向量、因素敏感性向量的线性组合。也就是说，存在常数 λ_0，λ_1，λ_2，…，λ_K，使得对于任意的 $i=1$，2，…，N，有

$$E(r_i)=\lambda_0+\lambda_1 b_{i1}+\lambda_2 b_{i2}+\cdots+\lambda_k b_{ik}$$

这一方程即为 APT 资产定价公式。式中，λ_i 为第 i 种风险因素的期望值，它对于众多的资产在均衡状态下是相同的；b_{ij} 为资产 i 的收益率对风险因素 j 的敏感度，它针对不同的资产，结果可能是不同的。

因此，在均衡状态下，各资产的期望收益率完全由它所承担的因素风险来确定，承担相同因素风险的资产或资产组合应具有相同的期望收益率。

五、APT 与 CAPM 的关系

套利定价模型（APT）与资本资产定价模型（CAPM）都是研究资产期望收益率在市场均衡状态下是如何决定问题的，它们之间存在着一定的联系，也有明显的区别。

（一）APT 与 CAPM 的假设条件不同

CAPM 假设条件较多。它假设投资者仅以收益率和标准差作为理性分析的基础，并认为证券收益与市场证券组合的收益率相关。另外，CAPM 还假定市场是有效的，所有投资者有相同的预期。因此，最终资产在市场均衡时被合理地定价。APT 只是假定收益的产生是个因素模型，从而有利于研究系统风险的内部结构。APT 不依赖于投资者的效用函数，没有要求投资者一定要按收益风险准则来选择投资方案，假设条件十分简单，只是讨论资产在市场上不存在无风险套利机会时如何定价。甚至 APT 对共同因素到底是什么，也没有明确指定。

国外的实证研究表明，一组包含 5～7 个宏观经济变量和市场指数的因素，能较好描述期望收益的 40%～50%；APT 比 CAPM 更能经受实证的检验，若 APT 被拒绝，则 CAPM 也必然被拒绝，反之则不然。

（二）APT 与 CAPM 形成均衡状态的机理不同

在 CAPM 中，所有投资者面临不合理的定价时，行为是一致的，都会按相同的方法、准则改变投资策略、调整投资组合。但是，这种调整仍在原有的有效边界上进行，每位投资者只对自己的投资头寸做有限范围的调整，市场在所有投资者共同作用下最后又重新回到

均衡状态。这种调整可能很轻微和有限，但它涉及每个投资者。APT 并没有强调所有投资者都改变策略，且行为准则相同，它只是说明，只要面临不合理定价，一旦出现套利机会，每一位套利者都会尽可能地构筑套利组合。因此，从理论上讲，只需要少数几位，甚至在理论上只需要一位，套利者就可以重建市场均衡。因此，套利理论比传统理论可能更真实地反映了实际的市场运行情况。

（三）在一定条件下，APT 和 CAPM 是一致的

APT 和 CAPM 存在着差别，但如果能同时满足双方的假设条件，它们之间就会发生密切的关联。

对于任意的风险因素 $j(j=1, 2, \cdots, K)$，令 $r_i = F_j$。

这时，$b_{i1} = 0, \cdots, b_{ij-1} = 0, b_{ij} = 1, b_{ij+1} = 0, \cdots, b_{ik} = 0$，式（5-20）变为 $E(F_j) = r_f + \lambda_j$。将 $\lambda_j = E(F_j) - r_f$ 代入式（5-20）可得

$$E(r_i) = r_f + b_{i1}[E(F_1) - r_f] + b_{i2}[E(F_2) - r_f] + \cdots + b_{ik}[E(F_K) - r_f] \quad (5-21)$$

1. 只有一个因素的情况

当只有一个因素，且该因素模型正好是市场因素时，由式（5-21）得，APT 的均衡模型为

$$E(r_i) = r_f + b_1[E(r_M) - r_f]$$

这与 CAPM 描述的均衡期望收益率是一致的。可以看出，CAPM 实际上可以看作是 APT 所反映的均衡关系的一个特例。

2. 多因素的情况

$$r_i = a_i + b_{i1}F_1 + \cdots + b_{ik}F_k + e_i$$

如果 CAPM 成立，同时 APT 的多因素模型成立，证券 i 的收益率与市场证券组合收益率的协方差为

$$\text{cov}(r_i, r_M) = \text{cov}(a_i + b_{i1}F_1 + \cdots + b_{iK}F_K + e_i, r_M)$$
$$= b_{i1}\text{cov}(F_1, r_M) + \cdots + b_{iK}\text{cov}(F_K, r_M) + \text{cov}(e_i, r_M)$$

根据 CAPM 模型中 β 系数的定义，一般 $\text{cov}(e_i, r_M)$ 的数值非常小，可以忽略不计，因此

$$\beta_i = \frac{\text{cov}(r_i, r_M)}{\sigma_M^2} = b_{i1}\frac{\text{cov}(F_1, r_M)}{\sigma_M^2} + \cdots + b_{iK}\frac{\text{cov}(F_K, r_M)}{\sigma_M^2}$$

所以，

$$E(r_i) = r_f + (E(r_M) - r_f)\beta_i$$
$$= r_f + \left\{[E(r_M) - r_f]\frac{\text{cov}(F_1, r_M)}{\sigma_M^2}\right\}b_{i1} + \cdots + \left\{[E(r_M) - r_f]\frac{\text{cov}(F_K, r_M)}{\sigma_M^2}\right\}b_{iK}$$

记 $\lambda_j = [E(r_M) - r_f]\frac{\text{cov}(F_j, r_M)}{\sigma_M^2}$，$j=1, 2, \cdots, K$，则

$$E(r_i) = r_f + \lambda_1 b_{i1} + \lambda_2 b_{i2} + \cdots + \lambda_K b_{iK}$$

上式就是 CAPM 成立条件下的 APT 多因素模型。

第四节 资本资产定价的三因素模型

一、三因素模型的提出背景

近 50 年来，大量研究人员按照不同方法、采用不同数据，检验了资本资产定价模型。其中，最为著名的是 Fama 和 French 在 20 世纪 80 年代与 90 年代的一系列文献中对因子定价模型的研究及三因素模型的提出。三因素模型对后来的理论研究产生了很大的影响，近年来逐渐成为金融实证研究中对各类资产进行定价的主要工具之一。自 1964 年以来，资本资产定价模型（CAPM）就成为人们在研究与实践中主流的资本资产定价工具。但是，进入 80 年代以后，许多研究发现了传统 CAPM 所解释不了的异象。这部分 CAPM 解释不了的超额收益常常被称为异常收益，其中较为典型的异象有小盘股效应、价值型股票效应和价格反转现象。

（1）小盘股效应。Banz(1981)发现，在相同贝塔系数的情况下，较高总市值的股票的超额收益往往低于较低总市值的股票(总市值＝股票价格×总股本)。这一效应在许多研究中得到证实，如：Fama(1992)研究了 1963—1990 年间在美国 NYSE、AMEX、NASDAQ 上市交易的所有股票的月收益，结果发现存在着显著的小盘股效应。

（2）价值型股票效应。在证券市场中，投资者常常将股票分为成长型股票与价值型股票。在评价股票的成长性或者价值性时，主要的指标有 B/M 比率、E/P 比率和现金流比率(C/P)。B/M 比率是股票每股账面净资产价值与股票市值的比率；E/P 比率是每股收益与股票价格的比率；C/P 比率是每股净营业收入与股票价格的比率。习惯上，投资者常常将具有较高 B/M、E/P 和 C/P 的股票称为价值型股票，而与此相反的则称为成长型股票。Fama 和 French(1992，1996)和 Lakonishok、Shleifer 和 Vishny(1994)在实证中发现，投资价值型股票比投资成长型股票有更好的长期收益。Lakonishok 等人还发现，一般低 B/M 的公司的盈利水平相对较低。Lakonishok 等人将这样的异常现象归结为过度反应问题，投资者常常在短期内过高地估计了成长型股票未来盈利能力的增长水平，而低估了价值型股票。当这种定价的错误得以纠正时，价值型股票就会表现出较高的收益。

（3）价格反转现象。Debondt 和 Thaler(1985)发现，证券市场中的长期收益存在着反转现象。按股票在过去 3～5 年的持有期收益(BHR)排序构建组合，过去平均收益高的所谓"赢家组合"在未来的长期收益较低，而过去平均收益低的"输家组合"在未来的平均收益较高。但是，在 Jegadeesh 和 Titman1(1993)的另一项研究中却发现了与此相反的结论，即在过去一年中平均月收益高的股票在未来的收益仍然较高。但是，Debondt 和 Thaler(1985) 的研究用的是长期收益的持有期收益，而 Jegadeesh 和 Titman(1993) 的研究用的是短期的月平均收益。此后，许多研究得出的结论大致是短期收益具有较强的持续效应，而长期收益具有价格反转效应。

二、三因素模型的形式和含义

针对以上价格异象，Fama 和 French 在 20 世纪 80 至 90 年代做了大量研究，研究发现，这些异象的出现都是相对于 CAPM 的。他们认为，投资者在做出投资决策时，并不像 CAPM 描述的那样，只考虑资产区别于市场组合(市场指数)收益的风险特征因素，除此之外，在资产定价中还有其他风险因素决定资产的价格。正是在此基本假设下，Fama 和 French(1992)提出了 FF 资产定价三因素模型，并且 Fama 和 French 认为三因素模型可以有效解释上述大部分异象。该模型的具体形式为

$$E(r_i) - r_f = b_i [E(r_M) - r_f] + s_i E(SMB) + h_i E(HML) \quad (5-22)$$

式中，r_i 为资产的收益，r_f 为无风险资产的收益，r_M 为市场中所有资产的组合收益，b_i 为波动因子系数，相当于 CAPM 中的 β 系数，s_i 为市值因子系数，h_i 为 B/M 因子系数。

在模型中，任何一项风险资产超过无风险资产的超额收益由三方面的风险因素决定：

(1) 不同资产对于市场组合收益 $r_M - r_f$ 的风险特征。

(2) 不同资产由于市值规模大小不同所决定的不同的风险特征，在模型中用 SMB 因子描述，SMB 表示小市值规模资产组合收益减去大市值规模资产组合收益的差额。

(3) 不同资产由于 B/M 高低不同所决定的风险特征，在模型中用 HML 因子描述，HML 表示 B/M 组合减去低 B/M 组合收益的差额。

Fama 和 French 指出式(5-22)可以采用时间序列回归的方法得到

$$E(r_i) - r_f = a_i + b_i [E(r_M) - r_f] + s_i E(SMB) + h_i E(HML) + e_i \quad (5-23)$$

Fama 和 French 在 20 世纪 90 年代通过大量实证研究方法检验了上述模型。大量证据表明，$r_M - r_f$、SMB、HML 三个因子可以完全解释在 CAPM 下产生的异常收益，具体表现在公式中的截距项 a_i 显著等于 0。

三、Fama-French 三因素模型的实证检验

(一) 检验方法

1. 检验方程

三因素模型的主要形式为

$$E(r_i) - r_f = b_i [E(r_M) - r_f] + s_i E(SMB) + h_i E(HML)$$

通过对这个模型的时间序列回归，得到如下三因素与股票收益的关系

$$\overline{r_i}-r_f=a_i+b_i(\overline{r_M}-r_f)+s_i\overline{SMB}+h_i\overline{HML}+e_i$$

Fama 和 French 在构建这个模型时，首先，分别按照美国主要股票市场上的股票市值（M）和账面市值比（B/M）将股票样本进行排序并分组，构建相应的股票组合；接着，各组分别进行线性回归，得到各组的回归系数和描述统计量。如果通过检验，则证明平均收益与公司规模和价值因素之间的线性关系存在。Fama 和 French 主要对上式进行验证是否常数项为 0，即 $H_0:\alpha_i=0$。

2. 因子计算

Fama 和 French(1996) 所采用的 5×5 股票组合的检验，是被采纳最广泛的研究路线。其中，风险因子的计算是关键。

（1）计算 r_M-r_f 因子的时间序列：选择美国三大证券市场 NYSE、AMEX 和 NASDAQ 中所有的股票，以其总市值为权重计算组合作为市场组合的代表，r_M 为上述市场组合的月收益，r_f 采用在每个月初政府债券的月收益作为计算标准。

（2）SMB 因子时间序列的计算方法：以研究期间每年 7 月初的市场价格为基础，计算每只股票的总市值，作为下一年度股票 SMB 分类的基础。以每年 NYSE 股票按照总市值排序以后的中位点为分类标准，将当年在 NYSE、AMEX 和 NASDAQ 交易的所有股票分为大小两组：S 组合和 B 组合。上述每个组合每年根据上一年度股票总市值的变化进行排序后重新构建组合，然后计算 S 组合与 B 组合的月收益率时间序列。计算组合月收益时采用市值权重。

（3）HML 时间序列的计算：股票账面价值的计算采用上年度平衡表上的资产净值的数额加上会计税收调整下的净额作为股票账面净值的计算依据。总市值采用年度末的市值作为计算基础，按照计算后的 B/M 排序后，分为三个组合：L 组合(30%)、M 组合(40%)、H 组合(30%)。以上组合的构建根据每年 B/M 的变化进行调整。计算组合月收益率时采用市值权重。

两次分组后得到六个公司组合：S/L，S/M，S/H，B/L，B/M，B/H。利用已构造的六个资产组合价值加权的月度收益率数据计算规模因子(SMB)和价值因子(HML)，具体方法如下：

SMB＝(SL＋SM＋SH)/3－(BL＋BM＋BH)/3，表示剔除 B/M 因素后小 SIZE 与大 SIZE 组合的收益率差；

HML＝(SH＋BH)/2－(SL＋BL)/2，表示剔除 SIZE 因素后高 B/M 与低 B/M 组合的收益率差。

3. 研究结论

1992 年时，Fama 和 French 的检验结果发现，在 5% 显著性水平下，无法拒绝 $H_0：\alpha_i=0$；

这说明回归式中的常数项趋向于 0，股票收益中的风险因素理论上可以完全由市场风险因素、规模因素和 B/M 因素来替代。因此 Fama-French 的三因素模型比单因素的 CAPM 能更好地解释股票平均收益的一般变动。

Fama 和 French(1996)的研究结果发现，25 个组合的平均修正 R^2 为 0.93，显示模型总体有效拟合了各个组合的月收益序列。但是，三因素模型的截距项不显著为零。

Fama 和 French(1998)又对 1975—1995 年间世界主要证券市场的横截面数据进行了检验，研究结果表明：① 在 13 个证券市场中有 12 个证券市场上的价值型股票的收益率高于成长型股票，这证明了账面市值比因子的解释力；② 在 16 个主要证券市场中有 11 个证券市场上的小规模公司收益率高于大公司，这证明了规模因子的解释力。

(二) 国内外检验结果

Roll 和 Ross(1980)采用因素分析法进行了 1962 年 7 月至 1972 年 12 月的每日收益率数据的回归检验，找到了比 CAPM 更多的显著性因素。Rossi(2012)运用三因素模型研究意大利股市 1989—2004 年间的普通股样本，结果发现规模对超额收益有解释力。Guzeldere 和Sarioglu(2012)研究了三因素模型在伊斯坦布尔证券交易所的有效性，研究表明三因素模型在发达国家和新兴市场都具有有效性。Foye、Mramor 和 Pahor(2013)认为 Fama-French 的三因素模型不能很好地应用到新兴市场数据中，他们通过更换市场价值的权益因素对三因素模型进行修正来解释 2004 年加入欧盟的东欧国家的股市回报。

邓长荣和马永开(2005)经过实证研究发现，中国股市存在显著的账面市值比效应和规模效应；三因子模型比 CAPM 能更好地描述股票横截面收益的变化。耿君会和张珺涵(2014)对上交所 A 股的实证研究表明：在我国基本实现全流通的情况下，Fama-French 三因素模型在我国股票市场基本成立。宿成建(2014)建立了股票非预期收益三因素定价模型，实证表明，三因素模型框架可以精确地解释股票非预期收益。熊明达(2015)对沪深股市中的 A 股的股票收益率进行检验，得出的主要结论是 Fama-French 三因素模型对我国股市的收益率具有很好的解释力，将规模因素和账面市值比因素一起考虑能够显著提高 CAPM 对收益率的拟合效果。

本 章 小 结

(1) 资本资产定价模型假定证券市场处于理想状态，所有投资者均为单期决策者且寻求均值方差最优组合。在市场均衡时，投资者持有相同的风险资产组合，即市场投资组合。资本资产定价模型中市场投资组合是市值加权资产组合，所有证券在资产组合中所占的比例等于其市场价值占总市值的比例。

（2）资本资产定价模型认为，单项资产或资产组合的风险溢价为市场投资组合风险溢价与 β 系数的乘积，即

$$E(r_i) - r_f = [E(r_M) - r_f]\beta_i$$

其中，$\beta_i = \dfrac{\mathrm{cov}(r_i, r_M)}{\sigma_M^2}$。

（3）当两种或更多的证券价格可以让投资者构造一个零投资就可以获得净利润的组合时，就出现了无风险套利机会。套利机会的出现将产生大规模的交易，从而引起证券价格的变化，直至价格达到不存在套利机会的水平。

（4）套利定价模型假设证券的收益服从多因素模型，投资者均为风险厌恶者，在市场上不存在无风险套利机会时，证券价格达到均衡，即

$$E(r_i) = \lambda_0 + \lambda_1 b_{i1} + \lambda_2 b_{i2} + \cdots + \lambda_k b_{ik}$$

其中，b_{ij} 表示证券 i 对第 j 个风险因素的敏感度。

（5）在单因素的证券市场中，套利定价模型等价于资本资产定价模型。多因素的套利定价模型将单因素模型一般化，使其适用于多种系统性风险来源的情况。

第六章　有效市场理论

本章要点

- 有效市场假说概述
- 有效市场假说的启示
- 事件研究法
- 有效市场假说的实证检验

第一节　有效市场假说概述

【引导案例】　一位金融学教授和一个商人正走在马路上，突然看见前面有一张百元大钞，商人立即上前捡起这张钞票。教授对商人说："你不用捡，这张钞票肯定是假的。"商人问："为什么？"教授回答道："如果是真的，早就被人捡走了。"

如何看待教授的这个观点？你认为地上的钞票是真的还是假的？

【思考题 6-1】　上述案例中你想到了几种答案？教授的观点体现了怎样的投资学思想？另外两种观点从投资学角度可以如何解释？

一、有效市场假说的含义

有效市场假说（EMH）最早是由 Paul Samuelson 在 1965 年提出的，该假说认为在一个信息通畅的市场上，如果价格的变化能完全反映所有市场参与者的期望和所拥有的信息，则价格变化是无法预测的。Fama 于 1970 年提出了有效市场的定义，他认为在一个证券市场中，如果价格完全反映了所有可以获得的信息，那么这样的市场称为有效市场。Fama 是有效市场理论的集大成者，他为该理论的最终形成和完善做出了卓越的贡献。Fama 不仅对有关 EMH 的研究做了系统的总结，还提出了一个完整的理论框架。之后 EMH 蓬勃发展，其内涵和外延不断加深和扩大，最终成为现代金融经济学的支柱理论之一。

1. 主要观点

有效市场假说认为，在证券市场上，所有现有信息已经充分反映在证券的价格中，价格变动是随机不可预测的，通过分析现有信息无法获得超额收益。这里的超额收益是指扣除因承担相应风险而得到的回报之后的收益。因此在有效市场假说下，市场达到均衡时，价格体系应该不存在套利机会。

在有效市场假设下，证券价格总是完全反映了全部已有的信息，如果证券市场上的证券价格能够充分地反映所有有关证券价格的信息，则证券市场上的证券价格变化就是完全随机的，投资者不可能持续在证券市场上获得超额利润。也就是说，在有效市场中，作为建立在已有信息基础上的交易系统中的市场投资者，无论是个人还是机构投资者，就长期而言，是无法取得超过市场均衡回报的超额收益的，因为他们不可能打败市场。

2. 理论基础

有效市场假说成立的理论基础依赖于以下三个逐次渐弱的假设：

（1）投资者都是"理性的"，并且能理性地估价和交易证券。

（2）如果投资者并不都是理性的，则他们之间的交易行为是随机的，彼此无关的，从而可以相互抵消各自的作用，使价格不发生非理性变化。

（3）即使有些投资者之间的非理性行为具有某种相关性，市场中理性套利者的行为也将消除他们对价格的影响。

3. 假设条件

（1）没有交易成本、税负和其他交易障碍。

（2）个人的交易无法影响证券价格，个人只是价格的接收者。

（3）每个投资者都追求利润最大化，积极参与市场交易。

（4）每个市场参与者都能免费获得信息并正确解读信息。

4. 市场有效性的来源

不同市场中的信息有效程度不同，分析和发现信息需要时间和成本。如果某一投资者愿意在收集信息上多花费一些时间和金钱，那么该投资者就有可能获得一些被其他投资者忽略的信息，从而获得超额收益。

【案例6-1】　有一家管理着50亿元投资组合的投资管理基金，假定投资管理者设计的一个研究方案能使投资组合的收益率每年提高0.1个百分点。这个数字看上去非常小，然而这个方案将使投资组合的收益增加50亿元×0.1％，即500万元。因此，基金将愿意每年花上500万元来研究如何使股票收益每年增长0.1个百分点。如此小的投资业绩增幅就可以换得巨额回报，难怪专业投资组合管理者愿意花费大量资金用于行业分析、计算机支持和研究。

在未来收益不确定的情况下，不难理解为什么有那么多的人（特别是手中掌握大量资产的投资者）愿意花费昂贵的成本来收集和研究信息，他们之间相互竞争，都想获得高于其他人的超额收益。正是投资者之间的这种相互竞争导致了市场效率的提高。

二、有效市场假说的三种形式

1. 三种形式的有效市场

根据对有效市场假说中"所有现有信息"的定义的不同,将其分为三种形式:弱式有效市场、半强式有效市场和强式有效市场。

(1) 弱式有效市场假说。弱式有效市场假说认为,股价已经反映在全部能从市场交易数据中获得的信息中,这些信息包括历史股价、交易量、未平仓量等。该假说认为市场的价格趋势分析是徒劳的,过去的价格资料是公开的,几乎无需耗费任何成本就可以得到。如果这些数据曾经传达了未来业绩的可靠信号,那么所有投资者肯定已经学会如何利用这些信号了。随着这些信号广为人知,它们最终将失去价值,一个购买信号将会引起股票价格立刻上升。

(2) 半强式有效市场假说。半强式有效市场假说认为,与公司前景有关的全部公开的已知信息一定已经在股价中反映出来了。除过去的价格信息之外,这些信息还包括公司生产线的基本数据、管理质量、资产负债表构成、持有的专利、利润预测以及会计实务等。此外,如果投资者能从公开得到的资源中获取这些信息,便认为它会反映在股票价格中。

(3) 强式有效市场假说。强式有效市场假说认为,股价反映了全部与市场相关的信息,甚至包括仅公司内部人员知道的信息。这个假定是相当极端的。很少有人会争论这样一个命题——公司管理层可以在关键信息被公布出来之前就据此在市场进行买卖以获取利润。事实上,监管部门所从事的大部分活动都是为了防止组织内部人员利用职务之便获取利益。

2. 三种形式的有效市场之间的关系

有效市场的三种形式所反映的信息之间的关系如图6-1所示。若某个市场上的证券价格反映了所有的信息(如图6-1大圆所示),即包括所有的公开信息和内幕信息,那么这种市场就是"强式有效市场";若证券价格反映了所有的公开信息(如图6-1中圆所示),即包括公司新公布的财务报表等信息和历史交易信息,那么这种市场就是"半强式有效市场";若证券价格反映了所有历史交易信息(如图6-1小圆所示),那么这种市场就是"弱式有效市场"。从图6-1所示信息之间的关系可以看出,强式有效市场包含着半强式有效市场,即一个强式有效市场也是一个半强式有效市场;半强式有效市场包含着弱式有效市场,即一个半强式有效市场必定是一个弱式有效市场。反之,不成立。

【思考题6-2】

(1) 假定某公司经理投资了其所在公司的股票并获得了高收益,这是否违背了市场的弱有效形式?是否违背了市场的强有效形式?

（2）如果弱有效假说成立，强有效假说也一定成立吗？强有效形式是否暗含了弱有效形式？

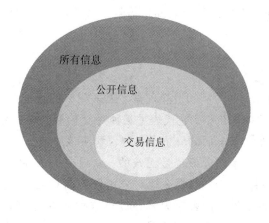

图 6-1　有效市场三种形式所反映的信息之间的关系

第二节　有效市场假说的启示

一、技术分析

技术分析本质上是寻找股价的起伏周期和预测模式。成功的技术分析的关键是，股价对基本供求因素反应迟钝，但是这个前提条件与市场有效性的观点相违背。市场有效假说意味着技术分析完全无效。因为有效市场假说认为，历史信息（如过去的股价变化）已经反映在价格中了，不能再用来预测未来股价，而技术分析恰恰是想利用历史的股价变化来寻找股价变化的趋势和周期。因此，利用历史数据预测股价的技术分析是不可能成功预测股价变化的。

【案例 6-2】　技术分析中经常提到"阻力水平"的概念。A 股票以每股 72 元的价格交易了几个月后跌至 65 元。如果股价最终会反弹，则 72 元会被认为是一个阻力水平，因为那些在 72 元水平购入股票的投资者会急忙抛出股票。因此，当价格接近 72 元时就会出现一股抛售的压力。这种活动把一种"记忆"传达给市场，使得过去的历史价格影响当前的股价前景。如果市场相信 72 元确实是 A 股票的阻力水平，那么就没人愿意以 71.5 元的价格购买该股票，71.5 元就变成了新的阻力水平了。以此类推，没有人愿意以 71 元、70 元的价格购买股票。所以，阻力水平的概念变成了一个逻辑答案。假设 A 股票以 71.5 元的价格被出售，那么出售者认为股价会轻易地下跌如同其上升一样，而愿意购买的投资者必定认为在这个价位上有信心获得与风险相抵的期望收益。

事实上，一旦一条有效的技术规则被发现，大量的投资者试着去利用它，那么它将会变得无效。从这个意义上来说，技术规则应该是自我消亡的。

【思考题 6-3】 如果市场中每个人都相信阻力水平，那么股价将如何决定？是否与市场有效性相矛盾？

二、基本面分析

基本面分析是利用公司的盈利和股息前景、未来利率的预期，以及公司风险的评估来确定适当的股票价格，即均衡价格。它代表了某种对股东将获得的每股收益贴现值的预期，如果均衡价格超过了股价，基本面的分析者将建议购买该股票。

根据有效市场假说，基本面分析也是无效的。原因在于，如果分析者依靠那些公开的财务报表和行业信息资料进行分析，那么他对公司发展前景的预期很难超过竞争者。这是因为有大量信息灵通、资金雄厚的投资者都在进行这种分析，在激烈的竞争下，投资者要想由此挖掘出别人尚未认识到的信息是很难的。

基本面分析并不是简单地找出经营状况良好、有发展前景的公司。当市场上所有的投资者都知道哪些公司经营良好的时候，这些公司的股票价格早已达到了一个相当高的水平，此时再投资这类股票，并不能获得超过市场其他投资者的超额收益。因此，基本面分析的关键之处并不在于发现公司的经营状况是否良好，而是发现别人尚未注意到的信息，做出比别人更精确的判断。一个经营不善的公司也可能具有投资价值，只要它不像股价所暗示的那么糟糕就可以了。如上文所述，当均衡价格高于市场价格时，这种股票就具有投资价值。

三、主动的与被动的投资组合管理

主动的投资组合管理是投资者通过分析选股以期获得超额收益。然而，投资者之间的竞争必然会导致任何可以轻易实现的股票评估方法被广泛利用，以致任何由此得到的见解都将在股价中得到反映。只有严谨、耗时且昂贵的方法才可得到能够产生交易利润的独到见解。

被动的投资组合管理并不试图取胜市场。被动策略的目的是建立一个充分分散化的证券投资组合，而不是去寻找那些定价过高或过低的股票。被动管理常被描述为一种购入-持有策略。因为有效市场理论指出，在所有现有信息给定的条件下，股价的水平是公平的，频繁的买入或抛出股票是没有意义的，只会浪费大笔经纪佣金，而不会提高期望业绩。

近年来，资本市场上兴起了一种被动投资策略——指数基金。这种基金所持有的股票种类以及各种股票之间的比例与某种指数相同，基金的净值随着指数的涨跌而涨跌，是一种典型的被动投资策略。由于不用经常调整基金的资产组合，因此指数基金的管理费用也比一般主动管理型基金的费用低得多。

【思考题6-4】 如果所有的投资者都试图采取被动的投资策略，对市场的有效性会有什么影响？

四、投资组合管理的作用

理解了有效市场理论以后，也许有人会想：既然市场是有效的，那么是否可以随便选择一些股票来代替理性的投资组合管理呢？答案是否定的，因为即使是在有效市场中，理性地选择投资组合仍然具有重要意义。

（1）投资组合管理中的一个最基本的原则就是分散化。即使所有的股价都处在均衡的水平上，每一种股票也都包含着一定的非系统性风险，而非系统性风险是可以通过分散化投资来规避的。因此，理性的投资管理的首要意义在于它能分散非系统性风险。

（2）理性的投资策略应该是将税收因素考虑到资产选择的过程中。承受高税率的投资者和享受低税率的投资者在选择证券时的偏好是有差别的。承受高税率的投资者往往偏好免税的市政债券，尽管这些债券的税前收益率比较低；而低税率者并不看好这些市政债券。

（3）组合管理与投资者所承受的特定风险有关。例如，一位万科的经理人，他（她）的收入与房地产市场的发展有直接的关系，他（她）已经在万科公司里进行了过度投资，从分散风险的角度来讲，他（她）自然没有必要再去购买其他房地产上市公司的股票。

因此，即使在有效的市场中，组合管理仍然是有意义的。由于年龄、税负、风险偏好和职业的差别，各个投资者之间的最佳投资组合也是有差别的。组合管理的意义不在于是否能获得超额收益，而在于能否满足投资者本身的特定需要。

第三节　事件研究法

有效市场假说意味着市场信息有效，这一理论引出了一种有效的研究方法。假如证券价格反映了所有当前可知的信息，那么价格变动必定反映了新信息。因此，人们似乎可以通过分析事件发生期内价格的变化来测度市场对事件的反应。

事件研究是一种经验财务研究技术，运用这种技术的观察者可以评估某一事件对一个公司股价的影响。一般的研究方法都是先分析事件未发生时股票收益的代理变量，而事件所产生的异常收益则被估计为股票的实际收益与该基准收益之差。

一、异常收益的测算

通常用"市场模型"来估计异常收益。市场模型认为股票的收益是由一种共同因素和一种公司层面的因素决定的。采用事件发生前一段时间的数据，使参数的估计不受事件的影响。

$$r_t = \alpha + \beta r_{Mt} + e_t \tag{6-1}$$

式中，r_{Mt} 为该时间段的市场收益率；e_t 为公司层面特有因素引起的证券收益；系数 β 表示对市场收益的敏感程度；α 表示股票在市场收益为 0 时实现的平均收益率。式(6-1)将 r_t 分解为市场因素和公司层面特定因素。公司特有收益或异常收益可以解释为由事件引起的非期望收益。确定给定期间内公司特有收益或异常收益需要得出 e_t 的估计值。因此，式(6-1)变形为

$$e_t = r_t - (\alpha + \beta r_{Mt}) \tag{6-2}$$

式中，e_t 表示所研究的事件引起的股票收益，即在已知股票对市场敏感度的条件下，超出人们基于广泛市场收益变化而预测出的股票收益的那部分收益，就是异常收益。

【例 6-1】 假定分析家估计某股票 $\alpha = 0.05\%$，$\beta = 0.8$。某一天市场指数上涨了 1%，通过式(6-1)可以预知，股票收益的期望涨幅为 $0.05\% + 0.8 \times 1\% = 0.85\%$。如果股票实际上涨了 2%，分析家会推断当天公司层面的信息引起了 $2\% - 0.85\% = 1.15\%$ 的股票异常收益。有时把来自市场波动预测收益之外的收益，即式(6-2)中的 e_t 称为超常收益。

【思考题 6-5】 假定在一次公司信息公布后观察到了负的累计异常收益，这违背了有效市场假说吗？

二、研究步骤

事件研究法的第一步是确定要研究的事件，即考察股价对什么样的信息会做出反应。通常这类事件有公司配股、拆股信息的颁布及盈利分红信息的颁布等。在确定了要研究的事件后，为了评估事件对股价的影响，需要确定事前估计窗口的长度和事件发生前后检验窗口的长度(如图 6-2 所示)，并计算事件窗口期间的累计超额收益。

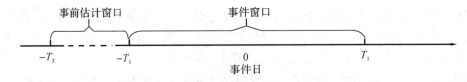

图 6-2　事件研究法的事前估计窗口与事件窗口

通常用实际回报率减去正常回报率就是异常收益，参见式(6-2)。一般而言，估计窗口选择某一消息或事件出现前的一段时期。例如，我们可以选择某事件出现前30~120天内的所有数据，估计出式(6-1)中的系数 α 和 β 值，然后用式(6-2)计算事件窗口期间的异常收益，进而计算出事件窗口期间的累计异常收益，然后检验累计异常收益是否与零有显著差异。当市场对新信息做出反应时，累积异常收益便包括了整个事件窗口期间公司特有股

票的全部变化。具体步骤如下：

（1）选取一些有某种意外信息公告（事件）的公司作为样本。

（2）确定信息公告的准确日期并设定该日为"0"日，即事件日。

（3）确定研究的期间，即确定事前估计窗口和事件窗口。

（4）算出样本中各个公司在事件窗口期间的每日正常收益。

（5）算出样本中各个公司在事件窗口期间的每日异常收益。

（6）算出事件窗口期间样本公司的平均日异常收益。

（7）通常将各日的异常收益加总，以算出事件窗口期初开始的累计异常收益。

（8）检验并讨论研究结果。

第四节　有效市场假说的实证检验

对有效市场假说的实证检验大体上可以分为以下两种思路：① 一旦有影响证券基本价值的新信息冲击市场，证券的价格应该迅速并正确地对信息做出反应，这种反应既不会过度，也不会不足，而是价格基于信息做出恰到好处的调整；② 由于证券的价格变动要服从其基本价值的变动规律，在没有任何有关证券基本价值的信息变动的情况下，证券价格不应该对因证券供给、需求或者其他因素的变动有所反应。

一、弱式有效市场检验

1．相关性检验

相关性检验即检验当前收益和历史收益之间是否存在线性关系，通常用下式进行回归分析：

$$r_t = \alpha + \beta r_{t-1-k} + e_t \qquad (6-3)$$

式中，α 为预期收益，它与历史收益无关。大部分证券能提供正收益，因而 α 应当为正。β 为历史收益与当前收益之间的相关关系。如果 $k=0$，则 β 代表当前收益与前一期收益之间的相关关系；如果 $k=1$，则 β 代表当前收益与前两期收益之间的相关关系。e_t 是一个随机变量，它包含与历史收益无关的其他干扰因素。相关系数 β 反映当期收益的变化是否可以用前期收益来解释。

2．单位根检验

有效市场假说认为价格变动服从随机游走，而单位根检验是随机游走过程的必要条件。单位根检验不仅能够区分经济时间序列是否为平稳过程和单位根过程，而且能够从非平稳时间序列中区分趋势平稳和单位根过程。如果单位根检验表明至少存在一个单位根，则随机游走过程是非平稳的，非平稳过程是随机游走过程的必要条件，而且，一般而言随机游走的一阶差分是平稳的。运用单位根检验，可以检测时间序列数据的生成过程是否存在且只有一个单位根；若命题不成立，我们可以推断随机游走假设也不成立，即金融市场没有达到弱式有效；若命题成立，我们可以推断随机游走假设成立，即金融市场达到弱式有效。

下面运用 ADF 检验法对股价序列进行单位根检验，该方法检验 e_t 同方差但允许 e_t 序列自相关。ADF 检验在三种不同的形式即三种不同的虚拟假设下进行估计。

（1）模型 I，y_t 是不带飘移项的随机游走。

$$\Delta y_t = (\rho - 1) y_{t-1} + \sum_{i=1}^{K} \theta_i \Delta y_{t-i} + e_t \qquad (6-4)$$

式中，K 为滞后项的数目。

（2）模型 II，y_t 是带飘移项的随机游走。

$$\Delta y_t = \alpha + (\rho - 1) y_{t-1} + \sum_{i=1}^{K} \theta_i \Delta y_{t-i} + e_t \qquad (6-5)$$

（3）模型 III，y_t 是带飘移项和确定性趋势的随机游走。

$$\Delta y_t = \alpha + \beta t + (\rho - 1) y_{t-1} + \sum_{i=1}^{K} \theta_i \Delta y_{t-1} + e_t \qquad (6-6)$$

从检验结果来看，若在给定显著性水平下 ADF 的值均大于临界值，则接受存在单位根的原假设，即时间序列为非平稳过程；同时，若一阶差分序列的 ADF 值均小于临界值，则拒绝存在单位根的原假设，认为一阶差分序列是平稳的，市场达到弱式有效。

3. 游程检验

当检验当期收益和前期收益之间的关系时，相关系数易受一些极端观察值的严重影响。因此，一种替代分析方法是只分析价格变化的迹象，以消除极端观察值的影响。所谓游程，就是连续若干个具有符号的股价差值，即不间断的正或负的收益率的顺序数。如果用"+"表示价格上涨，用"—"表示价格下跌，那么具有相同符号的一个序列称为一个游程。一般而言，零游程很少出现，可以忽略不计。如果价格之间存在正相关性，将会出现较随机情况更长的"+"序列和"—"序列，以及较少的游程个数。若游程过多，则序列具有混合倾向。游程过多或过少，都具有非随机性特征。记 U 为游程的个数，那么 U 不应太大，也不应太小。用 N_1 和 N_2 分别表示证券价格变化的游程序列中的正游程数和负游程数，游程总数的均值和方差表示如下：

$$E(U) = 1 + \frac{2 N_1 N_2}{N_1 + N_2} \qquad (6-7)$$

$$\sigma_U^2 = \frac{2 N_1 N_2 (2 N_1 N_2 - N_1 - N_2)}{(N_1 + N_2)^2 (N_1 + N_2 - 1)} \qquad (6-8)$$

假设 $Z=[U-E(U)]/\sigma_U$，可以证明，当 N_1 和 N_2 充分大时，Z 近似服从均值为 0、方差为 1 的标准正态分布。因此，在 5％的显著性水平下，如果 $Z \geqslant 1.96$，则可以拒绝样本是随机的这一原假设。

4. 过滤法则

对更复杂价格模式（比如非线性关系）存在性的简单检测方法是，针对某一特定的收益模式制定一个交易法则，然后看投资者使用这些法则会产生怎样的结果。

图 6-3 描述的是一种经常被假设的价格波动模式。图中价格波动过程的形成理由是：只要没有新信息进入市场，价格就会围绕"公平价格"在上下边界构成的区域内随机波动。如果实际价格偏离公平价格过远，"专业人员"就会进入市场购买或出售证券，这将使证券价格保持在证券价格边界的区域内。如果新信息（利好消息）进入市场，就会出现一个新的均衡价格，它在旧的均衡价格水平之上。当证券价格突破旧边界时，投资者就会确信新信息已经开始起作用。如果投资者在这一点买入，就会从价格上涨到新的均衡价格水平的过程中获利。类似的，如果出现利空消息，则反之。

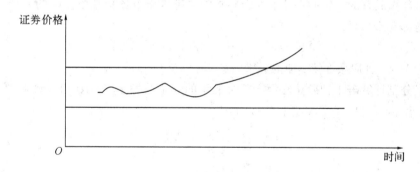

图 6-3 证券价格与时间

这一论据被投资者作为适当的投资策略提出，即过滤法则。过滤法则通常表述如下：在股票价格比前期低点上涨 X％时买入，并一直持有至价格比下一个高点下跌 Y％时，在该点卖空股票或者持有现金。

比较利用过滤法则下所获得的利润是否大于简单买入持有政策下所获得的利润。如果过滤法则下进行的投资不比简单的买入持有政策获得的利润大，则市场是弱式有效市场。

二、半强式有效市场检验

对于如何判别股票市场是否具有半强式有效，西方学术界提出多种观点，其中由法马等人（1969）提出的事件研究法应用最为广泛，该方法通过检验股票价格对某一特殊事件（如年报公布、股票分割、公司控制权转移等）前后的反应程度，来验证某一信息对证券价格是否具有影响。1969 年，法马等人第一次运用残差分析法研究纽约交易所 1929—1959 年间上市公司的股票分割事件，对公司股票分割前后的月收益率进行分析，检验结果表明在公司股票分割消息公布之前，股价已经逐步上升，投资者可获得异常收益率，而在股票分割信息公布后，投资者不再获得异常收益率，因而得出美国股市半强式有效的结论。

1. 异常收益率的测算

首先，利用市场模型计算股票的实际收益率。市场指数中的样本股票包括了纽约证券交易所的所有上市公司。收益率测算公式为

$$r_{it} = \alpha_i + \beta_i r_{mt} + e_{it} \tag{6-9}$$

式中，r_{it} 为第 i 种股票在第 t 期的实际收益率；r_{mt} 为市场指数在第 t 期的实际收益率；α_i、β_i 为回归系数；e_{it} 为第 t 期的误差项，即残值。

其次，将股票的正常收益率定义为

$$\bar{r}_{it} = \alpha_i + \beta_i r_{mt} \tag{6-10}$$

式中，$\bar{r}_{it}$ 为第 i 种股票在第 t 期的正常收益率。

再次，计算股票的异常收益率。由于异常收益率等于市场指数模型中的残值项，因此，该方法又称残值分析法。

$$\text{AR}_{it} = e_{it} = r_{it} - \bar{r}_{it} = r_{it} - (\alpha_i + \beta_i r_{mt}) \tag{6-11}$$

式中，AR_{it} 为第 i 种股票在第 t 期的异常收益率。

最后，分别计算若干种股票在第 t 期的平均的异常收益率 AAR_t 和 n 种股票在一段时间 $(1, \cdots, T)$ 内累计的异常收益率 CAAR：

$$\text{AAR}_t = \frac{1}{n} \sum_{i=1}^{n} \text{AR}_{it} \tag{6-12}$$

$$\text{CAAR} = \sum_{t=1}^{T} \text{AAR}_t \tag{6-13}$$

平均的异常收益率中的 t，是某一事件发生或者某个重要信息公布的时间。累计的异常收益率中的 T，代表了在上述事件发生或重要信息公布前后的一段时间。因此，累计的异常收益率是以事件发生或者重要信息发布的时点为中心，将这一时点前后的平均的异常收益率加总而成的。例如：某公司公布配股方案的时间为 3 月 1 日，可以将 2 月 1 日至 3 月 1 日以及 3 月 1 日至 3 月 31 日的异常收益率加总，得到累计的异常收益率。由于残值分析法在计算异常收益率时，围绕着事件发生的时间，所以又被称为事件研究法。

2. 残值分析法的运用

假定市场上出现了某只股票利好的消息（如送、配股和每股收益大幅度增长等），并且假定半强式有效市场假说成立，市场上可能出现以下两种情况：第一种，如果这一利好消息出乎投资者的预期，那么股票的价格在该消息公布之前不会发生大的波动，投资

的收益率也只是正常的收益率。在消息公布的那一天，股票的价格一次性上涨，带来了正的异常收益率。从公布的第二天起，股票价格重新恢复稳定，投资的收益率也恢复到正常收益率水平；第二种，如果利好消息在投资者预料之中，并且投资者对这一利好消息的预期是逐渐形成的，那么，该股票的价格在消息公布之前就会逐渐走高，获得超额的收益率。由于消息已经被市场完全消化，因此在消息正式公布的那一天，股票价格不会因消息的因素而发生变动（即使有，变动的幅度也非常小）。从公布的第二天起，股票的价格趋于稳定。

图6-4和图6-5分别代表了上述两种可能性。图6-4中，由于利好消息出乎人们的意料，因此在消息公布之前（横轴0坐标的左侧），累计的平均异常收益率在零附近徘徊；在消息公布的那一天（坐标轴的原点），股票价格一次性上涨，异常收益率上升为2%；之后，投资收益率趋于正常。图6-5中，由于人们逐渐意识到利好消息的来临，因此在正式公布之前，价格就开始上涨，带动异常收益率逐渐趋近于2%；等到利好消息公布之后，价格变化已充分消化了这一消息，股票价格趋于稳定，异常收益率也趋近于一条水平线。

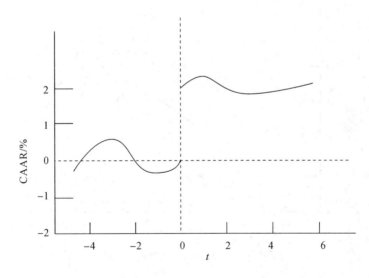

图6-4 未被预期的CAAR

反之，如果半强式有效市场假说不成立，并且这一利好消息出乎投资者的预料，那么股票的价格在消息公布之前不会出现大的波动，异常收益率也接近于零。在消息公布的这一天，部分精明的投资者迅速买入该股票并获得异常收益率。之后，其他投资者逐渐认识到这一利好消息并跟进买入，将该股票的价格进一步拉高，带动异常收益率逐步走高。如图6-6所示。

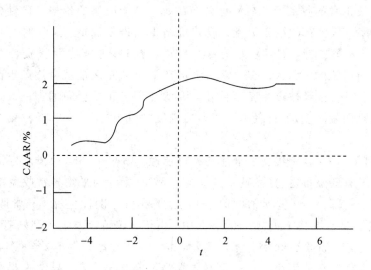

图 6-5　被预期的 CAAR

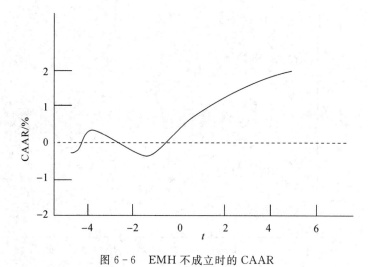

图 6-6　EMH 不成立时的 CAAR

3. 法马等人的实证研究

法马等人对纽约交易所 1927—1959 年间配股的股票进行了研究。根据配股比例等于或大于 5 ∶ 4 的标准，他们一共选取了 940 个观测值，并对每次配股消息公布前后的累计的异常收益率进行了实证研究。图 6-7 是 940 次配股累计的异常收益率曲线，从中可以发现，这一利好消息在投资者意料之中。因此，在消息公布之前，他们不断地买入将配股的股票，在价格上升过程中，获得了超额的收益率。在消息正式公布之后，股票价格趋于稳定，投资的收益率也回复到正常的收益率水平。该结果证明半强式有效市场假说是成立的。

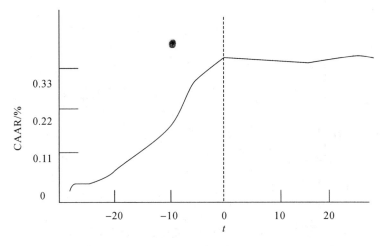

图 6-7 法马等人的研究成果之一（全部样本）

同时，法马等人假设在配股消息公布前之所以能够获得超额的收益率，是因为投资者预期能够获得较高的股息收益，而不是配股本身。为了检验这一假设，他们根据配股后股息分配是否增加的标准，将 940 个配股的股票分成了两组。图 6-8 和图 6-9 分别是配股后股息分配增加累计和股息分配减少累计的异常收益率曲线。图 6-8 显示，由于投资者准确地预测到配股后股息分配增加，因此在消息公布之后股票价格没有大的波动，投资收益率也趋于正常收益率水平；当配股后股息分配与投资者的预期相悖时（见图 6-9），在消息公布之后，投资者大失所望，纷纷抛售该股票，导致异常收益率逐渐走低。事实上，无论投资者对股息分配的预期准确与否，累计的异常收益率曲线（见图 6-7）都证明了半强式有效市场假说的成立。

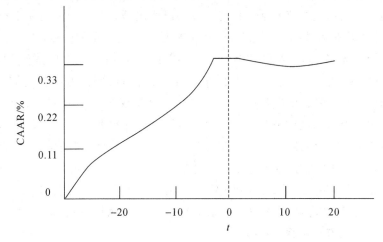

图 6-8 法马等人的研究成果之二（股息增加组）

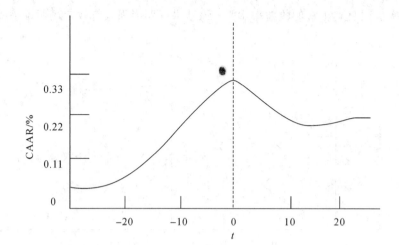

图 6-9 法马等人的研究成果之三(股息减少组)

三、强式有效市场检验

对强式有效市场的研究主要集中在对于掌握公司内幕的人员和证券交易所的专家经纪人的研究，通过测试他们从事交易能否赚取超额的收益率来检验强式有效市场是否成立。

（1）掌握公司内幕的人员。掌握公司内幕的人员包括公司董事、高级管理人员、大股东、有机会获得公司内幕信息的其他公司职员及相关人员。有研究结果表明，由于内幕信息可以帮助掌握公司内幕的人员较好地预测公司股票的价格趋势，因此掌握公司内幕的人员可以获取超额的收益率。但是由于时差，普通投资者采取跟进策略不能获取超额收益率。比如，在美国，证券交易委员会（SEC）要求所有内部人员登记自己的交易活动，并在内部人员交易正式概要中发布这些交易活动信息。一旦概要出版，内部人员交易就成了公开的信息。此时，如果市场是有效的，就能充分、及时地处理这些发布的信息，投资者不能跟随内幕人员的交易活动获利，这与半强式有效性是相符的。Seyhum(1990)研究发现，在概要的发布日，跟随内幕人员的交易活动是没有价值的。尽管在概要报道内幕人员买入之后，股价有轻微上涨的趋势，但非正常收益率不足以弥补交易成本。这些研究表明，美国证券市场没有偏离半强式有效市场的特征，但也没有满足强式有效市场假说的要求。

（2）证券交易所的专家经纪人。经研究表明，证券交易所的专家经纪人能获取超额的收益率，有时甚至比正常收益率高一倍多。这是因为，证券交易所的专家经纪人保留着限价委托买卖的记事簿，由此可以观察到供需双方的力量变化，比较准确地预测股票价格的近期走势，而且他们可以频繁地与其他专营股票的公司接触从而获得许多内幕消息。这表明美国的证券市场没有达到强式有效。

本 章 小 结

（1）有效市场假说认为，在证券市场上，所有现有信息已经充分反映在证券的价格中，证券价格的变化无法预测，通过分析现有信息无法获得超额收益。

（2）根据对有效市场假说中"所有现有信息"的定义的不同，将其分为三种形式：弱式有效市场、半强式有效市场和强式有效市场。弱式有效市场假说认为，股价已经反映在全部能从市场交易数据中获得的信息，这些信息包括历史股价、交易量、未平仓量等；半强有效市场假说认为，与公司前景有关的全部公开信息一定已经在股价中反映出来了；强有效市场假说认为，股价反映了全部与市场相关的信息，甚至包括仅公司内部人员知道的信息。

（3）事件研究法通过考察某一事件（如拆股，配股，并购，股利政策变化等）发生前后股票收益变动情况，并以是否存在累积残值来反映某一事件是否会产生超常收益。

第七章　债券定价

本章要点

- 债券的收益和风险
- 债券定价方法
- 利率的期限结构

第一节　债券的收益和风险

债券是一种以借贷协议形式发行的证券，该协议使发行者有义务在特定日期向债券持有人支付特定款额。债券契约是发行人和债权人之间的合约，由三个方面构成：息票率、到期日和债券面值。

一、债券的分类

债券按照不同的分类标准，可以分为很多种。

1. 按发行主体分类

根据发行主体的不同，债券可以分为政府债券、金融债券和公司债券。

（1）政府债券，又称公债，是指中央政府和地方政府发行债券时发给债权认购者的一种格式化的债权债务凭证。政府债券通常分为中央政府债券和地方政府债券，其中中央政府债券又被称为国债。

（2）金融债券，是指银行或非银行金融机构向社会发行的债权债务凭证。发行这种债券的金融机构一般都具有雄厚的资本实力，资信度高，而且利率也要比同期存款利率高，一般为中长期债券。

（3）公司债券是公司发行并承诺在一定时期内还本付息的债权债务凭证。发行公司债券的公司一般具有较好的信誉，其发行目的一般是为了筹措长期资金，因此期限较长，利率也比较高。

2. 按计息方式分类

根据计息方式的不同，债券可分为付息债券、一次还本付息债券、贴现债券、累进利率债券。

（1）付息债券，是指附有各种息票的中长期债券。息票上载有应付利息的日期和金额，如未到期，息票不予支付。息票也是一种可转让的证券，可以在证券市场上转让交易。付息债券大多为中长期政府债券和公司债券。

（2）一次还本付息债券，是指在债务期间不支付利息，债务期满后按规定的利率一次性向持有人支付利息并还本的债券。这种债券的利息一般按单利方式计算。

（3）贴现债券，也称"贴水债券""贴息债券"或"折价债券"。它是指按低于债券面值的价格发行，到期不另付利息的债券。债券的发行价格与其面值的差额为预付利息。债券的利率不在券面上标明，而是根据当时的利率水平，通过发行价格来确定。

（4）累进利率债券，是指随着债券期限增加，其利率累进的债券。一般事先确定累进利率的档次，期限越长，利率越高。例如，两年期的累进利率，第一年的利率为 5％，第二年则可以累进到 6％；一年到期时可按一年期的利率领取利息，两年到期时则可按两年期的利率领取利息。

3. 按债券形态分类

按债券形态不同，可分为实物债券、凭证式债券、记账式债券。

（1）实物债券，是一种具有标准格式实物券面的债券，一般不记名、不挂失，可上市流通转让。

（2）凭证式债券，是一种债权人认购债券的收款凭证，而不是债券发行人制定的标准格式的债券，可记名、可挂失、可提前兑付，但是不能流通转让。

（3）记账式债券，是一种没有实物形态的票券，该债券是在债权认购者的电脑账户中一一记录。与实物债券一样，记账式债券可以上市流通转让。

二、债券的收益率

债券收益是指债券投资者购买债券的本金与债券到期还本付息时所获得的全部金额之差。债券收益的大小，可以用计算债券收益率的方法来衡量。

1. 名义收益率

名义收益率又称为息票收益率，是指债券利息与债券票面金额之比，就固定利率的债券来说，其票面所标明的固定利率就是其名义收益率。债券名义收益率的计算公式为

$$名义收益率 = \frac{票面利息}{票面金额} \times 100\% \qquad (7-1)$$

2. 当期收益率

当期收益率等于年利息支付额除以债券价格，它表示的是债券在某个交易时点上的投资收益水平。债券当期收益率的计算公式为

$$当期收益率 = \frac{年利息}{市场价格} \times 100\% \qquad (7-2)$$

3. 持有期收益率

持有期收益率是指投资者在一定时间内买入债券,在债券到期前即出售该债券所获得的收益情况,也就是投资者在债券买卖过程中所获得的收益情况,其收益包括持有期间利息收入和资本利得

到期一次还本付息债券持有期收益率的计算公式为

$$持有期收益率 = \frac{卖出价格 - 买入价格}{买入价格 \times 持有年数} \times 100\% \qquad (7-3)$$

附息债券持有期收益率的计算公式为

$$持有期收益率 = \frac{债券利息收入 + (卖出价格 - 买入价格)}{买入价格 \times 持有年数} \times 100\% \qquad (7-4)$$

4. 到期收益率

到期收益率又称为最终收益率或内含收益率,是持有债券至到期日所能得到的内部收益率。到期收益率衡量投资者以市场价格买入某种债券,待到债券还本付息时所获得的收益情况,包括了利息收入和资本利得。

5. 赎回收益率

到期收益率计算的是将债券持有至到期日的情况。若债券是可赎回的,当利率较高时,债券价格随着下降,债券被赎回的可能性较低。在利率较低的情况下,预定支付的现值超过了赎回价格,债券被赎回,该点的值就是赎回价格。计算赎回收益率的方法与计算到期收益率的方法基本相同,不同之处在于赎回日代替了到期日,赎回价格代替了面值。

6. 实现的复合收益率

实现的复合收益率是指将债券持有期内的利息收入、利息再投资收入和买卖价差按复利计算的收益率。如果所有债券到期前的息票收入都以与到期收益率相等的利率再投资,则到期收益率将等于在整个存续期内实现的收益率。如果再投资收益率不等于到期收益率,则已实现的复合收益率将低于到期收益率。

【例 7-1】 一年前,某人在某公司发行债券时以 100 元的价格买入面值 100 元、息票率为 10％的五年期债券,每年计息一次,该债券当前的价格为 102 元。请问债券的名义收益率、当期收益率、持有期收益率和到期收益率分别是多少?

解 (1)名义收益率为票面利率,所以,

$$名义收益率 = 10\%$$

（2）当期收益率为

$$当期收益率 = \frac{10}{102} = 9.8\%$$

（3）持有期收益率为

$$持有期收益率 = \frac{(102-100)+10}{100} = 12\%$$

（4）设到期收益率为 r，当前价格为 102，可列方程如下：

$$102 = \sum_{t=1}^{4} \frac{10}{(1+r)^t} + \frac{100}{(1+r)^4}$$

得出 $r=9.38\%$。

【例 7-2】 假设一个票面利率为 8%、期限为 30 年的债券卖价为 1276.76 元。若投资者将债券持有到期，在此价格上购买该债券的投资者获得的平均回报率是多少？该债券面值为 1000 元，每半年付息一次。

解 为回答这一问题，需找出使持有 60 期半年支付的现值与债券价格相等时的利率，也就是与被考察的债券价格相一致的利率。因此，在以下方程中求解利率 r：

$$1276.76 = \sum_{i=1}^{60} \frac{40}{(1+r)^t} + \frac{1000}{(1+r)^{60}}$$

上述方程中仅有利率 r 一个未知变量，可求得半年期利率 $r=0.03$ 或 3%，即为该债券的到期收益率。需注意的是，该收益率为半年收益率。

将该收益率转化为年化收益率有两种方法。一种是简单的单利方法，得到年利率，即 APR。用单利方法计算的收益率也被称为"债券等值收益率"。因此，对半年收益率加倍，即可得到等值收益率 6%。另一种方法是在考虑债券的年化收益率时采用复利，即 EAR。该债券每 6 个月的收益率为 3%，那么 12 个月后，1 元投资加利息的增长为

$$1 \times (1.03)^2 = 1.0609(元)$$

所以，该债券的实际年利率是 6.09%。

【例 7-3】 假设一面值 1000 元、息票率为 8%、半年计息 1 次的 30 年期的债券售价为 1150 元，可在 10 年后以 1100 元的价格赎回。请计算该债券的赎回收益率和到期收益率。

解 债券提前赎回或持有到期的支付信息如表 7-1 所示。

表 7-1 可赎回债券的支付信息

债券信息	提前赎回	持有到期	债券支付	提前赎回	持有到期
息票支付/元	40	40	最终支付/元	1100	1000
半年周期数/期	20	60	当前价格/元	1150	1150

（1）赎回收益率：

$$1150 = \sum_{i=1}^{20} \frac{40}{(1+r)^i} + \frac{1100}{(1+r)^{20}}$$

年化后可得赎回收益率为 6.64%。

（2）到期收益率：

$$1150 = \sum_{i=1}^{60} \frac{40}{(1+r)^i} + \frac{1000}{(1+r)^{60}}$$

年化后可得到期收益率为 6.82%。

【例 7-4】 某两年期债券以 100 元的面值出售，每年付息一次，息票率为 10%。如果息票再投资利率等于 10%，其实现复合收益率是多少？如果息票再投资利率等于 8%，其实现复合收益率又是多少？

解 如果 10 元的利息支付以 10% 的利率再投资，那么投资于债券的 100 元两年后将增长为 121 元（第一年的利息 10 元＋第二年的利息 11 元＋第二年的面值 100 元）。因此，复合收益率可用以下方程计算：

$$V_0(1+r)^2 = V_2$$
$$100(1+r)^2 = 121$$
$$r = 0.10 = 10\%$$

如果首次利息支付再投资收益率不足 10%，那么该投资的终值将低于 121 元，同时实现的复合收益率也将低于 10%。假设债券的投资利率等于 8%，那么

首次利息支付及其利息的未来价值为 $10 \times 1.08 = 10.8$ 元

两年后的现金支付（第二年利息加面值）为 110 元

所以投资及利息再投资的总价值为 120.8 元

假设所有利息支付都再投资，实现的复合收益率为全部投资金额的复利增长率。投资者以 100 元面值购入债券，该投资将增长至 120.8 元。

$$V_0 \times (1+r)^2 = V_2$$
$$100 \times (1+r)^2 = 120.8$$
$$r = 0.0991 = 9.91\%$$

例 7-4 解决了当投资利率随时间变化时，常规到期收益率存在的问题。常规到期收益率将不再等于实现的复合收益率。然而，在未来利率不确定的情况下，期间利息再投资的利率也是未知的。因此，尽管在投资期结束后能够推算出实现的复合收益率，但如果无法预测未来再投资利率，就不能事先计算出结果，这大大降低了实现的复合收益率的作用。

在各种持有期或投资水平下，预测实现的复合收益率被称为水平分析。对总收益的预

测，既依赖于持有期结束时卖出债券的价格，又依赖于利息再投资所能获得的收益率。债券的卖出价格又依赖于持有期到期收益率。对于较长的投资期限，利息再投资占了最终收益的大部分。

【例 7-5】 假设以 980 元的价格购买一只面值 1000 元、30 年期、息票率为 7.5% 的年度支付债券，并计划持有 20 年。当该债券出售时，预期到期收益率为 8%，息票再投资收益率为 6%。问该债券当前的到期收益率是多少？持有 20 年实现的复合收益率是多少？

解 （1）购买价格为 980 元、债券期限为 30 年、票面利率为 7.5%，按年度支付，根据现金流折现法计算可得其到期收益率为 7.67%。

（2）在投资期限结束时，该债券剩余期限为 10 年。因此，按照 8% 的到期收益率，该 10 年期债券的预计卖价为 966.45 元。另外，75 元年息票收入按 20 年期（计 19 次）再投资利率 6% 计算终值，将涨至 2758.92 元。

基于以上预测，980 元的投资在 20 年内将涨至：966.45 + 2758.92 = 3725.37 元。所以，

$$V_0 \times (1+r)^{20} = V_{20}$$

$$980 \times (1+r)^{20} = 3725.37$$

$$r = 0.0690 = 6.90\%$$

故对应的年复合收益率为 6.90%。

三、债券的风险

债券的风险是指债券投资者不能获得预期投资收益或遭受损失的可能性。投资者投资债券的主要目的是获得收益，而债券收益受很多不确定因素的影响，这就产生了债券投资的风险。这种风险是与收益相伴而生的，高风险、高收益，低风险、低收益。债券预期收益和实际收益之间存在的差额，可以用来衡量遭受风险的程度。

（一）债券的风险种类

债券投资面临的风险主要有以下几种：

1. 利率风险

利率风险是各种债券都面临的风险。债券的市场价格和市场利率呈反方向变动，若市场利率上升，超过债券票面利率，债券持有人将以较低价格出售债券，将资金转向其他利率较高的金融资产，从而引起对债券的需求减少，价格下降；反之，若市场利率下降，债券利率相对较高，则资金流向债券市场，引起债券价格上升。因此，债券的利率风险又称为价格风险。尽管债券在利息收益方面是固定的，在资本收益方面却是不确定的。由于这种不确定主要是由利率的波动引起的，因此称为利率风险。

需要注意的是：债券价格除受利率变动的影响，还受偿还金额和无风险利率水平的限制，偿还金额加利息既是投资者收入的最高限额，也是发行者付出的最高限额，无风险利率是正常情况下债券收益的最低限额。债券利率风险与债券期限成正比，债券期限越长，利率风险越大。

2. 违约风险

所谓违约风险，是指借款人不能履行合约规定的义务，无力支付利息和本金的潜在可能性。政府债券以国家财政为后盾，通常不会出现违约风险。除政府债券外，一般债券都是有违约风险的，只不过风险的大小有所不同而已。判断一种债券违约风险的大小，可参考信用评级机构对发行债券的单位或债券本身所做的信用等级。高信用等级企业所发行债券的违约风险要小于低信用等级企业所发行的债券的违约风险。

风险越大，风险补偿越高。因此，信用等级低的企业所发行债券的票面利率通常要高于信用等级高的企业所发行的债券的票面利率。政府债券的信用等级最高，利率水平比其他债券低，通常被视为无风险利率。

3. 通货膨胀风险

通货膨胀风险或购买力风险是指从债券投资中实现的收益不足以抵补由通货膨胀造成的损失的风险。所有固定利率债券的投资都会面临通货膨胀的风险，而且投资期限越长，这种风险发生的可能性就越大。

4. 外汇汇率风险

当投资者投资外币债券时，汇率的变化使投资者不能确定未来本币收入的金额。如果在外币债券偿还前本币对该种外币升值，就会受到本币收入的风险损失。这种风险为债券投资的汇率风险。

5. 流动性风险

如果某种债券按市价卖出很难，持有者会因该债券的流动性差而遭受损失。这种损失包括较高的交易成本以及过低价或过高价形成的资本损失。债券流动性的高低取决于市场的组织以及积极的市场参与者的数量。市场组织不完善，债券的流动性较低；积极的市场参与者较少，同样会降低债券流动性。积极的市场参与者一般是指机构投资者。

6. 提前赎回风险

提前赎回条款是债券发行人所拥有的一种选择权，它允许债券发行人在债券发行一段时间后，按约定价格在债券到期前偿还部分或全部债券。因此，在债券上附加提前赎回条款，债券发行人就拥有了一种买入期权。这一条款有利于债券发行人，而不利于投资者，因为它为债券发行人提供了在债券到期前降低融资成本的机会。当市场利率降低，债券的市场价格高于该债券的偿还价格时，债券发行人就可以行使提前偿还权，清偿高息债券，转而按低息再融资。

7. 再投资风险

债券收益的来源由三部分组成：① 债券的利息；② 债券出售或到期获得的资本收益；③ 债券利息的再投资所获得的收益。债券利息的再投资要面临利率变动的风险，这种风险被称为再投资风险。

（二）违约风险与信用等级

一般而言，政府债券可视为无违约风险债券。与政府债券不同，公司债券和市政债券具有票面利息或本金无法支付的违约风险。国际上主权国家的债券也存在信用风险，在新兴市场国家更是如此。

债券的违约风险通常称为信用风险，由评级机构进行测定。三家著名的大型投资服务评级机构为穆迪、标准普尔和惠普，他们对公司债券、市政债券和主权债券的违约可能性进行估计。评级机构的估计都是按照损失的可能性将债券分类。损失可能性包括不支付、推迟支付和部分支付的概率等。评级机构据此将债券分为不同的债券等级，如穆迪公司将债券分为 Aaa、Aa、A、Baa、Ba、B、Caa、Ca、C、D，分别代表不同等级的债券。一般而言，债券级别越低，违约可能性越大。穆迪、标准普尔和惠普的债券等级估计结果得到了非常普遍的运用。

信用等级为 BBB 及更高的债券（标准普尔、惠普），或者等级为 Baa 以及更高的债券（穆迪）都被认为是投资债券。反之，信用等级较低的债券则被称为投机级债券或垃圾债券。低信用等级债券的违约很常见。例如，被标准普尔公司评为 CCC 级的债券，几乎半数在 10 年内有过违约。尽管高信用等级的债券鲜有违约，但并非没有风险。例如：2001年 5 月，世通公司出售了 118 亿美元的投资级债券，但仅在一年后，该公司申请破产，债券持有者的投资损失超过了 80%。表 7-2 提供了穆迪和标准普尔对各种债券信用等级的定义。

（三）债券安全性的决定因素

债券评级机构主要根据发行公司的一些财务比率指标及趋势的分析，对其所发行的债券信用状况进行评级。评价安全性所用的关键财务比率主要包括以下几个方面。

（1）偿债能力比率：公司收入与固定成本之间的比率。低水平或下降的偿债能力比率意味着可能会有现金流困难。

（2）杠杆比率：债务与总资本的比率。过高的杠杆比率表明负债过多，意味着公司将无力获取足够的收益以保证债券的安全性。

表7-2 债券等级定义

债 券 等 级						
评 级 机 构	极高信用		高信用		投机性	极低信用
标准普尔	AAA AA		A BBB		BB B CCC	CC
穆迪	Aaa Aa		A Baa		Ba B Caa	Ca

穆迪	标准普尔	定义
Aaa	AAA	Aaa和AAA级债券具有最高信用等级,还本付息能力最强
Aa	AA	Aa和AA级债券有很强的还本付息能力,与最高信用等级一起构成高信用等级债券
A	A	A级债券有很强的还本付息能力,但是与最高信用等级债券相比,它对经济和环境的不利影响更为敏感
Baa	BBB	Baa和BBB级债券有充分的还本付息能力,与信用等级最高的债券相比,不利的经济条件或变化更有可能削弱此信用等级债券的还本付息能力。该级债券属于中等信用级别债券
Ba	BB	从还本付息能力和承担义务来看,此类债券被认为具有明显的投机性。Ba和BB表示投机程度最低,Ca和CC则表示投机程度最高。虽然这些债券也可能有质量和安全性特征,但是一旦处于不利条件中,将具有更大的不确定性和风险。部分债券可能会出现违约
B	B	
Caa	CCC	
Ca	CC	
C	C	此等级债券作为收入债券保留,没有利息支付
D	D	D级别债务处于违约之中,利息支付或本金偿还仍在拖欠

(3)流动性比率:包括流动比率(流动资产与流动负债的比值)和速动比率(剔除存货后的流动资产与流动负债的比值),反映了公司用最具流动性的资产对负债进行清偿的能力。

(4)盈利能力比率:有关资产或权益回报率的度量指标。具有较高资产回报率的公司,能对它们的投资提供更高的期望收益。

(5)现金流负债比率:总现金流与未偿付债务的比值。

(四)违约风险与到期收益率

由于公司债券存在违约风险,所以必须分清债券承诺的到期收益率与期望收益率。承诺或者规定的收益率,只有在公司履行债券发行责任时才能兑现。因此,规定的收益率是债券的最大可能收益率，而期望到期收益率必须考虑公司违约的可能性。

【例 7 - 6】 假设某公司 20 年前发行了面值 1000 元、票面利率为 9％（半年计息一次）的债券，还有 10 年到期，当前债券以 750 元出售。公司正面临财务困境，但投资者相信公司有能力偿还未付利息和本金。然而，到期时公司被迫破产，债券持有人只能收回面值的 70％。请问债券的承诺到期收益率和实际到期收益率分别是多少？

解　债券的到期收益率（YTM）可以使用表 7 - 3 所示的支付信息进行计算。

表 7 - 3　债券的支付信息

债券信息	对应实际的到期收益率	对应承诺的到期收益率	债券支付	对应实际的到期收益率	对应承诺的到期收益率
利息支付/元	45	45	最终偿付/元	700	1000
半年期期数/期	20	20	当前价格/元	750	750

基于承诺支付的到期收益率为 13.7％，基于到期日回收 700 元的实际支付所计算的到期收益率仅为 11.6％。

由例 7 - 6 可知，当债券存在更大的违约风险时，其价格将降低，承诺的到期收益率将上升。公司债券的承诺收益率与无违约风险债券的收益率之间的差异被称为**违约溢价**。比如，一个公司债券可以承诺 12％ 的回报，如果本金和利息得不到支付，那么它的实际期望收益率可能只有 10％。由于这些债券存在这类违约风险，投资者就会要求其期望收益率高于无风险的类似债券。因此，债券总收益率＝违约溢价＋无违约债券的收益率。风险债券的违约溢价模式有时被称为利率的风险结构。

第二节　债券定价方法

一、债券定价原理

1. 现金流折现法

由于债券的面值和本金偿还都发生在未来的数月或数年后，所以债券的价格取决于未来获得的货币价值和现在所持有的现金价值的比较。为了给债券定价，需用适当的贴现率对债券的预期现金流进行贴现。债券的现金流包括债券到期之前的利息收益和到期面值偿还。为了简化问题，假设只有一种利率适用于任意期限的现金流贴现，那么到期期限为 T 的债券的价值可以表示为

$$V = \sum_{t=1}^{T} \frac{C_t}{(1+r)^t} + \frac{F}{(1+r)^T} \qquad (7-5)$$

其中，C_t为按票面利率每期支付的利息，F为债券面值，r为每期的贴现率或到期收益率。

附息债券定价可以运用现金流折现法公式(7-5)算出。

贴现债券又称为零息债券，是一种以低于面值的贴现方式发行、不支付利息、到期按债券面值偿还的债券，债券发行价格与面值之间的差额就是投资者的利息收入。因为面值是投资者未来唯一的现金流，所以贴现债券的价值由以下公式决定：

$$V = \frac{F}{(1+r)^T} \qquad (7-6)$$

2. 内在价值与市场价值

按照式(7-5)或式(7-6)得到的债券价值为债券的理论价格，即内在价值。内在价值是以到期收益率为贴现率得到的理论上的价格。在债券定价中，总是假设债券价格等于其内在价值。

另一方面，市场价值指债券在二级市场交易时的价值，也称为债券的实际价格。

3. 付息日之间的债券定价

债券的报价通常不包括应计利息，通常在财经版面出现的报价被称为净价；而购买债券的实际价格（即全价）则包括应计利息生息。所以，全价＝净价＋应计利息。

当一只债券刚刚付息时，净价等于全价，此时的应计利息为零。

二、债券定价的理论

债券价格对于市场利率变化的敏感性对投资者而言十分重要。图7-1表示了票面利率、初始到期收益率和期限互不相同的 A、B、C、D 这四种债券，当市场利率变化时，债券价格相应地百分比变动。

图7-1中四种债券的情况表明，当收益率增加时，债券价格下降，价格曲线是凸起的，这意味着收益下降对价格的影响远远大于等规模的收益率增加。比较债券 A 与债券 B 的利率敏感性，除到期时间外，其他情况均基本相同。图7-1表明债券 B 比债券 A 的期限更长，对利率更敏感。值得注意的是，当债券 B 的期限是债券 A 的 6 倍时，它的利率敏感性低于 6 倍。尽管利率敏感性似乎随到期时间的增加而增加，但是与债券到期时间的增加并不均衡。债券 B 和 C 除息票率之外，其他情况都相同，这时表现出另一特征：息票较低的债券对市场利率变化更敏感。最后，债券 C 和 D，除债券的到期收益之外，其他方面的情况都一样。但是，债券 C 有更高的到期收益，对当前的收益变化不太敏感。

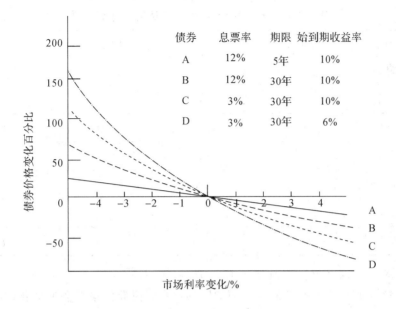

债券	息票率	期限	始到期收益率
A	12%	5年	10%
B	12%	30年	10%
C	3%	30年	10%
D	3%	30年	6%

图 7-1　随市场利率变化的债券价格变化

综上所述，通过观察可以得出以下六个特征：

（1）债券价格变化与利率反向。

（2）利率上涨一个百分点所导致的债券价格下跌幅度，要比利率下跌一个百分点所导致的债券价格上涨幅度小。

（3）给定利率变化，到期限长的债券价格变化要比到期限短的债券价格变化大。

（4）债券价格对利率变化的敏感程度随着距到期日时间长度的增加而增加，但是增加的程度随着距到期日时间长度的增加而递减。

（5）票面利率高的债券因为利率变化所导致的债券价格变化程度要小于票面利率低的债券。

（6）债券价格对利率变化的敏感性与当前出售债券的到期收益率成反比。

马尔凯描述了前五个一般特征，因此前五个有时被称为马尔凯债券定价关系。第六个特征是霍默和利伯维茨论证的。

【例 7-7】　考虑 A、B、C、D 这四种债券，面值均为 1000 元，票面利率均为 10％且每年付息一次，债券 A、B、C、D 的期限分别为 3 年、6 年、9 年和 12 年，当前市场利率为 10％。当市场利率从 10％上下浮动 1％时，这四种债券的价格变化如何？价格变化率是多少？债券 B、C、D 相对于债券 A、B、C，价格变化率的差是分别多少？

解　当市场利率从 10％变化为 11％时，四种债券的价格变化程度如表 7-4 所示。

表7-4　债券的价格对利率变化的敏感程度

债 券	债券 A	债券 B	债券 C	债券 D
到期年限/年	3	6	9	12
当前市场利率/%	10	10	10	10
当前价格/元	1000	1000	1000	1000
新的市场利率/%	11	11	11	11
新的债券价格/元	975.56	957.69	944.63	935.08
价格变化率/%	-2.4	-4.2	-5.5	-6.5
价格变化率之差	—	0.75 *	0.31	0.18

* 注：$0.75 = [-0.042 - (-0.024)]/(-0.024)$

从表7-4可以看出，随着债券到期期限的增加，债券价格对利率变化的程度也在增加，但增加的程度随着距到期日时间长度的增加而递减。

表7-5表示当市场利率从10%分别变化为9%、11%时，四种债券的价格变化程度。

表7-5　债券价格的变化

债 券	债券 A	债券 B	债券 C	债券 D
9%利率下的价格/元	1025.31	1044.86	1059.95	1071.61
10%利率下的价格/元	1000	1000	1000	1000
11%利率下的价格/元	975.56	957.69	944.63	935.08
10%~11%的价格变化率/%	-2.4	-4.2	-5.5	-6.5
10%~9%的价格变化率/%	2.5	4.5	6.0	7.1

从表7-5可以看出，市场利率从10%变化为9%时债券价格变化率的绝对值要大于市场利率从10%变化为11%时债券价格变化率的绝对值；利率上涨一个百分点所导致的债券价格下跌幅度要比利率下跌一个百分点所导致的债券价格上涨幅度小。

【例7-8】　考虑 A、B 两种面值均为1000元的债券，期限均为3年，两种债券每年末发放的现金流如表7-6所示。

表 7 - 6 两种债券每年末发放的现金流

债　券	债券 A	债券 B
第一年末现金流	0	100
第二年末现金流	0	100
第三年末现金流	1331	1100

当前市场利率为 10％。当市场利率从 10％上浮动 1％时，这两种债券的价格如何变化？价格变化率是多少？

解　当市场利率从 10％变化为 11％时，两种债券价格的变化如表 7 - 7 所示。

表 7 - 7 债券价格的变化

债　券	债券 A	债券 B
第一年现金流/元	0	100
第二年现金流/元	0	100
第三年现金流/元	1331	1100
利率为 10％时的价格/元	1000	1000
利率为 11％时的价格/元	973	976
10％～11％的价格变化率/％	−2.7	−2.4

从表 7 - 7 可以看出，当市场利率从 10％变化为 11％时，每年付息高的债券价格对利率变化的敏感程度要低于每年付息低的债券。

第三节　利率的期限结构

一、准备知识

（一）收益率曲线

1. 概念

不同期限的债券一般会以不同的到期收益率出售，长期债券比短期债券的收益率更高。债券的期限和收益率在某一既定时间内存在的关系，称为利率的期限结构，表示这种关系的曲线通常称为收益率曲线。

2. 形状

债券收益率和到期期限之间的关系用收益曲线表示，形成了以时间为自变量的到期收益率函数平面图。

(1) 收益率曲线的形状。图 7-2 描述了几种不同形状的国债收益率曲线：图 7-2(a) 为水平的收益率曲线；图 7-2(b) 为上升的收益率曲线；图 7-2(c) 为反向收益率曲线；图 7-2(d) 为峰状收益率曲线。

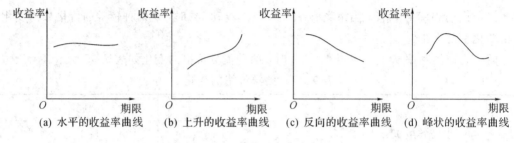

图 7-2　国债收益率曲线的形状

(2) 收益率曲线的应用。假设债券票面价值为 1000 元的不同期限零息国债的收益率如表 7-8 所示。

表 7-8　零息债券价格和到期收益率

到期年限/年	到期收益率/%	债券价格/元
1	5	$952.38(=1000/1.05)$
2	6	$890.00(=1000/1.06^2)$
3	7	$816.30(=1000/1.07^3)$
4	8	$735.03(=1000/1.08^4)$

下面举例说明如何利用表 7-8 进行债券定价。

【例 7-9】 假设不附息债券的收益率如表 7-8 所示，如果某面值 1000 元的 3 年期债券的息票率为 10%，每年付息一次，那么债券的现在价值是多少？

解　根据现金流折现法，对不同期限的现金流按照不同的折现率进行折现，所以

$$\frac{100}{1.05}+\frac{100}{1.06^2}+\frac{1100}{1.07^3}=95.238+89.000+897.928=1082.17 \text{ 元}$$

3. 类型

在实践过程中，有好几种收益率曲线。常用的有如下两种：

（1）纯收益率曲线：零息债券的函数。

（2）新发行债券收益率曲线：近期发行的以面值或近似面值价格出售的附息债券的函数，该函数以期限作为自变量。由于新发行的国债流动性好，通常被当作典型的收益率曲线。

（二）即期利率与短期利率

在一个确定的没有风险的世界里，期望一个债券比另一个债券提供更高的收益率是不可能的，即所有的债券必须提供相同的收益。那么，如果当前市场利率是确定的，为何长期零息债券的收益率要高于短期零息债券的收益率？下面通过例题进行分析。

【例 7-10】 假设投资者持有 890 万元，并准备投资 2 年零息债券，现在市场上 1 年期零息债券的到期收益率为 5％，2 年期零息债券的收益率为 6％，如果两个 2 年期的投资策略如图 7-3 所示。那么，这两个投资策略的收益率是否存在差异？一年后 1 年期零息债券的到期收益率是多少？

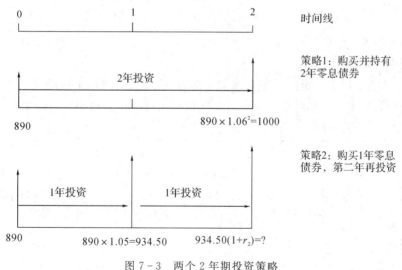

图 7-3　两个 2 年期投资策略

解　在两者都不包含风险的情况下，两个策略必须提供相同的收益率。因此，通过计算可知 $1+r_2=1.06^2/1.05=1.0701$ 或者 $r_2=7.01％$。对于两年滚动购买 1 年期债券与一次性购买 2 年期债券吸引力相同的情形，第二年的收益率必须更高。

为了便于辨别债券的长期收益和短期收益的区别，把零息债券到期收益率叫做即期利率（spot rate），即对应零息债券在今天持续了一段时间的利率。短期利率（short rate）是在既定区间内的不同时间点均适用的利率。在上例中，今天的短期利率是 5％，下一年的短期利率是 7.01％。

即期利率是短期利率的几何平均值。例如，2年期即期利率是第一年的短期利率和第二年的短期利率的几何平均值。在例7-10中，即期利率为6%。

【例7-11】 比较两个3年期策略，一种是购买3年期零息债券，到期收益率如表7-8所示为7%，持有至到期；另一种是购买2年期零息债券，到期收益率为6%，在第3年的时候再购买1年期零息债券，请问第三年的短期利率r_3为多少？

解 在每种投资策略下的收益应该相等，即

购买并持有3年期零息债券等于先购买2年期零息债券，然后再购买一年期债券。

所以，

$$(1+y_3)^3 = (1+y_2)^2 \times (1+r_3)$$
$$1.07^3 = 1.06^2 \times (1+r_3)$$

这就意味着$r_3 = 1.07^3/1.06^2 - 1 = 0.09025 = 9.025\%$。

注意到3年期的债券反映了接下来三年折现因子的几何平均：

$$1+y_3 = [(1+r_1) \times (1+r_2) \times (1+r_3)]^{1/3}$$
$$1.07 = (1.05 \times 1.0701 \times 1.090\,25)^{1/3}$$

由此得出结论：长期债券的收益率或即期利率，反映了在存续期内受市场预期影响的短期债券利率的轨迹。

图7-4总结了以上分析的结果并强调短期利率与即期利率之间的区别。顶部的线代表了每年的短期收益率。下方对应的线代表了从现在到每个相关到期日的即期收益率。

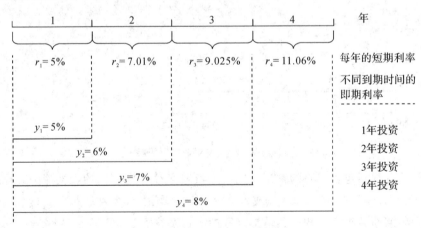

图7-4 短期利率与即期利率

由于未来利率的不确定性，根据以上例题中的"收支平衡"方法推断出的未来短期利率并不一定能实现，也就是说，未来短期利率是不可预知的。通常，该方法推断出来的短期利率被称为远期利率而非未来短期利率，因为它不一定等于未来某一时间的实际利率。

【思考题 7－1】　请解释即期利率和短期利率之间的区别。

二、利率期限结构理论

（一）纯预期理论

纯预期理论把当前对未来利率的预期作为决定当前利率期限结构的关键因素。该理论认为，市场因素使任何期限的长期债券的收益率等于当前短期债券收益率与当前预期的长期债券收益率的未来短期收益率的几何平均值，用公式表示如下：

$$_ty_n = \sqrt[n]{(1+_ty_1)(1+_{t+1}r_e)(1+_{t+2}r_e)\cdots(1+_{t+n-1}r_e)}-1$$

其中，$_ty_n$ 为 n 个时期过后到期的债券的收益率，$_ty_1$ 为一个时期后到期的债券的收益率，$_{t+j}r_e(j=1,2,\cdots,n-1)$ 表示从第 $t+j$ 期到 $t+j+1$ 期的预期收益率。如果买卖债券的交易成本为零，且上述假设成立，那么，投资者购买长期债券并持有到期进行长期投资时，获得的收益与同样时期内购买短期债券并滚动操作获得的收益相同。

纯预期理论能够解释不同到期日债券的收益率变化趋于基本一致的实证结论。当短期收益率上升时，通常预期下一期的短期收益率会提高，因此长期债券的收益率会提高；反之，则相反。所以，根据预期理论，长期和短期债券的收益率变化是一致的。纯预期理论也能解释当短期收益非常高(低)时，收益率曲线可能更向下(上)的实证结论。如果当前短期利率非常高，通常预期下一期的短期收益率不会继续维持高水平，因此长期债券的收益率会下降；反之，则相反。但是，纯预期理论不能解释收益率曲线通常为向上倾斜的形状的实证结论。根据预期理论，收益率曲线的形状通常表现为平缓的形状。

（二）市场分割理论

市场分割理论认为，不同期限债券间的替代性极差，可贷资金供给方(贷款人)和需求方(借款人)对特定期限有极强的偏好。这种低替代性使任何期限的收益率仅由该期限债券的供求因素决定，很少受到其他期限债券的影响。资金从一种期限的债券向另一种期限的债券的流动几乎不可能。

市场分割理论可以较好地解释收益率曲线通常为倾斜向上形状的实证结论。因为相对于长期债券而言，如果短期债券风险更低，人们更愿意持有短期债券。因此，长期债券只有提供更高的收益率，才能吸引人们进行投资，所以收益率曲线通常为倾斜向上的形状。但是，市场分割理论不能解释不同到期日债券的收益率变化基本趋于一致的实证结论；也不能解释当短期收益率非常低时，收益率曲线更可能向上，当短期收益率非常高时，收益率曲线更可能向下的实证结论。因为市场分割理论认为，不同期限债券之间是难以相互替代的，不同期限债券的收益率之间的变化是没有关系的。

（三）流动性偏好理论

流动性偏好理论综合了纯预期理论和市场分割理论的内容，因而可以较好地解释以上提到的三种实证研究的结论。流动性偏好理论假设不同到期日的债券具有相当大的替代性，但又不是完全替代，人们通常更喜欢持有风险更低的短期债券，所以，长期债券的收益应当包括相应的风险补偿。这种由于市场风险增加导致的长期债券收益产生的报酬，称为流动性溢价。

根据流动性偏好理论，长期利率应当是当前和预期的未来收益率的平均值，再加上对投资者持有长期债券而承担较大市场风险的补偿——流动性溢价，用公式表示如下：

$$_ty_n = \sqrt[n]{(1+_ty_1)(1+_{t+1}r_e)(1+_{t+2}r_e)\cdots(1+_{t+n-1}r_e)} - 1 + TP$$

在该理论中，长期利率大于当前和预期的未来短期利率的平均值，二者之差为流动性溢价（TP），TP 是长期债券到期期限的增函数。因为 TP 为正数并随着期限延长而增加，所以，该理论断言名义收益率结构是上升的，或向上倾斜的。只有当市场参与者一致认为利率将显著下降时，收益率曲线才会是向下倾斜的。

【思考题 7-2】 假如债券发行者偏好发行长期债券来锁定借款费用，那么根据流动性偏好假说，将会对流动性溢价产生怎样的影响？

本 章 小 结

（1）债券的特征是向投资者承诺一笔固定收入或特定的收入现金流，属于固定收益证券。

（2）债券的到期收益率通常被解释为投资者购买并持有一种债券直到到期的平均回报率的估计。与此相关的测度有赎回收益率、实现的复合收益率和承诺的到期收益率。

（3）债券价格与收益率负相关。对于溢价债券而言，票面利率高于现行收益率，而现行收益率则高于到期收益率。对于折价债券而言，正好相反。

（4）零息债券的价格随时间变化呈指数型上升，它提供了一个与利率相对应的增值率。

（5）当债券发生违约时，承诺的收益率无法实现。因此，债券必须提供违约溢价来补偿投资者承担的违约风险，违约溢价为超出无风险的政府债券的承诺收益率部分。

（6）利率期限结构涉及不同期限的利率，这些利率通常体现在无违约风险的零息债券价格中。

第八章 债券组合管理

本章要点

- 久期
- 凸性
- 债券组合管理方法

债券投资面临多种风险，如利率风险、违约风险、流动性风险、提前赎回风险和再投资风险等，其中最重要的是利率风险。本章主要介绍利率风险的常用度量方法，包括久期和凸性；在此基础上，阐述如何通过债券组合管理来避免利率波动对债券组合的价格影响。

第一节 久 期

债券价格对利率波动的敏感性用债券的久期来测度。久期是一种对债券类资产价格相对于利率变化而呈现的易变性的量化估计，久期以单位时间（年）来表示。久期被广泛应用于债券资产组合的风险分散管理，常用的久期有麦考利久期、修正久期和有效久期等。

一、麦考利久期

为明确多次偿付债券的"到期时间"概念，需要用一种债券所承诺现金流的平均到期时间的测量方法来估计债券的有效到期时间。麦考利把"有效到期时间"定义为债券久期。麦考利久期等于债券每次息票或债券本金支付时间的加权平均。

（一）麦考利久期的计算公式

债券每次支付时间的权重是这次支付在债券总价之中所占的比例，这个比例正好等于支付的现值除以债券价格。每次支付的权重 w_t 与在时间 t 所发生的现金流 CF_t 有关，表示为

$$w_t = \frac{\dfrac{CF_t}{(1+y)^t}}{P_0} \tag{8-1}$$

式中，y 为债券到期收益率，公式右边的分子代表在时间 t 所发生现金流的现值，分母代表债券所有支付的现值，即债券的价格。这些权重之和为 1，因为以到期收益率贴现的现金流总额等于债券价格。

用权重 w_t 来计算债券所有支付时间的加权平均，就可以得到麦考利久期的公式：

$$D = \sum_{t=1}^{T} t \times w_t \qquad\qquad (8-2)$$

其中，T 为债券到期的期限。

（二）麦考利久期的含义

下面通过图例来形象地说明麦考利久期的含义。图 8-1 显示了当到期收益率为 10％时，8 年期面值为 1000 元，息票率为 9％（每年付息一次）的债券的现金流，前 7 次仅有息票收入的现金流，最后一次的现金流为息票加上面值。每一个条形最上面的高度就是现金流的大小，中间的高度是该现金流按 10％的贴现率折现后的现值。如果把现金流示意图看作平衡秤，那么债券的久期就是秤的支点，秤杆两边的现金流平衡。在图 8-1 中，平衡点为5.97 年，即债券的久期。麦考利久期实际上就是每次偿付期限的加权平均，且权重与每次偿付现金流的现值成正比。

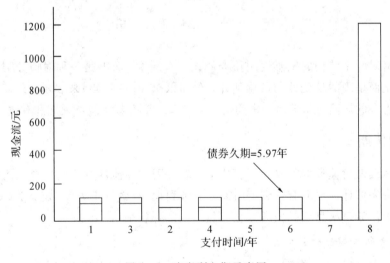

图 8-1　麦考利久期示意图

（三）麦考利久期的计算举例

【例 8-1】　面值均为 1000 元的票面利率为 8％的债券和零息债券，息票债券半年付息一次，两种债券的期限都是 2 年，到期收益率均为 10％。求两种债券的久期。

解　表 8-1 列出了两种债券久期的计算过程及结果。由计算结果可知，零息债券的久期正好等于 2 年，2 年期债券的久期稍短，为 1.8852 年。

表 8-1 两种债券久期的计算

债　券	时期	到期支付时间/年	现金流	现金流现值（每期 5％的折现率）	权重	到期支付时间×权重
A：利息为 8％的债券	1	0.5	40	38.095	0.0395	0.0197
	2	1.0	40	36.281	0.0376	0.0376
	3	1.5	40	34.554	0.0358	0.0537
	4	2.0	1040	855.611	0.8871	1.7741
总　计				964.540	1.0000	1.8852
B：零息债券	1	0.5	0	0.000	0.0000	0.0000
	2	1.0	0	0.000	0.0000	0.0000
	3	1.5	0	0.000	0.0000	0.0000
	4	2.0	1000	822.702	1.0000	2.0000
总　计				822.702	1.0000	2.0000

注：半年期利率为 0.05；权重＝每笔现金收入的现值/债券价格。一般所说的债券久期，如果没有特别强调，就是指麦考利久期。

二、修正久期

已经知道长期债券比短期债券对利率的变动更为敏感，久期能测度并量化这种关系。具体而言，当利率变化时，债券价格的变化率与其到期收益率的变化是相关的，用公式表达如下：

$$\frac{\Delta P}{P} = -D\frac{\Delta(1+y)}{1+y}$$

债券价格的变化率等于债券久期乘以（1＋债券收益率）的变化率。实践中，运用上式时，形式略有不同，修正久期可表示为：$D^* = D/(1+y)$。由于 $\Delta(1+y) = \Delta y$，于是上式可以改写为

$$\frac{\Delta P}{P} = -D^*\Delta y \tag{8-3}$$

证明 由债券价格 $P = \sum_{t=1}^{T}\frac{CF_t}{(1+y)^t}$ 可得

$$\frac{dP}{dy} = -\sum_{t=1}^{T}\frac{t \times CF_t}{(1+y)^{t+1}} = -\frac{1}{1+y}DP$$

所以

$$\frac{\mathrm{d}P}{P} = -\frac{1}{1+y}D\mathrm{d}y$$

令 $D^* = D/(1+y)$，近似得到

$$\frac{\Delta P}{P} = -D^* \Delta y$$

债券价格的变化率正好是修正久期和债券到期收益率变化的乘积。

【例 8-2】 考虑一 2 年期、票面利率为 8% 且半年支付一次的债券，其出售价格为 964.54 元，到期收益率为 10%。请问债券的久期和修正久期分别是多少？假定收益率从 10% 上涨至 10.02%，那么债券的价格变化率是多少？已知该债券面值为 1000 元。

解 根据式(8-2)可得债券的久期是 1.8852 年。因为债券利息是每半年偿付一次，最好把半年定为一个周期。于是，债券的久期是 $1.8852 \times 2 = 3.7704$ 个半年周期，且每一周期的利率是 5%。因此，债券的修正久期是 $3.7704/1.05 = 3.591$ 个周期。

当半年收益率从 5% 上涨至 5.01% 时，根据式(8-3)，债券价格的变化为

$$\frac{\Delta P}{P} = -D^* \times \Delta y = -3.591 \times 0.01\% = -0.0359\%$$

现在直接计算债券的价格变化。根据现金流折现法，息票债券的初始销售价格是 964.54 元。当收益率涨至 5.01% 时，价格下降到 964.19 元，下降了 0.0359%。

对于零息债券来说，如果按久期的时间来计算，那么零息债券的初始卖价是 $1000/1.050^{3.7704} = 831.9704$ 元；

当半年收益率涨至 5.01% 时，零息债券的初始卖价是 $1000/1.0501^{3.7704} = 831.6717$ 元，价格下降了 0.0359%。

因此得出结论，相同久期的债券实际上利率敏感性相同，并且价格变化百分比(至少对于收益变化小的债券而言)等于修正久期乘以收益变化。

【思考题 8-1】 在连续复利的情况下，麦考利久期与修正久期之间的关系是如何变化的？

三、有效久期

对嵌入期权等更为复杂的债券,不能用现金流时间加权的简单公式来计算久期,此时有效久期是对利率敏感性的测度方法。有效久期被定义为债券价格变化率与市场利率变化量之比,计算公式如下:

$$有效久期 = -\frac{\dfrac{\Delta P}{P}}{\Delta r} \tag{8-4}$$

【例 8-3】 假设可赎回债券的赎回价格为 1050 元，今天的售价是 980 元。如果收益率曲线上移 0.5％，债券价格将下降至 930 元；如果收益率曲线下移 0.5％，债券价格将上升至 1010 元。试计算该债券的有效久期。已知债券面值是 1000 元。

解 为了计算有效久期，首先应计算：

$$\Delta r = 0.5\% - (-0.5\%) = 1\% = 0.01$$
$$\Delta P = 930 - 1010 = -80(\text{元})$$

那么，债券的有效久期为

$$\text{有效久期} = -\frac{\dfrac{\Delta P}{P}}{\Delta r} = -\frac{\dfrac{80}{980}}{0.01} = 8.16(\text{年})$$

换言之，利率在现值左右波动 1％，债券价格变化 8.16％。

【思考题 8-2】 麦考利久期、修正久期和有效久期有何不同？

四、久期法则

为了了解久期的决定因素，首先考虑两个特殊债券：零息债券和永久年金。

久期法则 1：零息债券的久期等于它的到期时间。

证明 根据式(8-2)可以直接求得，详略。

久期法则 2：永久年金的久期 $=\dfrac{1+y}{y}$。

证明 设终身年金债券每年收益率为 y，每年支付 C 元，则终身年金债券的价值为

$$P = \frac{C}{1+y} + \frac{C}{(1+y)^2} + \cdots + \frac{C}{(1+y)^n} + \cdots = \frac{C}{y}$$

由于 $W_t = \dfrac{C}{(1+y)^t} \cdot \dfrac{1}{P} = \dfrac{y}{(1+y)^t}$，所以

$$D = \frac{y}{(1+y)} + \frac{2y}{(1+y)^2} + \frac{3y}{(1+y)^3} + \cdots + \frac{ny}{(1+y)^n} + \cdots$$

注意到

$$\frac{1}{1+y} \times D = \frac{y}{(1+y)^2} + \frac{2y}{(1+y)^3} + \cdots + \frac{(n-1)y}{(1+y)^n} + \frac{ny}{(1+y)^{n-1}} + \cdots$$

以上两式相减并化简得到

$$D = \frac{1+y}{y}$$

由于债券价格对市场利率变化的敏感性受息票率、到期时间和到期收益率三个因素的影响，久期法则也与这三个方面有关。

久期法则 3：到期时间不变，当息票率较高时，债券久期较短。

久期法则 4：如果票面利率不变，债券久期通常会随着期限的增加而增加。债券以面值或者超出面值销售，久期总是随期限的增加而增加。

久期法则 5：保持其他因素不变，当债券的到期收益率较低时，息票债券的久期会较长。

久期是债券长期特征的一个重要测度，因为久期可以解释息票支付。图 8 - 2 举例诠释了久期法则。在图 8 - 2 中，零息债券的期限和久期相同；息票债券的久期斜率小于 1，即期限增加一年，久期的增加不足一年。比较票面利率为 3％和 15％的两种债券，它们的到期收益率均为 15％，但是票面利率为 15％的债券的久期曲线位于更下方；对于票面利率均为 15％、到期收益率分别为 6％和 15％的债券，到期收益率为 15％的债券的久期曲线位于更下方。

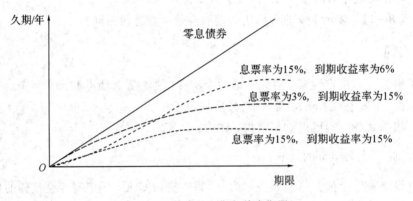

图 8 - 2 债券的久期与债券期限

第二节 凸 性

一、债券价格的非线性变化

（一）久期的局限性

作为对利率敏感性的测度，久期是固定收益资产组合管理的重要工具。然而，关于利率对债券价格的影响问题，久期法仅仅是一种近似值。在图 8 - 3 中，期限为 30 年的债券的票面利率为 8％、初始到期收益率为 8％，实线表示债券的实际价格变化，虚线表示久期近似值。图 8 - 3 清楚地表明，债券价格和收益率之间不是线性关系。所以，对于债券收益率发生的较小变化，久期法则可以给出良好的近似值。但对于较大的变化，久期给出的数值就不太精确。

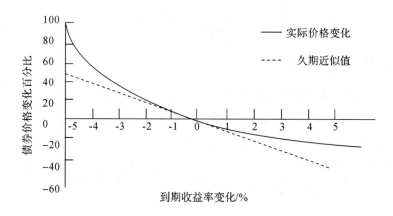

图 8 - 3 债券价格的凸性

从图 8 - 3 中可以看出，久期近似值总是低于债券的价值。当收益下降时，它低估了债券价格的上升；当收益上升时，它高估了债券价格的下降。这是因为实际的债券价格-收益关系曲线的形状是凸性的。价格-收益曲线的曲率叫做债券的凸性。

凸性一般被看作债券价格的必要特征，并将其表示为债券价格的一部分。对于凸性大的债券，在收益下降时的价格变化要大于在收益上涨时的价格变化。

（二）凸性的定义

债券的凸性是指价格-收益曲线的曲率。具体来说，债券凸性等于价格-收益曲线的二阶导数（斜率的变化率）除以债券价格：凸性 $= 1/P \times \mathrm{d}^2 P / \mathrm{d} y^2$，期限为 T 年且每年付息一次的债券凸性（convexity）计算公式为

$$凸性 = \frac{1}{P \times (1+y)^2} \sum_{t=1}^{T} \left[\frac{\mathrm{CF}_t}{(1+y)^t} (t^2 + t) \right] \tag{8-5}$$

式中，CF_t 为 t 日期支付给债券持有人的现金流，代表到期前的利息支付或是在到期日的最后利息加上面值。

证明 由于 $\dfrac{\mathrm{d}P}{\mathrm{d}y} = - \sum_{t=1}^{T} \dfrac{t \times \mathrm{CF}_t}{(1+y)^{t+1}}$，所以

$$凸性 = \frac{1}{P} \times \frac{\mathrm{d}^2 P}{\mathrm{d} y^2} = \frac{1}{P \times (1+y)^2} \sum_{t=1}^{T} \left[\frac{\mathrm{CF}_t}{(1+y)^t} (t^2 + t) \right]$$

二、债券价格变化近似公式的修正

考虑凸性时，$\Delta P / P = -D^* \Delta y$ 可以修正为

$$\frac{\Delta P}{P} = -D^* \Delta y + \frac{1}{2} \times 凸性 \times (\Delta y)^2 \tag{8-6}$$

证明 将债券价格 $P = \sum\limits_{t=1}^{T} \dfrac{CF_t}{(1+y)^t}$ 按泰勒公式展开为

$$\Delta P = -\frac{1}{1+y}DP\Delta y + \frac{1}{2}\sum_{t=1}^{T} t \times (t+1) \times \frac{CF_t}{(1+y)^{t+2}}\Delta y^2 + \cdots$$

取前两项,即忽略第二项以后的项,可以得到

$$\frac{\Delta P}{P} \approx -\frac{1}{1+y}D\Delta y + \frac{1}{2P}\sum_{t=1}^{T} t(t+1)\frac{CF_t}{(1+y)^{t+2}}\Delta y^2$$

又

$$凸性 = \frac{1}{P} \times \frac{\mathrm{d}^2 P}{\mathrm{d}y^2} = \frac{1}{P \times (1+y)^2}\sum_{t=1}^{T}\left[\frac{CF_t}{(1+y)^t}(t^2+t)\right]$$

代入上式得

$$\frac{\Delta P}{P} = -D^* \Delta y + \frac{1}{2} \times 凸性 \times (\Delta y)^2$$

【例 8-4】 图 8-3 中,债券期限是 30 年期,票面利率是 8%,每年付息一次,出售时初始到期收益率为 8%。因为票面利率等于到期收益率,债券以面值或 1000 元出售。在初始收益时债券的修正久期为 11.26 年,凸性为 212.4。如果债券收益率从 8% 上升至 10%,债券价格变化的百分比是多少? 如果债券收益率从 8% 上升至 8.1%,债券价格变化的百分比又是多少?

解 如果债券收益率从 8% 上升到 10%,债券价格将降至 811.46 元,下降 18.85%。

根据久期法则,价格变化幅度为

$$\frac{\Delta P}{P} = -D^* \Delta y = -11.26 \times 0.02 = -0.2252 = -22.52\%$$

这比债券价格实际下降的幅度更大。带凸性的久期法则,式(8-6)更为准确,即

$$\frac{\Delta P}{P} = -D^* \Delta y + \frac{1}{2} \times 凸性 \times (\Delta y)^2 = -11.26 \times 0.02 + \frac{1}{2} \times 212.4 \times (0.02)^2$$

$$= -0.1827 = -18.27\%$$

这更接近债券的实际变化。

如果收益率变化很小,比如 0.1%,则凸性无足轻重。债券价格实际下降至 988.85 元,降幅为 1.115%。如果不考虑凸性,预测价格变化为

$$\frac{\Delta P}{P} = -D^* \Delta y = -11.26 \times 0.001 = -0.011\,26 = -1.126\%$$

考虑凸性,可以得到更加精确的答案:

$$\frac{\Delta P}{P} = -11.26 \times 0.001 + \frac{1}{2} \times 212.4 \times (0.001)^2 = -0.011\,15 = -1.115\%$$

在这种情况下,即使不考虑凸性,久期法则也相当精准。

久期近似值反映了债券价格对债券收益率变化的敏感程度，考虑凸性可以大幅度改进久期近似值的准确性。

三、凸性的选择

（一）两种债券的凸性

凸性一般被认为是一个备受欢迎的特性，凸性大的债券在收益率下降时的价格上升幅度大于在收益率上涨时的价格下跌幅度。图8-4中，债券A和债券B在初始收益率时的久期相同。令价格变化率为利率变化的函数，则这两个函数的曲线在0点处是相切的，这表示它们对收益率变化的敏感性在该切点处相同。但是，债券A比债券B更凸性一些。当利率波动较大时，债券A的价格上涨幅度更大而价格下降幅度更小。如果利率不稳定，这是一种有吸引力的不对称，可以增加债券的期望收益率，债券A会从利率下降中得到更多的好处，而从利率上升中承受较少的损失。因此，对凸性较大的债券而言，投资者必须付出更高的价格及更低的到期收益率。

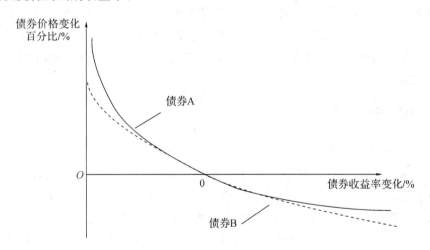

图8-4　两种债券的凸性

（二）正凸性与负凸性

图8-5描述了可赎回债券的价格-利率曲线。当利率较高时曲线是凸的，当利率下降时，可能的价格会有一个最高限度：债券价格不会超过其赎回价格，也可以说，债券的价值被压低到赎回价格，即存在价格限制。图8-5中，根据价格-收益率曲线与其切线位置的高低不同，分为正凸性区和负凸性区。

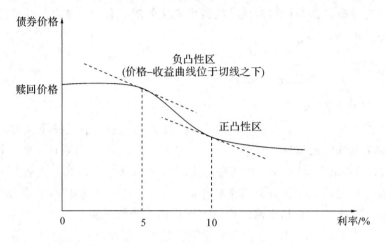

图 8-5　可赎回债券的价格与利率的关系

注意：在负凸性区，价格-收益曲线表现出不吸引人的非对称性，对于等规模的利率变化幅度，利率上升导致价格下跌幅度大于利率下降引起的价格上涨幅度。这种非对称性源于一个事实：债券发行者保留赎回债券的选择权。如果利率上升，债券持有人会有损失，这与不可赎回债券的情形是一样的。但是，如果利率下跌，投资者不是得到高的资本利得，而是被赎回债券。

四、久期和凸性的性质

（一）债券的持有期限与收益

市场利率的变化对债券收益的影响表现在两个方面：市场利率变化引起的债券价格变化和利息再投资收益的变化。这两个方面哪个对债券投资的收益影响更大，取决于债券的持有期限。下面通过例题探究债券持有期限与债券收益之间的关系。

【例 8-5】　假定有一张 4 年期年利率为 10％且每年付息一次的债券，到期收益率为 10％，面值和市场交易价格为 1000 元。如果投资者购买该债券后，第二天市场利率就上升到 12％，假定投资者持有债券的期限有 1 天（即在第二天就卖出）、2 年和 4 年三种情况，问投资者的投资收益率各是多少？

解

（1）持有期为 1 天，短期内债券价格下降到 939.25 元，则

$$投资收益率 = (939.25 - 1000)/1000 = -6.1\%$$

（2）持有期为 2 年，2 年后债券价格为 966 元，则两年后共计收入为

$$100 + 100 \times (1 + 12\%) + 966 = 1178（元）$$

债券投资获得的年收益率为

$$y=(1+r_2)^{\frac{1}{2}}-1=\sqrt{1178/1000}-1=8.54\%$$

（3）持有期为 4 年，则到期收回资金为

$$1000+\sum_{i=0}^{3}100(1+12\%)^i=1477.9(元)$$

年收益率为

$$y=(1+r_4)^{\frac{1}{4}}-1=\sqrt[4]{1477.9/1000}-1=10.26\%$$

比原定的 10% 收益率更高。

从例 8-5 可以看出，在债券短期投资和持有到期之间存在资本利得和利息再投资收益正好相互抵消的持有期限，在这个期限上债券投资的利率风险很小。事实上，这个期限就是久期。在上例中，该债券的久期是 3.49 年，也就是说只要债券持有大约三年半，就可以避免大部分利率风险。

（二）久期和凸性的性质

债券的久期和凸性具有如下性质：

（1）债券的久期小于等于债券的到期期限，零息债券的久期等于债券的到期期限。

（2）债券的久期和凸性是市场利率的非增函数。

（3）如果投资者持有债券的期限正好等于债券的久期，则利率变动所引起的再投资风险和价格风险正好相互抵消。

证明　假定投资者持有债券的期限为 t，则投资者持有债券到 t 时刻后出售债券得到的价格收入及持有期间的再投资收入总和 FV 满足 $\text{FV}=P(1+y)^t$，其中 y 为市场要求的回报率。

令 $\text{dFV}/\text{d}y=0$，得到

$$\frac{\text{d}P}{\text{d}y}(1+y)^t+Pt(1+y)^{t-1}=-DP(1+y)^{t-1}+tP(1+y)^{t-1}=0 \qquad (8-7)$$

如果式（8-7）成立，可以得到 $t=D$。因此，如果投资者持有债券的期限正好为债券的久期，则投资者持有债券的收益对利率的变动是免疫的。

（4）债券的久期和凸性具有可加性。

证明　考虑一个由 M 个债券组成的债券组合，持有期限为 N 期，债券 $j(j=1,2,\cdots,m)$ 的价格为 P_j，久期为 D_j，凸性为 cv_j，市场对其要求的回报率为 k_j，债券组合的现值为 P，久期为 D，凸性为 cv。

设债券 j 在债券组合中的权重 $w_j=\dfrac{P_j}{P}$，由久期的定义可得

$$D = \frac{\sum\limits_{t=1}^{N} t \sum\limits_{j=1}^{M} \frac{C_t}{(1+k_j)^t}}{P} = \frac{\sum\limits_{t=1}^{N} t \sum\limits_{j=1}^{M} \frac{C_t}{(1+k_j)^t} w_j \frac{P}{P_j}}{P} = \frac{\sum\limits_{j=1}^{M} w_j \frac{P}{P_j} \sum\limits_{t=1}^{N} \frac{tC_t}{(1+k_j)^t}}{P} = \sum\limits_{j=1}^{M} w_j D_j$$

类似的，我们可以得到

$$cv = \sum_{j=1}^{M} w_j cv_j$$

第三节 债券组合管理方法

从总体来看，债券组合管理方法可以分为消极债券管理和积极债券管理两大类。债券组合管理者根据资金来源和用途来选择合适的管理方法。

一、消极的债券管理策略

消极的债券管理者认为债券的市场价格是合理的，并且仅仅试图控制固定收益资产组合的风险。在固定收益市场中有两种经常使用的消极债券管理策略。一种是指数策略，该策略试图复制既定债券指数的业绩；另一种是免疫策略，免疫策略被机构投资者广泛用于规避金融头寸的利率波动风险。在处理风险敞口时，一个债券指数资产组合与其相联系的债券市场指数有同样的风险-回报率。相比而言，免疫策略寻求建立一种几乎是零风险的资产组合，其中利率变动对公司的价值没有任何影响。

（一）债券指数基金

债券市场的指数的构建思路与股票市场的指数相似，即创建一个能代表指数结构的债券资产组合，而该指数能够反映大市。一般来说，债券市场指数都是总收益的市场价值加权平均指数，指数内债券的久期超过一年。当债券的久期低于一年时，债券不断从指数中被剔除。此外，新债券发行时，会被加入指数中。

债券指数投资组合形成中出现的第一个问题在于：这些指数包含数千只债券，很难在指数组合中按市场价值的比例购买每一只债券。因为用于计算债券指数的证券不断变化，债券指数基金面临着比股票指数基金更难的再平衡问题。由于债券产生的利息必须进行再投资，这使得指数基金的管理更为复杂。

在实践中，由于完全大规模复制债券指数是不可行的，通常采用分层抽样和单元格方法与债券指数进行匹配。表 8-2 表明了分格方式的思想。首先，债券市场被分为若干类别，表 8-2 采用了一种用期限和发行人划分的简单二分法。但实际上，债券票面利率和发行人的信用风险等因素也会用于形成网络，在每一网格下的债券被认为是同质的。其次，每个网格在全部债券中所占的百分比会被计算和报告，如表 8-2 中的几个网格所示。最后，资产组合管理者建立一种债券资产组合，该资产组合中每一单元债券所占的比例与该单元在全部债券中所占的比例相匹配。通过这种方法，在期限、票面利率、信用风险和债券所属行业等方面，使得资产组合特征与指数特征相匹配。因此，资产组合的业绩将与指数业绩相匹配。

表 8-2 债券分层网络　　　　　　　　　　　　　　　　　　　　%

剩余期限	国债	机构	按揭抵押	工业	金融	公共事业	熊猫
<1 年	12.1						
1～3 年	5.4						
3～5 年			4.1				
5～7 年							
7～10 年		0.1					
10～15 年			9.2			3.4	
15～30 年							
30 年以上							

(二) 免疫原理

与指数策略不同，许多机构投资者试图使它们的资产组合免于受到整个利率风险的影响。一般而言，对这种利率风险的影响有两种观点：银行这类机构，关注保护净市值或是公司的净市场值不受利率浮动的影响；养老基金之类的投资者可能面临在若干年后要支付的债务。但是，银行和养老基金面临的共同问题都是利率风险。

免疫技术是指银行、养老基金等机构投资者用以使整个金融资产免受利率波动影响的策略。可能采取的形式有免疫净值和免疫固定收益资产组合的未来累计值。

免疫背后的思想是久期匹配的资产和负债可以使资产组合免受利率波动的影响，即通过匹配资产与负债的久期来完成对全部资金的免疫。

【例 8-6】 某保险公司推出的担保投资证书(GIC)价格为 1 万元，期限为 5 年，担保利率为 8%，则 5 年后要支付 14 693.28 元。现保险公司采用 1 万元 8% 的年息票的债券来筹集该笔债务，该债券以面值出售，且 6 年到期。问 5 年后该债券投资的终值是否可抵消 GIC 的债务？

解 表 8-3A 表明如果利率维持在 8%，债券累计的将来值会上涨至与负债相等的 14 693.28 元。在 5 年期间，每年年底的利息收入是 800 元，以当前的 8% 的市场利率再投资，到期时，债券可以 10 000 元的面值卖出。5 年之后，再投资利息和债券出售的收益加在一起的总收入正好是 14 693.28 元。表 8-3B 表明，如果利率降至 7%，债券的全部将来值将会累计到 14 694.05 元，有 0.77 元的小额盈余。表 8-3C 表明如果利率升至 9%，债券全部将来值将会累计至 14 696.02 元，有 2.74 元的小额盈余。

图 8-6 展示了债券现值和一次性支付债务与利率的函数关系。在当前利率为 8% 时，两者价值相等，债务完全可以由债券来偿付，而且两个价值曲线在 $y=8\%$ 处相切。当利率变动时，资产与债务两者的价值变化相等，债务仍可由债券的收入偿还。但是利率变化越大，现值曲线会偏离。这反映了当市场利率不是 8% 时，债券的累计值有少量的盈余，如表 8-3 所示。

表 8-3　债券组合 5 年后的终值（所有收益进行再投资）

支付次数	剩余年限/年	投资支付的累计价值/元		
A：利率持续为 8%				
1	4	800×1.08^4	=	1088.39
2	3	800×1.08^3	=	1007.77
3	2	800×1.08^2	=	933.12
4	1	800×1.08^1	=	864.00
5	0	800×1.08^0	=	800.00
债券出售	0	10 800/1.08	=	10 000.00
			终值：	14 693.28
B：利率降为 7%				
1	4	800×1.07^4	=	1048.64
2	3	800×1.07^3	=	980.03
3	2	800×1.07^2	=	915.92
4	1	800×1.07^1	=	856.00
5	0	800×1.07^0	=	800.00
债券出售	0	10 800/1.07	=	10 093.46
			终值：	14 694.05
C：利率升为 9%				
1	4	800×1.09^4	=	1129.27
2	3	800×1.09^3	=	1036.02
3	2	800×1.09^2	=	950.48
4	1	800×1.09^1	=	872.00
5	0	800×1.09^0	=	800.00
债券出售	0	10 800/1.09	=	9908.26
			终值：	14 696.02

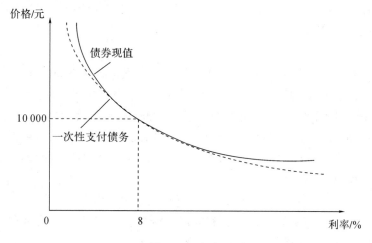

图 8-6　免疫

通过计算不同利率下债券的久期可知，当利率为 8% 时，债券的久期是 5 年；当利率为 7% 时，债券的久期是 5.02 年；当利率为 9% 时，债券的久期是 4.97 年。因此，债务能够对利率风险免疫。那么债务有了免疫，为什么累计值里还会有剩余？答案是因为凸性。图 8-6 表明债券的凸性大于负债。当利率变动很大时，债券价值大大超过了债务的现值。

【例 8-7】　某保险公司必须在 7 年后支付 19 487 元，当前市场利率为 10%，债务的现值是多少？如果公司的资产组合经理计划用 3 年期零息票债券和年息票支付的终身年金来筹集债务，如何使得债务免疫？

解　免疫要求资产组合的久期等于债务的久期。可按以下四个步骤进行规划：

(1) 计算债务久期。这种情况下，债务的久期就是这个一次性支付的 7 年期负债的时间。

(2) 计算资产组合的久期。资产组合的久期是每部分资产久期的加权平均，权重与每部分资产的资金成比例。零息债券的久期就是其到期期限，即 3 年。终身年金的久期是 $1.10/0.10 = 11$ 年。因此，如果投资零息债券的资产组合权重为 w，投资终身年金的权重为 $1-w$，那么资产组合的久期为

$$资产组合久期 = w \times 3 + (1-w) \times 11$$

(3) 使得资产组合的久期等于负债久期，即 7 年。可以从以下的方程式中求出 w：

$$w \times 3 + (1-w) \times 11 = 7$$
$$w = 0.5$$

这意味着 $w = 0.5$ 时，管理者应该用一半的资产投资零息债券，用另一半资产投资终身年金，资产组合的久期将为 7 年。

(4) 筹集足够资金偿还债务。根据现金流折现法负债的现值是 10 000 元，且资金平均投

资到零息债券和终身年金,那么管理者需要购买 5000 元的零息债券和 5000 元的终身年金。

【例 8 - 8】 在上例中,如果 1 年后市场利率仍维持在 10%,上述资产组合是否仍然免疫?

解 过了一年,市场利率仍维持在 10%,但是管理者需要重新考察资产组合的头寸。首先,考察资金。债务的现值上涨至 11 000 元,到期期限又少了一年。管理者的资金也涨至 11 000 元;随着时间推移,零息债券的价值从 5000 元上涨至 5500 元,而终身年金已经支付了每年 500 元的利息,且价值仍为 5000 元。因此,负债还是可以被完全偿还。但是,资产组合的权重变化了。现在零息债券的久期只有 2 年,而终身年金仍然是 11 年。债务现在是 6 年到期,所以权重需要满足下式

$$w \times 2 + (1-w) \times 11 = 6$$

计算得到 $w = 5/9$。这意味着为了再平衡资产组合使得久期匹配,现在管理者必须投资 11 000 × 5 ÷ 9 = 6111.11 元的零息债券,也就是将全部 500 元的利息支付加上额外出售 111.11 元的终身年金一并投资于零息债券。

可见,随着时间的推移和利率的变化,为保持净头寸的免疫,资产组合必须定期进行再平衡。上例强调了再平衡免疫资产组合的重要性,当利率和资产久期变化时,管理者必须不断平衡固定收益资产组合,使资产和债务的久期一致。此外,即使利率不变,仅仅因为时间推移,资产久期也会发生变化。即使在开始时负债是有免疫的,随着时间推移,在利率不同时,资产和负债的久期会以不同的比率下降。如果没有资产组合的平衡,久期将会不再匹配。免疫是一种消极策略,但是免疫策略管理者还是积极地更新和监控其头寸。

传统的免疫必须依赖于平坦的收益率曲线的平行移动。但这一假设是不现实的,通常免疫不能完全实现。为了减轻这一问题的严重程度,可以运用多因素的久期模型允许收益率曲线的形状有所变化。另一种更为直接的免疫形式是现金流匹配,如果资产组合的现金流能够与相关负债的现金流完全匹配,那么再平衡就没有必要。

【思考题 8 - 3】 假定今天以 6% 的年收益率购买了 10 年国债且第 2 天利率上升到 8%。你的投资结果将会怎样?

(A) 你赚钱了。

(B) 你赔钱了。

(C) 什么也没有发生。

(D) 以上都可能发生。

二、积极的债券管理策略

(一)潜在利润来源

一般而言,积极的债券管理中有两种潜在利润来源。第一种是利率预测,试图预计固

定收益市场范围的利率动向。如果预计利率下降，管理者将增加投资组合的久期，反之则减少。第二种是在固定收益市场内识别错误的估值，只有分析师的信息或洞察力超越市场，这些方法才能产生超额收益。

霍默和利博维茨提出了一种积极债券资产组合策略的分类法，他们把资产组合再平衡活动归纳为四种类型的债券互换。在前两类方法中，投资者一般认为债券或部门之间的收益率关系会有暂时的错乱，当错乱消失后，低估债券就可以实现盈利。这段重新调整的时间被称为市场疲软期。

（1）替代互换是一种债券与几乎相同的替代品的交换。被替代的债券与替代品应该基本上有相等的票面利率、期限、质量、赎回条款、偿债基金条款等。

（2）市场间价差互换是投资者认为在债券市场的两个部门之间的利差暂时异常时出现的投资行为。例如：如果公司和政府之间的利差太大并预计会收窄，投资者将从购买政府债券转向购买公司债券。

（3）利率预期互换是盯住利率的预测。在这种情况下，如果投资者认为利率会下降，他们会互换成久期更长的债券。反之，当预计利率上升时，他们会互换成久期更短的债券。

（4）纯收益获得互换是通过持有高收益债券增加回报的一种方式，而不是觉察错误估值。当收益率曲线向上倾斜时，收益获得互换是指买入长期债券，这种行为被看作在高收益债券中尝试获得期限风险溢价，投资者愿意承受这种策略带来的利率风险。只要持有期收益率曲线不发生上移，投资者把短期债券换成长期债券就会获得更高的收益率。

（二）水平分析

水平分析是利率预测的一种类型。水平分析是指在各种持有期或投资水平下，预测实现的复合收益率。在这一分析中，首先，预测在某一持有期结束时收益率曲线的位置；其次，根据收益率曲线预测有关债券的价格；然后，根据整个持有期的预期总收益（利息和利息再投资收益加上资本利得）对债券排序。

【例 8 - 9】　假设以 980 元的价格购买一只面值 1000 元的 30 年期、票面利率为 7.5%（按年度支付）的债券（其到期收益率为 7.67%），并计划持有 20 年。当出售该债券时，预计到期收益率为 8%，利息再投资收益率为 6%。在投资期限结束时，该债券剩余期限为 10 年，因此该债券的预计卖价为 966.45 元（按照 8% 的到期收益率）。20 年利息支付由于复利涨至 2758.92 元（20 年期利率为 6% 的 75 元年金的终值）。

基于以上预测，980 元的投资在 20 年内将涨至：966.45＋2758.92＝3725.37 元，则年复合收益率为

$$V_0(1+r)^{20} = V_{20}$$
$$980(1+r)^{20} = 3725.37$$

$$r = 6.90\%$$

（三）暂时免疫

暂时免疫是利伯维茨和温伯格提出的一种混合消极-积极策略。假定当前利率是 10％，且管理者的资产组合的现在价值是 1000 万元。以现在的利率，管理者会通过暂时免疫的方法锁定 2 年后资产组合的将来价值是 1210 万元。现在假定管理者想使用积极管理策略，但是愿意承担的损失风险是资产组合的最终价值不低于 1100 万元。通过计算可知 1100 万元的现值只有 909 万元，这是要求达到最小可接受的最终价值。由于资产组合的当前价值是 1000 万元，管理者在初期有可能承担一些损失的风险，开始会采用一种积极管理策略而不是立即实施免疫。

本 章 小 结

（1）即使是没有违约风险的债券，仍然有利率风险。一般而言，长期债券比短期债券对利率变动更加敏感。债券平均支付的指标是麦考利久期，它被定义为债券每次支付时间的加权平均，其权重与支付的现值成比例。

（2）久期是债券价格对收益率变化敏感度的直接测度。债券价格的变化比例等于久期的负值乘以(1＋债券收益率)的变化比例。

（3）债券的价格-收益关系的曲率被称为凸性。考虑凸性可以大幅度改进债券价格的久期近似值的准确性，而债券价格的久期近似值反映了债券价格对债券收益率变化的敏感程度。

（4）免疫策略是消极固定收益资产组合管理的特征，使得资产组合免于受到利率波动的影响。可能采用的形式有免疫净值和免疫固定收益资产组合的未来累计值。

（5）计划对全部资金的免疫是通过匹配资产与负债的久期来完成的。随着时间的推移和利率变化，为保持净头寸的免疫，必须定期对资产组合进行再平衡。

（6）积极的债券管理包括利率预测技术和识别错误估值。一种常见的分类方法是把积极债券管理策略分为替代互换、市场间价差互换、利率预期互换和纯收益获得互换。

第九章　股票估值

本章要点

- 基本面比较评估法
- 股息贴现模型
- 收益评估模型

第一节　基本面比较评估法

一、同行业公司的财务报表比较

（一）比较估值

基本面分析的目的是发现被错误定价的股票。股票的真实价值可以从一些可观察到的财务数据中得出，这些数据可以从多种途径方便地获得，如公司的财务报表等。根据公司的关键财务数据可以知道一些比较估值比率，比如市盈率、股价/账面市值、股价/销售收入等，这些比较估值比率通常用于评估一家公司相对于同行业其他公司的价值，通过比较可以发现公司的股价是被高估或低估。下面通过案例进行说明。

【案例 9 - 1】　表 9 - 1 列出了海外某公司在 2006 年 3 月 8 日报告的关键财务数据选录。

表 9 - 1　某公司的关键财务数据（2006 年 3 月 8 日）

当前季度末	2005 年 10 月	当前年末	2005 年 6 月
综合信息			
当前股价/美元	26.910 000	实际普通股股东/人	149 668
发行在外股份数（$\times 10^6$）	10 384.000	实际雇员/人	61000
资本市值/百万美元	279 433.440	标准普尔评级	—

最近 12 个月	公司	年度变化(%)	—
销售收入/百万美元	41 359.000	7.5	
息税折旧前利润/百万美元	17 935.000	8.1	
净收入/百万美元	13 057.000	30.6	
经营活动产生的每股收益/美元	1.25	12.6	
每股股利/美元	0.320 000	−89.9	
估值	公司	行业平均	
股价/经营活动产生的每股收益	21.5	—	
股价/账面价值	6.3	4.1	
股价/销售收入	6.8	6.0	
股价/现金流	19.8	18.8	
盈利/%			
股价收益率	29.5	18.5	
资产收益率	19.4	12.1	
营业利润率	40.9	37.8	
净利润率	31.6	27.6	
财务风险	公司	行业平均	
负债/权益	—	5.8	
现金流/股数	1.4	27.9	
利息支付率	—	98.9	

注：资料来源为《投资学》(滋维·博迪等著，原书第 10 版)。

表 9-1 中的"估值"栏列出了该公司股价与财务报表中经营活动产生的每股收益、账面价值、销售收入和现金流四个项目的比值。这些估值比率通常用于评估一家公司相对于同行业其他公司的价值。

(二) 账面价值的局限性

财务报表中的资产和负债是基于历史价值而非当前价值来确认的。账面价值衡量的是资产和负债的历史成本，而市场价值衡量的是资产和负债的当前价值。显然，当前价值不等于历史价值。更重要的是，许多资产(如知名品牌的价值和特定专业知识的价值)不包括在资产负债表中。市场价值是基于持续经营假设来衡量公司价值的，一般情况下，股票的市场价值不可能等于其账面价值。

清算价值是指公司破产后，变卖资产、偿还债务以后余下的可向股东分配的价值。因此，股票的价格底线可以由每股清算价值更好地来衡量。若一家公司的市场价值低于其清算价值，该公司将成为被并购的目标。

二、托宾 Q 比率法

评估公司价值的另一个方法是评估公司资产扣除负债后的重置成本。一些观点认为，市场价值不会长期高于重置成本。因为如果市场价值长期高于重置成本，会有越来越多相似公司进入同行业，随着竞争压力的增大将迫使公司的市值下跌，直至与重置成本相等。

公司市值与重置成本的比值被称为托宾 Q 值，即

$$Q = \frac{公司市值}{重置成本} \tag{9-1}$$

它最初是一个宏观经济学的概念，被用来评估公司附加的资本投资是增加了还是减少了公司在金融市场上的价值。因此，它能成为一个评价公司是否值得投资的信号。当 Q 比率小于 1 时，资本投资将减少公司的市场价值，这时候投资是没有必要的；当 Q 比率大于 1时，进行资本投资是必要的，因为它可以增加公司的市场价值。因此，在 Q 比率大于 1 的情况下，应持续进行投资，直至 Q 比率减少到其均衡比率 1 的情形。

从长期来看，公司市值与重置成本的比值将趋于 1，但实际证据却表明该比值在长期内显著不等于 1。为了更好地估计公司价值，通常会把重点转向在持续经营假设前提下的预期未来现金流，并推出了相应的定量模型。

第二节　股利贴现模型

一、一般模型

（一）一些基本概念

1. 内在价值与市场价格

判断股票价格是否被低估的一种方法是比较股票的内在价值与市场价格。股票的内在价值(Intrinsic Value)通常用 V_0 表示，指股票能为投资者带来的所有现金回报的现值，是把股利和最终出售股票的所得用合适的市场贴现率 k 进行折现得到的。市场价格是指股票在二级市场上交易的价格，若股票的内在价值超过其市场价格说明该股票的价格被低估了，值得进行投资。

2. 必要收益率与市场资本化率

对单只股票而言，必要收益率是指为精确预测股票的未来现金流而采用的合适的市场贴现率，是市场对该股票所要求的最低回报率。该回报率与股票的风险是一致的，风险越大，市场对该股票所要求的回报率也越高，这与资本资产定价模型（CAPM）得出的结论也是一致的。在实际运用中，贴现率的一种估计方法就是通过合理地估计出股票的 β 值，利用资本资产定价模型来得出股票的回报率作为贴现率。市场对必要收益率达成的共识被称为市场资本化率。

【例 9-1】 预期一年后股票 X 的股价为每股 59.77 元，其当前市场价格为每股 50 元，且预期公司会派发每股 2.15 元的股利。

(1) 该股票的预期股利收益率、股价增长率和持有期收益率各是多少？

(2) 若该股票的 β 值为 1.15，无风险收益率为 6%，市场投资组合的期望收益率为 14%，股票 X 的必要收益率为多少？

(3) 股票 X 的内在价值是多少？其与市场价格相比是高还是低？

解 （1）预期收益率为

$$预期股利收益率 = \frac{E(D_1)}{P_0} = \frac{2.15}{50} = 4.3\%$$

$$股价增长率 = \frac{E(P_1) - P_0}{P_0} = \frac{59.77 - 50}{50} = 19.54\%$$

$$持有期收益率 = \frac{E(D_1) + E(P_1) - P_0}{P_0} = 4.3\% + 19.54\% = 23.84\%$$

（2）必要收益率为

$$k = r_f + \beta(r_m - r_f) = 6\% + 1.15(14\% - 6\%) = 15.2\%$$

（3）内在价值为

$$V_0 = \frac{E(D_1) + E(P_1)}{1 + k} = \frac{2.15 + 59.77}{1 + 15.2\%} = 53.75（元）$$

高于市场价值，所以应该买入该股票。

（二）模型形式

假设投资者买入某一股票 A，持有期限为一年，该股票的内在价值 V_0 是年末公司派发的股利 D_1 与预期售价 P_1 的现值，则股票的内在价值为

$$V_0 = \frac{D_1 + P_1}{1 + k} \tag{9-2}$$

式中，k 为市场资本化率。若持有期为两年，则股票 A 的内在价值为

$$V_0 = \frac{D_1}{1 + k} + \frac{D_2 + P_2}{(1 + k)^2}$$

当持有期为 H 年时，股票价值为

$$V_0 = \frac{D_1}{1+k} + \frac{D_2}{(1+k)^2} + \cdots + \frac{D_H + P_H}{(1+k)^H} \qquad (9-3)$$

将式(9-3)的价格无限替代下去时，得到

$$V_0 = \frac{D_1}{1+k} + \frac{D_2}{(1+k)^2} + \frac{D_3 + P_3}{(1+k)^3} + \cdots \qquad (9-4)$$

式(9-4)说明股票的价格等于无限期内所有预期股利的现值之和，该式被称为股利贴现模型(DDM)。改写为更一般的形式，得到一般 DDM 模型为

$$V_0 = \sum_{t=1}^{\infty} \frac{D_t}{(1+k)^t} \qquad (9-5)$$

其中，V_0 为股票的价值，D_t 为第 t 期的股利，k 是必要收益率。股利贴现模型(DDM)说明股票的内在价值取决于投资者现在对股利的预期。

二、固定股利增长模型

(一)模型形式

为了对股票进行估值，需要对未来无期限内的股利发放进行预测。固定股利增长模型假定股票每年发放的股利按照某个比例 g 增长，并且满足 $g < k$。因此，股票的内在价值满足

$$V_0 = \frac{D_0(1+g)}{k-g} = \frac{D_1}{k-g} \qquad (9-6)$$

证明 假设第一年末公司派发的股利为 D_1，股利固定增长率为 g，必要收益率为 k，那么根据式(9-5)，股票的内在价值 V_0 为

$$V_0 = \frac{D_1}{1+k} + \frac{D_1(1+g)}{(1+k)^2} + \frac{D_1(1+g)^2}{(1+k)^3} + \cdots$$

两边同乘 $(1+k)/(1+g)$，得

$$\frac{1+k}{1+g}V_0 = \frac{D_1}{1+g} + \frac{D_1}{1+k} + \frac{D_1(1+g)}{(1+k)^2} + \cdots$$

两式相减，得

$$\frac{1+k}{1+g}V_0 - V_0 = \frac{D_1}{1+g}$$

化简得

$$\frac{k-g}{1+g}V_0 = \frac{D_1}{1+g}$$

$$V_0 = \frac{D_1}{k-g} = \frac{D_0(1+g)}{k-g}$$

只有当 g 小于 k 时固定增长的股利贴现模型才可以使用，若预期股利的增长率将超过 k，股票的价值将会是无限大。换句话说，当 g 大于 k 时，该增长率 g 是无法长期保持的。这种情况下的估值模型适用于多阶段股利贴现模型，这点将在后续进行讨论。

在下列情形下，固定增长的股利贴现模型意味着股票价值将会越大。

(1) 预期的每股股利越高；

(2) 市场资本化率 k 越小；

(3) 预期的股利增长率越高。

股利增长模型的另一个含义是股价和股利将按照同样的增长率增长。假设初始时，公司的股票按照内在价值出售，即 $P_0 = V_0$，则有

$$P_0 = \frac{D_1}{k-g}$$

从上式中可以发现，股价和股利是成比例的。因此，总结得出

$$P_1 = \frac{D_2}{k-g} = \frac{D_1(1+g)}{k-g} = \frac{D_1}{k-g}(1+g) = P_0(1+g)$$

【例 9-2】 HFI 公司派发了每股 3 元的年度股利，预期股利将以 8% 的固定增长率增长，该公司股票的 β 值为 1.0，无风险股利为 6%，市场风险溢价为 8%，该股票的内在价值是多少？若你认为该公司股票的风险更高，β 值应为 1.25，那么你估计该股票的内在价值是多少？

解 因为刚刚派发了每股 3 元的股利且股利增长率为 8%，那么可以预测年末将派发的股利为 $3 \times 1.08 = 3.24$ 元。市场资本化率为 $6\% + 1.0 \times 8\% = 14\%$，因此，根据式 (9-6)，该股票的内在价值为

$$V_0 = \frac{D_1}{k-g} = \frac{3.24}{0.14-0.08} - 54(元)$$

若该股票被认为风险应该更高，则其价值应该更低。当其 β 值为 1.25 时，市场资本化率为 $6\% + 1.25 \times 8\% = 16\%$，那么股票的内在价值仅为

$$\frac{3.24}{0.16-0.08} = 40.50(元)$$

【例 9-3】 假设 SSE 公司为其计算机芯片赢得了一份主要合同，该合同非常有利可图，可在不断降低来年每股 4 元股利的前提下，使股利增长率由 5% 上升到 6%。假设市场资本化率为 12%，该公司的股价将如何变化？股票的期望收益率将发生怎样的变化？

解 作为对赢得合同这一利好消息的反映，股价应该会上涨。事实上股价确实上涨了，从最初的

$$\frac{D_1}{k-g} = \frac{4.00}{0.12-0.05} = 57.14(元)$$

上涨到

$$\frac{D_1}{k-g}=\frac{4.00}{0.12-0.06}=66.67(元)$$

宣布利好消息时持有该股票的投资者将会获得实质性的暴利。

另一方面，宣告利好消息后股票的期望收益率仍为 12%，与宣告利好消息前一样。

$$E(r)=\frac{D_1}{P_0}+g=\frac{4.00}{66.67}+0.06=12\%$$

以上结果是成立的。赢得合同这一利好消息将被反应在股价中，但是股票的期望收益率与股票的风险水平一致，股票的风险水平并没有改变，因此期望收益率也不会改变。

【例9-4】 预期年底 IBX 公司将派发每股 2.15 元的股利，且预期股利增长率为 11.2%，若 IBX 公司股票应得收益率为 15.2%。请问：

(1) 该股票的内在价值是多少？

(2) 若 IBX 公司的当前市价等于其内在价值，则预期第二年的股价为多少？

(3) 若某投资者现在购入 IBX 公司的股票，在一年以后收到每股 2.15 元的股利后将股票售出，则预期资本利得（即价格上涨）率是多少？股利收益率和持有期收益率又分别为多少？

解 (1) 股票的内在价值：

$$V_0=\frac{D_1}{k-g}=\frac{2.15}{0.152-0.112}=53.75(元)$$

(2) 第二年的股价：

$$P_1=P_0(1+g)=53.75\times1.112=59.77(元)$$

(3) 预期的资本利得率：

$$\frac{P_1-P_0}{P_0}=\frac{59.77-53.75}{53.75}=\frac{6.02}{53.75}=11.2\%$$

股利收益率：

$$\frac{D_1}{P_0}=\frac{2.15}{53.75}=4\%$$

所以持有期收益率为 4%+11.2%=15.2%，即等于市场资本化率。

（二）增长机会价值

1. 股利增长来源

股利的增长来源于公司盈利的增加，因此股利增长与公司的股利政策相关。如果公司的股利发放政策是稳定的，即公司每年盈利中留存的比例 b 是稳定的，则公司每年盈利中作为红利发放给股东的比例 $1-b$ 也是稳定的，在这种情况下，股利增长率 g 与公司的每股

盈利增长率是一致的，即

$$g = \frac{D_{t+1} - D_t}{D_t} = \frac{(1-b)E_{t+1} - (1-b)E_t}{(1-b)E_t} = \frac{E_{t+1} - E_t}{E_t} \qquad (9-7)$$

式中 E_t 为第 t 年的每股盈利。

假定公司每年新增的股东权益按照 ROE 的比例固定增长，则

$$E_{t+1} = E_t + \text{ROE} \times b \times E_t$$

所以

$$g = \frac{E_{t+1} - E_t}{E_t} = \text{ROE} \times b \qquad (9-8)$$

这种关系也可以通过以下推导过程得出：当净资产收益率不变时，总收益（ROE×账面价值）的增加比例等于公司账面价值的增加比例；不考虑新增发行的股票，可以发现账面价值增加的比例等于用于再投资的收益除以账面价值，因此有

$$g = \frac{\text{用于再投资的收益}}{\text{账面价值}} = \frac{\text{用于再投资的收益}}{\text{总收益}} \times \frac{\text{总收益}}{\text{账面价值}} = b \times \text{ROE} \qquad (9-9)$$

式中 b 为再投资率或留存率。

2. 增长机会现值

现假设某公司投资一个项目的回报率 ROE 高于必要回报率 k，对于这样的公司而言，将所有的盈利以股利的形式发放出去是不明智的，若该公司保留部分盈利再投资到有利可图的项目中时，可赚取较高的收益率，而不仅仅只是公平的市场利率。当该公司选择较低的股利支付率 $(1-b)$ 时，保留较高的盈利留存比例 b，反而会使股价上涨，原因在于：尽管公司的盈余留存政策使股利减少了，但由于再投资产生的利润将使公司资产增加，进而使未来的股利增加，这些都反映在当前的股价中。

图 9-1 反映了两种股利政策下该公司派发的股利变动情况。由图 9-1 可知，较低的再投资率政策可以使公司派发较高的初始股利，但股利增长率低。最终，较高的再投资率政策将提供更高的股利。若高再投资率政策下股利增长得足够快，股票的价值会高于低再投资率政策下股票的价值。

当该公司决定减少当前股利发放用于再投资时，其股价将上涨。股价的上涨反映了再投资的期望收益率高于必要收益率的事实，换句话说，该投资机会的净现值为正值。公司价值的增加等于投资机会的净现值，该净现值也被称为增长机会现值（Present Value of Growth Opportunities，PVGO）。

当公司股票价格等于其内在价值时，则股票价格为

$$P_0 = \frac{D_1}{k-g} = \frac{E_1 \times (1-b)}{k-g} \qquad (9-10)$$

式中，k 为市场资本化率；g 为固定股利增长率；b 为公司盈利中的留存比例。

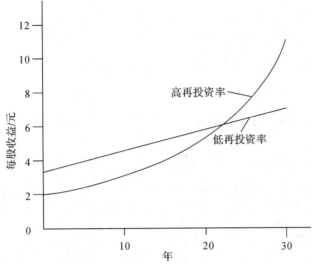

图 9-1　两种盈利再投资模式下的股利增长示意图

式 $b=0$，$g=0$ 的零增长策略下，该公司股票的价值为 E_1/k，即当公司将所有盈利都用于股利发放时，该公司股票的价格。

可以把公司价值当成公司现有资产的价值之和，或者是零增长公司的价值加上公司所有未来投资的净现值（即增长机会现值），即

$$股价＝零增长公司的股价＋增长机会现值$$

用公式表示为

$$P_0 = \frac{E_1}{k} + \mathrm{PVGO} \tag{9-11}$$

式（9-10）表明：如果减少当前股利，把它用于再投资，股价将上涨。但上述结论成立是建立在公司有高利润的投资项目（即 $\mathrm{ROE} > k$）的基础上，公司价值才会增加，才会有增长机会现值。若公司所投资项目的收益率仅与股东自己可以赚取到的收益相等，即使在高再投资率政策下，股东也不能得到更多的利益。当 $\mathrm{ROE} = k$ 时，将资金再投入公司并不能带来什么利益，即相当于 PVGO 等于零的情况。

【例 9-5】 假设公司未来一年的预期是每股盈利 5 元，市场资本化率为 12.5％，假设盈利的 40％ 用于分红，当 ROE 分别为 15％ 和 10％ 时，PVGO 是多少？

解 如果盈利全部用于分红，即 $g=0$，那么 $V_0 = \dfrac{E_1}{k} = \dfrac{5}{12.5\%} = 40$（元/股）。

如果盈利的 40％ 用于分红，即 $b=60\%$，如果 $\mathrm{ROE}=15\%$，则 $g=9\%$，那么

$$V_0 = \frac{E_1(1-b)}{k-g} = \frac{5 \times 40\%}{12.5\% - 9\%} = 57.14(元/股)$$

$$PVGO = 57.14 - 40 = 17.14(元/股)$$

如果 ROE $= 10\%$，则 $g = 6\%$，那么

$$V_0 = \frac{E_1(1-b)}{k-g} = \frac{5 \times 40\%}{12.5\% - 6\%} = 30.77(元/股)$$

$$PVGO = 30.77 - 40 = -9.23(元/股)$$

增长机会价值为负数，这是因为该公司投资项目的净现值为负，其净资产的收益率小于资本的机会成本。

这种公司往往成为被收购的目标，因为其他公司能够以每股 30.77 元的价格购买该公司的股票，进而收购该公司，然后通过改变其投资策略来提高公司价值。例如，如果新管理层把所有盈利都以股利的形式发放给股东，公司价值便能增加到零增长策略时的水平。

三、多阶段增长模型

固定增长的股利贴现模型基于一个简化的假设，即股利增长率是固定不变的。这通常只适用于某些业绩稳定增长的大公司，事实上，公司处于不同的生命周期阶段时所采取的股利政策往往大相径庭。早期，公司有大量有利可图的投资机会，股利支付率低，增长机会较大。公司成熟后，生产能力已足够满足市场需求，竞争者进入市场，难以再发现好的投资机会。在成熟阶段，公司会提高股利支付率，而不是保留盈利，如此虽然股利发放水平提高，但由于缺少增长机会，公司今后的增长将非常缓慢。因此，根据公司生命周期的不同，股利增长模型分为两阶段增长模型、三阶段增长模型和多阶段增长模型等形式。

（一）两阶段增长模型

由于固定股利增长模型并不适用于某些高增长的公司，因此，有人提出两阶段增长模型，如图 9-2 所示。该模型将公司的成长分为两个阶段：第一个阶段是高速增长阶段，第二个阶段是高速增长阶段之后的正常增长阶段。假定公司高速增长阶段的期限为 N 年，高速增长期间的股利增长率为 G，高速增长之后就一直保持正常增长速度 g。因此，股票的理论价格满足

$$P = V_1 + V_2 \tag{9-12}$$

其中

$$V_1 = \sum_{i=1}^{N} \frac{D_0(1+G)^i}{(1+k)^i}$$

$$V_2 = \left[D_N \left(\frac{1+g}{k-g} \right) \right] \times \frac{1}{(1+k)^N}$$

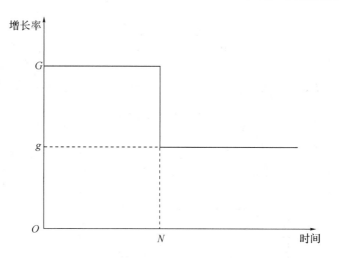

图 9-2 两阶段增长模型

【**例 9-6**】 假定高速增长阶段某公司股票的市场回报率 $k=15\%$，当前发放的红利为每股 1 元，预计该公司还会继续高速增长 5 年，高速增长期间的红利增长率 $G=20\%$，高速增长之后就一直保持正常增长速度 $g=10\%$，则该股票的理论价格为多少？

解 $N=5$，$G=20\%$，$g=10\%$，$D_0=1$，$k=15\%$，由 $P=V_1+V_2$ 得到

$$P = \sum_{t=1}^{5} \frac{D_t}{(1+k)^t} + \frac{D_5}{(1+k)^5} \times \frac{1+g}{k-g} = 5.7 + 27.3 = 33(\text{元})$$

因此，该股票的理论价格为 33 元。

（二）三阶段增长模型

三阶段增长模型假定公司从高速增长阶段到正常增长阶段存在一个过渡阶段，并且在过渡阶段，公司从高速增长的 G 线性地逐渐回落到正常的增长率 g，如图 9-3 所示。我们用 N_1 表示高速增长阶段的期限，用 N_2 表示过渡阶段的期限，则公司在时间 N_1+N_2 后进入正常增长阶段。因此三阶段增长模型得到的理论价格为

$$P=V_1+V_2+V_3 \tag{9-13}$$

其中

$$V_1 = \sum_{t=1}^{N_1} D_0 \left(\frac{1+G}{1+k} \right)^t$$

$$V_2 = \frac{\sum_{t=1}^{N_2} \dfrac{D_{N_1+t}}{(1+k)^t}}{(1+k)^{N_1}}$$

$$V_3 = \frac{\dfrac{D_{N_1+N_2}(1+g)}{k-g}}{(1+k)^{N_1+N_2}}$$

$$D_{N_1+t} = D_{N_1+t-1}\left(1+G-\frac{G-g}{N_2}t\right),\ t=1,\ 2,\ \cdots,\ N_2$$

$$D_{N_1} = D_0(1+G)^{N_1}$$

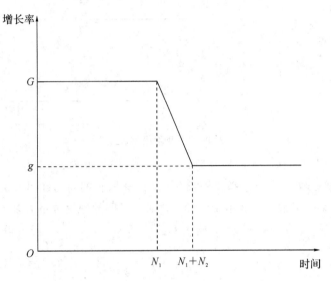

图 9-3　三阶段增长模型

【例 9-7】　假定高速增长阶段某公司股票的市场回报率 $k=16.5\%$，当前发放股利为每股 1 元，预计该公司还会继续高速增长 5 年，5 年后公司进入增长过渡阶段。假定过渡阶段的期限为 10 年，高速增长期间的股利增长率 $G=20\%$，过渡阶段之后就一直保持正常增长速度 $g=10\%$，则该股票的理论价格为多少？

解　$N_1=5$，$N_2=10$，$G=20\%$，$g=10\%$，则

$$V_1 = \frac{1+20\%}{1+16.5\%} + \frac{(1+20\%)^2}{(1+16.5\%)^2} + \cdots + \frac{(1+20\%)^5}{(1+16.5\%)^5} = 5.46(元)$$

$$V_2 = \frac{1}{(1+16.5\%)^5}\left[\frac{(1+20\%)^5(1+20\%-10\%)}{1+16.5\%}\right.$$

$$+ \frac{(1+20\%)^5(1+20\%-10\%)(1+20\%-2\%)}{(1+16.5\%)^2}$$

$$\left. + \cdots + \frac{(1+20\%)^5(1+20\%-10\%)\cdots(1+20\%-10\%)}{(1+16.5\%)^{10}}\right]$$

$$= 11.29(元)$$

$$V_3 = \left[\frac{(1+20\%)^5(1+20\%-10\%)\cdots(1+20\%-10\%)(1+10\%)}{(16.5\%-10\%)(1+16.5\%)^{15}}\right] = 16.25(\overline{\text{元}})$$

$$P = V_1 + V_2 + V_3 = 5.46 + 11.29 + 16.25 = 33(\overline{\text{元}})$$

因此，该股票的理论价格为 33 元。

（三）多阶段增长模型案例

多阶段增长模型通常用于评估暂时具有高增长率的公司。首先，预测早先高增长时期的股利并计算其现值；然后，当预计公司进入稳定增长阶段，则使用固定增长的股利贴现模型对剩下的股利现金流进行贴现。其计算公式为

$$V_0 = \frac{D_1}{1+k} + \frac{D_2}{(1+k)^2} + \cdots + \frac{D_N + P_N}{(1+k)^N} \tag{9-14}$$

下面用案例进行说明。

【案例 9-2】　根据价值线公司对本田公司的预测分析，假设本田公司只有相对简单的两阶段增长过程，2010 年至 2013 年期间为快速增长阶段，此后该公司将进入稳定增长阶段。具体表现为股利将从 2010 年的每股 0.50 美元上升到 2013 年的每股 1.00 美元，但这种高增长不可能无限期地持续下去。如果在 2010 年至 2013 年期间采用线性插值法，可以得到如表 9-2 所示的股利预测值。

表 9-2　股利预测值

年份	2010 年	2011 年	2012 年	2013 年
预计股利/美元	0.50	0.66	0.83	1.00

假设自 2013 年起股利增长率持平，价值线公司预测本田公司的股利支付率为 30%，净资产增长率为 11%，那么长期增长率应为

$$g = \text{ROE} \times b = 11.0\% \times (1-30\%) = 7.70\%$$

此处，如果采用的投资期限截至 2013 年，套用式(9-14)估计本田公司股票的内在价值，可以得到

$$V_{2009} = \frac{D_{2010}}{1+k} + \frac{D_{2011}}{(1+k)^2} + \frac{D_{2012}}{(1+k)^3} + \frac{D_{2013} + P_{2013}}{(1+k)^4}$$

$$= \frac{0.50}{1+k} + \frac{0.66}{(1+k)^2} + \frac{0.83}{(1+k)^3} + \frac{1.00 + P_{2013}}{(1+k)^4}$$

上式中，P_{2013} 是对 2013 年年末本田公司股票的价格预测。自 2013 年起，股利进入固定增长阶段，根据固定增长的股利贴现模型，可计算出股票价格为

$$P_{2013} = \frac{D_{2014}}{k-g} = \frac{D_{2013}(1+g)}{k-g} = \frac{1.00 \times 1.077}{k-0.077}$$

现在，计算内在价值唯一还需要确定的变量是市场资本化率 k。价值线公司测得本田公司的 β 值为 0.95，同时 2009 年年末短期国库券的无风险利率约为 3.5%。假设预期市场风险溢价与历史平均水平一致，为 8%。因此，可以得出本田公司的市场资本化率为

$$k = r_f + \beta[E(r_M) - r_f] = 3.5\% + 0.95 \times 8\% = 11.1\%$$

于是，2009 年股价的预测值为

$$P_{2013} = \frac{1.00 \times 1.077}{0.111 - 0.077} = 31.68 \text{（美元）}$$

因此，当前内在价值的估价值为

$$V_{2009} = \frac{0.50}{1.111} + \frac{0.66}{1.111^2} + \frac{0.83}{1.111^3} + \frac{1.00 + 31.68}{1.111^4} = 23.04 \text{（美元）}$$

当前本田公司的实际股价为 32.26 美元，对内在价值的分析说明本田公司的股价被高估了。但是值得注意的是，未来的股利、股利增长率以及合适的贴现率都是基于猜测的，而且假设了本田公司只有相对简单的两阶段增长过程。事实上，股利的增长方式可能更为复杂。该假设低估了本田公司的增长前景，2013 年后本田公司的实际净资产收益率为 13% 而非 11%，将得到 2009 年年末本田公司股票的内在价值为 38.05 美元，高于实际价格，与之前得到的结论完全相反。

这个案例也说明了对股票进行估值时做敏感性分析的重要性。通过改变模型中的参数对股票重新进行估值可以发现，净资产增长率、市场资本化率的微小变化会导致内在价值发生很大的变化，但对高速增长阶段的股利预测的合理变化却只对内在价值产生很小的影响。

第三节　收益评估模型

对于不支付或者不打算支付现金股利的公司的股票估值主要基于公司的价格收益乘数，即市盈率。在对市盈率进行预测的基础上，产生了两类估值模型：纯短期收益模型和收益与股利组合模型。

一、纯短期收益模型

（一）市盈率与普通股价格

市盈率是指每股价格与每股收益之比。市盈率是预测增长机会的一个有用指标，将式 (9-11) 变形可以得到增长机会在市盈率中的反映为

$$\frac{P_0}{E_1} = \frac{1}{k}\left(1 + \frac{\text{PVGO}}{E/k}\right) \qquad (9-15)$$

当 PVGO = 0 时，由式 (9-11) 可得 $P_0 = E_1/k$，即看作用 E_1 的零增长年金来对股票进行估

值，市盈率恰好等于 $1/k$。但是当 PVGO 成为决定价格的主导因素时，市盈率会迅速上升。

PVGO 与 E/k 的比率有一个简单的解释，即公司价值中增长机会贡献的部分与现有资产贡献的部分(即零增长模型中公司的价值 E/k)之比。当未来增长机会主导总估值时，对公司的估值将相比当前收益较高。因此，高市盈率表示公司拥有大量增长机会。

如果 A 公司和 B 公司的市盈率分别为 19.0 和 0.7，这些数字并不能说明 A 公司相对于 B 公司而言被高估了。若投资者相信 A 公司的增长速度将高于 B 公司，那么有较高的市盈率是合理的。也就是说，如果投资者的期望收益率将快速增长，那么他们愿意为现在每单位收益支付更高的价格。很显然，增长机会的差别使两家公司的市盈率大不相同。市盈率实际上是市场对公司增长前景乐观态度的反映。

通过对市盈率的估计，计算市盈率和每股收益的乘积即可得到普通股的价值。下面介绍基于固定增长的股利贴现模型的市盈率估计方法。

(1) 无增长机会下的市盈率。

因为 $P_0 = E_1/k$，所以

$$\frac{P_0}{E_1} = \frac{1}{k} \tag{9-16}$$

式中，E_1 为下一年的每股盈利，k 为必要收益率。

(2) 固定增长率下的市盈率。

股利等于公司未用于再投资的盈利，即 $D_1 = E_1(1-b)$，而股利增长率 $g = \text{ROE} \times b$。因此，在式(9-6)中代换 D_1 和 g，可以得到

$$P_0 = \frac{D_1}{k-g} = \frac{E_1(1-b)}{k-b \times \text{ROE}}$$

所以市盈率等于

$$\frac{P_0}{E_1} = \frac{1-b}{k-b \times \text{ROE}} \tag{9-17}$$

式中，b 为收益留存率或再投资率；ROE 为净资产收益率。

(二) ROE 和再投资率对增长率和市盈率的影响

通过式(9-17)可以证明市盈率随 ROE 的增加而增加，因为 ROE 高的项目会为公司带来增长机会。还可以证明，只要 ROE 超过 k，市盈率随再投资率 b 的增加而增加。也就是说，当公司有好的投资机会时，若公司可以更大胆地利用这些机会将更多的盈利用于再投资，市场将回报给它更高的市盈率。

【例 9-8】 表 9-3 展示了不同 ROE 与再投资率 b 组合下的增长率与市盈率。

由表 9-3 可知，虽然增长率随再投资率的增加而增加(见表 9-3(1))，但市盈率并不是这样(见表 9-3(2))。在表 9-3(2)的第一行中，市盈率随再投资率的增加而降低；中间一行

中，市盈率不再受再投资率的影响；第三行中，市盈率随之增加。对这种变动的一种解释是，当预期 ROE 小于必要收益率 k 时，投资者更希望把盈利以股利的形式发放下来，而不是再投资于低收益的项目。也就是说，由于 ROE 小于 k，公司价值随再投资率的增加而降低。相反，当 ROE 大于 k 时，公司提供了有吸引力的投资机会，因此公司价值会随再投资率的提高而增加。当 ROE 与 k 相等时，对于投资者而言，将公司盈利进行再投资还是投资其他具有相同市场化率的项目并无区别，因为这两种情况的收益率均为 k，所以股价不再受投资率影响。

表 9-3 ROE 和再投资率对增长率和市盈率的影响

ROE/%	再投资率			
	0	0.25	0.50	0.75
(1) 增长率 g/%				
10	0	2.5	5.0	7.5
12	0	3.0	6.0	9.0
14	0	3.5	7.0	10.5
(2) 市盈率				
10	8.33	7.89	7.14	5.56
12	8.33	8.33	8.33	8.33
14	8.33	8.82	10.00	16.67

注：假设每年 $k = 12\%$。

综上所述，再投资率越高，增长率越大，但再投资率越高并不意味着市盈率越高。只有当公司提供的期望收益率大于市场收益率时，高再投资率才会增加市盈率，否则高再投资率只会损害投资者的利益，因为此时高再投资率意味着将更多的资金投入到低收益项目中。

人们常常把市盈率当作股利或者盈利增长率，华尔街的经验之谈是盈利增长率应大致等于市盈率。换句话说，市盈率与 g 的比值，通常称为 PEG 比率，应约等于 1。著名的投资组合经理人彼得·林奇提出一个经验法则，他认为若一家公司的市盈率低于其收益增长率，则可能是一个很好的投资机会。

下面举例来说明彼得·林奇的经验法则。

【例 9-9】 假设 $r_f = 8\%$，市场风险溢价的历史平均值为 $r_M - r_f = 8\%$，一般情况下公司 β 值为 1，$b = 0.4$。因此，$r_M = r_f +$ 市场风险溢价 $= 8\% + 8\% = 16\%$，且一般公司（β 值为 1）的 $k = 16\%$。若认为 ROE $= 16\%$（即与股票的期望收益率相等）是合理的，那么

$$g = \text{ROE} \times b = 16\% \times 0.4 = 6.4\%$$

且

$$\frac{P}{E} = \frac{1-0.4}{0.16-0.064} = 6.25$$

因此，在这些假设条件下，市盈率与 g 大约相等，与经验法则一致。

但是注意，与其他方法一样，这种经验法则并不适用于所有情形。例如：如果当前的 r_f 值约为 3.5%，对当前 r_M 的估计值应为

$$3.5\% + 8\% = 11.5\%$$

若仍然考虑 β 值为 1 的公司，且 ROE 仍等于 k，那么有

$$g = \text{ROE} \times b = 11.5\% \times 0.4 = 4.6\%$$

而

$$\frac{P}{E} = \frac{1-0.4}{0.115-0.046} = 8.70$$

此时，P/E 与 g 显著不同，且 PEG 比率为 1.9。但是低于平均水平的 PEG 比率仍被普遍认为是价格低估的信号。

二、收益与股利组合模型

市盈率分析与有限股利贴现模型的结合形式为

$$V_0 = \frac{D_1}{1+k} + \frac{D_2}{(1+k)^2} + \cdots + \frac{D_N + P_N}{(1+k)^N} \qquad (9-18)$$

式中，P_N 为 N 时刻预期的股票价格，N 为预计股票将持有的年限。

这个模型中的 P_N 依赖于每股收益（EPS）以及市盈率（P/E），即采用市盈率模型。

【例 9-10】 利用市盈率和盈利预测可以估计某一日期的股价。在案例 9-2 中，价值线公司对本田公司的分析表明，本田公司 2013 年的预期市盈率为 15，每股收益为 3.35 美元，这暗示了 2013 年的股价将为 $15 \times 3.35 = 50.25$（美元）。若假设 2013 年本田公司的股票售价为 50.25 美元，便可计算 2009 年股票的内在价值：

$$V_{2009} = \frac{D_{2010}}{1+k} + \frac{D_{2011}}{(1+k)^2} + \frac{D_{2012}}{(1+k)^3} + \frac{D_{2013} + P_{2013}}{(1+k)^4}$$

$$= \frac{0.50}{1+11.10\%} + \frac{0.66}{(1+11.10\%)^2} + \frac{0.83}{(1+11.10\%)^3} + \frac{1.00+50.25}{(1+11.10\%)^4}$$

$$= 35.23（美元）$$

本 章 小 结

（1）对公司进行估值的一种方法是使用公司的账面价值，既可以是列在资产负债表中的价值，也可以是调整后反映当前资产的重置资本或清算价值。另一种方法是计算预期未

来股利的现值，股利贴现模型主张股价等于所有未来股利的现值，贴现率与股利风险一致。

（2）股利贴现模型给出了股票内在价值的估计值。固定增长的股利贴现模型认为，若预计股利总以固定的速度增长，那么股票的内在价值由下式决定：

$$V_0 = \frac{D_1}{k-g}$$

固定增长的股利贴现模型是最简单的股利贴现模型，因为它假定增长率固定不变。在更复杂的环境中，有更复杂的多阶段模型。当固定增长的假设成立且股价等于内在价值时，上式可以转化成推导股票市场资本化率的公式：

$$k = \frac{D_1}{P_0} + g$$

（3）市盈率是市场评估公司增长机会的有用衡量指标。若公司没有增长机会，那么其市盈率将恰好等于市场资本率 k 的倒数。当增长机会成为公司价值越来越重要的构成部分时，市盈率将上升。

（4）预期增长率与公司的盈利能力有关，又与股利政策有关，具体关系如下：

$$g = 新投资的 ROE \times (1 - 股利支付率)$$

（5）用预测的下一年每股收益乘以市盈率可以得出股票价值的估计值。如果把市盈率法与股利贴现模型结合起来，利用价格收益乘数来预测未来某一日期股票的最终价值，然后把最终价值的现值与期间所有股利的现值相加便得到股票价值的估计值。

第十章 远期与期货

本章要点
- 远期与远期交易
- 期货与期货交易
- 远期与期货的定价
- 期货价格与预期未来的现货价格
- 远期（期货）套期保值

第一节 远期与远期交易

一、远期合约的定义

远期合约（forward contracts）是指交易双方约定在未来的某一确定时间，按确定的价格买卖一定数量的某种资产的合约。在合约中，将在未来买入标的物的一方称为多头寸方，简称多方；将在未来卖出标的物的一方称为空头寸方，简称空方。在合约中规定的未来买卖标的物的价格称为交割价格（delivery price），即交易双方通过远期锁定的未来交易价格，本章中用 K 表示。

远期合约并不能保证其投资者未来一定盈利，但投资者可以通过远期合约获得确定的未来买卖价格，多方可以通过买入远期锁定未来资产的买入价格，空方则可以通过卖出远期锁定未来资产的出售价格，从而消除价格风险。图 10-1 是对远期多头和空头的到期盈亏状况的描述。从图 10-1 中可以看出，如果到期标的资产的市场价格 S_T 高于交割价格 K，远期多头就会盈利而空头就会亏损，价格上升多少就分别盈亏多少，因此图中分别为 $45°$ 线和 $135°$ 线。反之，如果到期标的资产的市场价格 S_T 低于交割价格 K，远期多头就亏损而空头就会盈利。

远期合约是衍生产品中最简单、最古老的一种。远期合约根据标的资产的不同，可以分为商品远期和金融远期。其中，商品远期的实物资产可以是农产品、金属和能源等；金融远期常见的有远期利率协议、远期外汇合约和远期股票合约等。

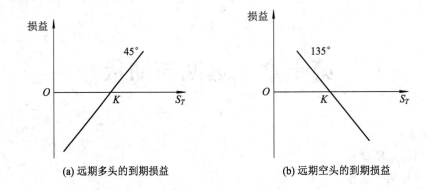

(a) 远期多头的到期损益   (b) 远期空头的到期损益

图 10-1 远期头寸的到期损益

二、远期市场的交易机制

远期合约是为适应规避现货交易风险的需要而产生的。比如，在播种时就确定农作物收割时卖出的价格，农场主就可以安心致力于农作物的生产了。与之相同，现代金融远期合约也是出于规避金融资产现货交易风险的目的而产生和发展起来的。

远期市场的交易机制可以归纳为两大特征：分散的场外交易和非标准化合约。

（1）分散的场外交易。远期合约不在交易所交易，而是在金融机构之间或金融机构与客户之间通过谈判后签署。已有的远期合约也可以在场外市场交易流通。由于技术手段的发展，现代远期交易已经成为一个巨大的世界范围内的场外市场，其交易主要是私下进行的，基本不受监管当局的监管。

（2）非标准化合约。由于不在交易所集中交易而是由交易双方谈判商定细节，远期合约的另一个重要特点就是非标准化。在签署远期合约之前，双方可以就交割地点、交割时间、交割价格、合约规模、标的物的品质等细节进行谈判，以便尽量满足双方的需求。

总的来看，作为场外交易的非标准化合约，远期合约的优势在于灵活性很强，可以根据交易双方的具体需要签订远期合约，比较容易规避监管。但相应地，远期合约也有其明显的缺点：一是远期合约没有固定、集中的交易场所，不利于信息的交流和传递，不利于形成统一的市场价格，市场效率较低。二是每份远期合约千差万别，给远期合约的二级流通造成较大不便，因此远期合约的流动性较差。三是远期合约的履约没有保证，当价格变动对一方有利时，另一方有可能无力或无诚意履行合约，因此远期合约的违约风险相对较高。这些特征，与下一节将要介绍的期货合约正好相反。

第二节 期货与期货交易

一、期货合约的定义

期货合约(futures contracts)是指在交易所交易的、协议双方约定在未来某个日期按事先确定的条件(包括交割价格、交割地点和交割方式等)买入或卖出一定标准数量的特定资产的标准化协议。同样,在合约中将在未来买入标的物的一方称为多方,将在未来卖出标的物的一方称为空方。

从本质上来说,期货与远期是相同的,都是在当前时刻约定未来的各交易要素。因此图 10-1 中的 45°线和 135°线同样可以描述期货多头与空头的损益状况。期货也同样不能保证其投资者未来一定盈利,但是可以为投资者提供确定的未来买卖价格。

期货与远期的重要区别在于交易机制的差异。与场外交易的非标准化远期合约相反,期货是在交易所内交易的标准化合约。交易所同时还规定了一些特殊的交易和交割制度,如每日盯市结算(mark to market and daily settlement)和保证金(margin)制度等。后文将对期货与远期的区别进行更深入的介绍和分析。

期货合约按照标的资产分为商品期货和金融期货。商品期货主要有农产品期货、金属期货、能源期货等;金融期货主要有股票期货、股价指数期货、利率期货和外汇期货等。

二、期货市场的交易机制

期货交易的基本特征是标准化和交易所集中交易,这两个特征及其衍生出的一些交易机制,成为期货区别于远期的关键。下面将逐一介绍期货的主要交易特征。

(一)集中交易与统一清算

期货市场的第一个运行特征是交易在有组织的交易所内集中进行,交易双方并不直接接触。交易所提供交易场地或平台,制定标准交易规则并监督交易规则的执行,解决纠纷;清算机构充当所有期货买方的卖者和所有期货卖方的买者,匹配买卖,撮合成交,集中清算。这种交易方式克服了远期交易信息不充分和违约风险较大的缺陷,很大程度上提高了市场流动性和交易效率,降低了违约风险,成为远期交易进化到期货交易的一个关键。

清算机构是负责对交易所交易的期货合约进行交割、对冲和结算操作的独立机构,是期货市场运行机制的核心,它可以是交易所的一个附属部门,也可以是一家独立的公司。期货交易所的清算机构不仅充当了每笔交易的媒介,而且其运作机制也保证了违约风险的降低，原因如下：① 期货交易所均实行保证金制度和每日盯市结算制度。这是一套严格无负债的运行机制，是期货交易违约风险极低的根本保证，下文将详细介绍这一制度。② 清算机构通常规定，所有会员必须对其他会员的清算责任负无限连带的清偿责任，这就极大降低了违约风险。③ 清算机构自身的资本也比较雄厚，可以作为最后的保障。以上原因保证了期货清算机构的风险极低，这是期货的突出优势之一。

（二）标准化的期货合约条款

期货与远期的第二个不同在于期货合约通常有标准化的合约条款。特定期货合约的合约规模、交割日期和交割地点等都是标准化的，在合约上均有明确规定，无需双方再商定，价格是期货合约里唯一的变量。因此，交易双方最主要的工作就是选择适合自己的期货合约，并通过交易所竞价或根据做市商报价确定成交价格。

一般来说，常见的标准期货合约条款包括交易单位、到期时间、最小价格波动值、每日价格波动限制、交易中止规则和交割条款等。有时，交易所会赋予期货合约的空头（即卖方）对交割商品（主要适用于利率期货和商品期货）和交割地点（主要适用于商品期货）进行选择的权利，但交易所也将根据空头的选择按事先规定的公式对其收取的价款进行相应的调整。

（三）保证金制度和每日盯市结算制度

期货与远期的第三个重要差异体现在期货交易实行特殊的保证金制度和每日盯市结算制度。在期货交易开始之前，期货的买卖双方都必须在经纪公司开立专门的保证金账户，并存入一定数量的保证金，这个保证金也称为初始保证金（initial margin）。保证金的数目可能因合约而不同，也可能因经纪人而不同。

每天期货交易结束后，交易所与清算机构都要进行结算和清算，按照每日确定的结算价格计算每个交易者的浮动盈亏并相应调整该交易者的保证金账户头寸。具体来看，当当日结算价格高于前一天的结算价格（此种情况适用于交易者前一天已有的头寸）或是高于当天的开仓价格（此种情况适用于交易者当天刚刚开立的新头寸）时，高出部分就是多头的浮动盈利和空头的浮动亏损，这些浮动盈利和亏损就在当天晚上分别加入多头的保证金账户和从空头的保证金账户中扣除。反之就是多头的当天浮动亏损和空头的当天浮动盈利。这就是所谓的每日盯市结算。

在盯市结算完成以后，如果交易者保证金账户的余额超过初始保证金水平，交易者可随时提取现金或用于开新仓。但是，交易者取出的资金额不得使保证金账户中的余额低于初始保证金水平。当保证金账户的余额低于交易所规定的维持保证金（maintenance margin）水平时（维持保证金水平通常低于初始保证金水平），经纪公司就会通知交易者在限期内把保证金水平补足到初始保证金水平，否则就会被强制平仓。这一补充保证金要求的行为称为保证金追加通知(margin call),交易者必须存入的额外的金额被称为变动保证金(variation margin)。

下面以一个在 CEM 交易的欧洲美元期货为案例介绍每日盯市结算及保证金计算。

【案例 10-1】 2007 年 9 月 20 日,投资者 A 在 CME 以 95.2850 的价位购买了一份将于 2007 年 12 月到期的欧洲美元期货合约 EDZ7。CME 规定一份欧洲美元期货的初始保证金为 743 美元,维持保证金为 550 美元。假设 A 的经纪人的保证金要求与 CME 规定相同。

9 月 20 日交易结束时,EDZ7 结算价为 95.2650;9 月 21 日到 9 月 25 日,EDZ7 价格继续下降;9 月 26 日到 9 月 28 日,EDZ7 价格有所回升。表 10-1 列出了该期货交易的每日盯市结算及保证金的具体计算细节,其中第二列除了第一行为投资者 A 的开仓价外,其余均为每日结算价。合约价格规定每 0.01 代表 25 美元。

表 10-1 2007 年 9 月欧洲美元期货交易的每日盯市结算及保证金计算示例

日期	期货价格/美元	每日盈亏/美元	累计盈亏/美元	保证金账户余额/美元	保证金追加/美元
9.20	95.2850	—	—	743.00	—
9.20	95.2650	−50.00	−50.00	693.00	0
9.21	95.2600	−12.50	−62.50	680.50	0
9.24	95.1500	−275.00	−337.50	743.00	337.50
9.25	95.1300	−50.00	−387.50	693.00	0
9.26	95.1700	100.00	−287.50	793.00	0
9.27	95.1950	62.50	−225.00	855.50	0
9.28	95.1550	−100.00	−325.00	755.50	0
⋮	⋮	⋮	⋮	⋮	⋮

以上讨论的是交易者的保证金制度与每日盯市结算。除此之外,与经纪人要求投资者开设保证金账户一样,清算机构也要求其会员在清算机构开设一定的保证金账户,一般称为清算保证金(clearing margin)。与投资者保证金账户的操作方式类似,清算会员的保证金账户也实行每日盯市结算,但清算保证金只有初始保证金,没有维持保证金。因此,对于清算会员来说,其每天每种合约的清算保证金账户余额必须大于或者等于每份合约的初始保证金乘以流通在外的合约数。

（四）开立期货头寸与结清期货头寸

开立期货头寸（open a futures position）的方式有两种：买入建仓（open a futures position with a purchase）和卖出建仓（open a futures position with a sale），即分别进入期货的多头和空头建仓。

结算期货头寸（closing a futures position）的方式主要有以下三种：到期交割或现金结算、平仓和期货转现货。

（1）到期交割或现金结算。到期交割或现金结算（delivery or cash settlement）即投资者持有的期货头寸到期，按照期货合约的规定和要求进行实际交割或现金结算。一般来说，交易者倾向于用对冲平仓或期货转现货的方式来结清期货头寸，因为交割通常要在特定时间以特定方式进行，费时费力。

（2）平仓。平仓（offset）是目前期货市场上最主要的一种结清头寸的方式。那些不愿进行实物交割的期货交易者，可以在最后交易日结束之前通过反向对冲交易来结清自身的期货头寸，从而无需进入最后的交割环节。具体来说，平仓包括两种方式：卖出和买入。卖出平仓（close a futures position with a sale），即期货合约的多头将原来买进的期货合约卖掉，这与买入建仓相对应；买入平仓（close a futures position with a purchase），即期货合约的空头将原来卖出的期货合约重新买回，这与卖出建仓相对应。可以看出，平仓的方式既克服了远期交易流动性差的问题，又比实物交割方式来得省事和灵活，因此目前大多数期货交易都是通过平仓来结清头寸的。

（3）期货转现货。期货市场上的交易者还可以通过期货转现货（Exchange-For-Physicals，EFP）来结清自身的头寸。所谓 EFP，是指两个交易者通过协商并经交易所同意，同时交易某种现货商品以及基于该现货商品的期货合约来结清两者头寸的一种交易方式。EFP 的结果和平仓有点类似，但是交易者事实上进行了实物的交割，且 EFP 交易发生在交易所的交易大厅之外。所以，EFP 交易有时也被称为场外交易，这是现行期货交易规则的一个例外。

【思考题 10-1】 请对远期和期货进行比较。

第三节　远期与期货的定价

远期价值是指远期合约本身的价值，而远期价格则是理论上使远期价值等于零的那个未来交割价格。在远期合约签订后，远期价格与交割价格差异的贴现决定了远期价值。

类似的，在期货合约中，期货价格定义为使得期货合约价值为零的理论交割价格。但是，期货合约很少谈及"期货合约价值"这个概念。由于期货每日盯市结算、每日结清浮动盈亏，期货合约价值在每日收盘后都归于零。

因此本章中所讨论的远期和期货定价，就是指确定理论上的远期价值、远期价格和期货价格。为了简便起见，以下定价分析均建立在如下假设前提下：① 没有交易费用和税收；② 市场参与者都能以相同的无风险利率借入和贷出资金；③ 允许现货卖空；④ 当套利机会出现时，市场参与者将参与套利活动，从而使套利机会消失，得到的理论价格是均衡价格；⑤ 远期合约没有违约风险；⑥ 期货合约的保证金账户支付同样的无风险利率，即任何人不能无成本地取得远期或期货的多头或空头地位。

一、无收益资产的远期合约定价

最容易定价的远期合约是无收益资产的远期合约。这里以无收益证券为例来说明。无收益证券包括不支付红利的股票和零息票债券（贴现债券）。根据无套利定价理论，无收益证券的远期价格 F 与现价 S 之间具有如下关系：

$$F = S(1+r)^{T-t} \tag{10-1}$$

式中，r 是无风险利率，T 是远期合约到期日，t 是当前时刻。

证明 ① 假设 $F > S(1+r)^{T-t}$，则套利者可以在 t 时刻以无风险利率 r 借入现金 S，期限为 $T-t$，用来购买证券，同时卖出该证券的远期合约。在时刻 T，证券以合约价格 F 卖出，归还借款本息 $S(1+r)^{T-t}$，实现利润 $F - S(1+r)^{T-t}$。② 假设 $F < S(1+r)^{T-t}$，套利者卖出该标的证券，将所得 S 以年利率 r 进行投资，期限为 $T-t$，同时购买该证券的远期合约。在时刻 T，套利者以合约价格 F 购买证券，平仓空头，实现利润 $S(1+r)^{T-t} - F$。在①和②两种情况下都出现套利机会，根据无套利理论，这种套利机会将会消失，因此，$F = S(1+r)^{T-t}$。

式（10-1）就是无收益资产的现货–远期平价定理（spot-forward parity theorem），或称为现货–期货平价定理（spot-future parity theorem）。式（10-1）表明，对于无收益资产，远期价格等于其标的资产现货价格以无风险利率计算的终值。

【例 10-1】 某股票现价为 90 元，该股票一年后到期的期货价格为 92.5 元。请问：上述情形下是否有套利空间？如果有的话应该如何操作？假设无风险利率为 2%。

解 根据式（10-1）得到该股票期货的合理价格为

$$F = S(1+r)^{T-t} = 90(1+2\%) = 91.8 \text{（元）}$$

可见实际的期货价格高于期货的合理价格（差额为 0.7 元），故存在套利空间。可以采用如表 10-2 所示的投资策略来进行套利。

表 10-2 卖出期货套利策略

操作策略	期初现金流/元	期末现金流/元
借入 9000 元，一年后还本付息	9000	-9180
用 9000 元买 100 股股票	-9000	$100S_T$
做对应 100 股股票的期货空头	0	$9250-100S_T$
总计	0	70

该策略获得的 70 元收益正是期货错误定价和平价之间的差额：$0.7 \times 100 = 70$（元）。

下面考察远期合约多头价值 f 与其交割价格 K 之间的关系。考虑如下两个投资组合：

组合 A：一个远期合约多头和一笔数额为 $K/(1+r)^{T-t}$ 的现金。

组合 B：一个单位的标的证券。

在组合 A 中，现金 $K/(1+r)^{T-t}$ 以无风险利率投资，到时刻 T，现金将达到 K，正好可用来购买该标的证券。显然，到期日 T 时，组合 A 和组合 B 都是一单位的标的证券，根据无套利定价理论，它们在当前 t 时刻的价值也必然相等。所以有 $f+K/(1+r)^{T-t}=S$，即

$$f = S - \frac{K}{(1+r)^{T-t}} \tag{10-2}$$

当远期合约刚刚生效时，远期价格等于交割价格，使得远期合约本身价值为 0。因此，远期价格就是式(10-2)中令 $f=0$ 的交割价格 K，即 $F=S(1+r)^{T-t}$。这与式(10-1)一致。

根据以上思路，类似地可以得出支付现金收益或利息收益资产的远期合约定价。

【思考题 10-2】 在合约有效期内，假设远期合约的标的证券为投资者提供已知的现金收益，例如股票支付的已知红利以及附息债券支付的债券利息。如果在合约有效期限内所有已知现金收益的现值为 I，那么远期价格与标的证券现价的关系如何？如果远期合约有效期内利息收益率是 q，那么远期价格与标的证券现价的关系又如何？

二、远期合约价值与远期价格的一般理论

在签署远期合约时刻，远期合约的价值为 0，随着时间的推移，远期合约价值发生变化，可能为正也可能为负。远期合约价值 f 与远期价格 F、交割价格 K 存在如下的一般结论：

$$f = \frac{F-K}{(1+r)^{T-t}} \tag{10-3}$$

可以这样考虑式(10-3)：将交割价格为 F 的远期合约多头与其他条件相同但交割价格为 K 的远期合约多头进行比较。这两个合约的差值就是在时刻 T 标的资产所付金额的

差额 $F-K$，在时刻 t 的差值就是 $\dfrac{F-K}{(1+r)^{T-t}}$，即交割价格为 F 的远期合约多头价值比其他条件相同但交割价格为 K 的远期合约多头价值低 $\dfrac{F-K}{(1+r)^{T-t}}$。若时刻 t 交割价格为 F 的远期合约多头价值为 0，那么交割价格为 K 的远期合约多头价值为 $\dfrac{F-K}{(1+r)^{T-t}}$。

三、远期价格和期货价格的关系

在不考虑保证金、交易成本和税收等因素时，若无风险利率 r 为常数，则远期价格和期货价格是相同的。根据无套利理论证明如下。

证明 假设一个持续 n 天的期货合约，在第 $i(0 \leqslant i \leqslant n)$ 天末的期货价格为 F_i。考虑如下投资策略：

第 0 天末，买入 $(1+r)$ 份的期货合约（即期货合约开始生效时买入）；

第 1 天末，增加期货合约多头头寸至 $(1+r)^2$；

第 2 天末，增加期货合约多头头寸至 $(1+r)^3$；

……

第 i 天的利润为 $(F_i-F_{i-1})(1+r)^i$，则它在第 n 天末的价值为

$$(F_i-F_{i-1})(1+r)^i(1+r)^{(n-i)}=(F_i-F_{i-1})(1+r)^n$$

因此，整个投资策略在第 n 天末的价值为

$$\sum_{i=1}^{n}(F_i-F_{i-1})(1+r)^n=(F_n-F_0)(1+r)^n$$

由于 F_n 与最终标的资产价格 S_T 相等，所以整个投资策略的最终价值为 $(S_T-F_0)e^{(1+r)^n}$。将 F_0 投资于无风险证券，并与上述投资策略混合，可得其在时刻 T 的价值为 $F_0(1+r)^n+(S_T-F_0)(1+r)^n=S_T(1+r)^n$，因此初始投资 F_0 能够在时刻 T 获得价值 $S_T(1+r)^n$。

再考虑第 0 天末的远期价格 G_0。将 G_0 投资于无风险证券并购买 $(1+r)^n$ 份远期合约，则在时刻 T 仍然获得 $S_T(1+r)^n$ 的资产，所以初始投资为 F_0 和初始投资为 G_0 的两个策略是等价的，根据无套利理论，$F_0=G_0$，即远期价格和期货价格是相等的。

当利率是关于时间的函数时，远期价格和期货价格也是相等的。但是，当利率无法预测时，理论上，远期价格和期货价格是不同的，孰高孰低取决于标的资产与利率的相对关系。当标的资产价格 S 与利率高度正相关时，如果 S 上升，那么期货多头投资者将会因为每日结算而立即获利，并且由于 S 几乎随利率上升同时上升，所以所获利润将会以高于平均利率的利率投资；同样，如果 S 下降，那么期货多头投资者将会因为每日结算而立即亏损，并且由于 S 几乎随利率下降同时下降，所以亏损将会以低于平均利率的利率融资。但

是，远期合约多头投资者不会因为利率的这种变化而受到与期货合约相同的影响。当 S 与利率高度正相关时，期货合约比远期合约更具有吸引力，期货价格将会高于远期价格。相反，当 S 与利率高度负相关时，远期价格要比期货价格高。

有效期仅为几个月的远期合约与期货价格之间的理论差异在大多数情况下是很小的，可以忽略不计，因此通常可以认为远期价格与期货价格相等。但是，当有效期较长时，它们之间的差异可能变得很大。

第四节　期货价格与预期未来的现货价格

一、期货价格与预期未来现货价格的关系

一般的，期货价格与预期未来现货价格可能出现三种情形：期货价格等于、高于或低于未来现货价格的期望值。理论界对以上三种情形给出了相应的解释。

（1）预期假说理论。该理论认为，在市场均衡时，期货合约买卖双方的期望收益率都是零，故期货价格等于未来现货价格的期望值。

（2）期货溢价理论。该理论认为，在卖方市场下，买方（如需要棉花的企业、矿产加工企业等）为了实现套期保值目标，必须让利给卖方，即保持期货价格高于未来现货价格的期望值，但是在合约有效期内期货价格逐渐下降，直到最后等于现货价格。

（3）现货溢价理论。该理论认为，在买方市场下，卖方（如棉花种植户、矿产开采企业等）为了实现套期保值目标，必须让利给买方，即保持期货价格低于未来现货价格的期望值，但是在合约有效期内期货价格逐渐上升，直到最后等于现货价格。

以上理论可以用图 10-2 形象地描绘出来。

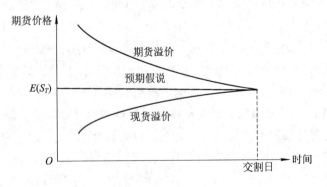

图 10-2　三种理论下期货价格随时间的变化

二、现代资产组合理论下的调整

上述三种理论都认为存在大量投机者进入期货市场成为任意一方时，需要给予足够的风险溢价进行补偿。现代资产组合理论通过提炼其中的风险类型对上述理论进行了调整。

下面以不支付收益的标的资产为例说明期货价格与预期未来现货价格的关系。设 k 为该标的资产所要求的预期收益率，它取决于标的资产的系统性风险。$E(S_T)$ 为现在（t 时刻）预期的标的资产在 T 时刻的现货价格，则有

$$E(S_T) = S(1+k)^{T-t} \qquad (10-4)$$

根据式（10-1），以该资产为标的的期货价格为 $F = S(1+r)^{T-t}$，所以

$$F = E(S_T)\left(\frac{1+r}{1+k}\right)^{T-t} \qquad (10-5)$$

根据资本资产定价模型，如果标的资产的系统性风险为 0，则 $k=r$，$F=E(S_T)$；如果标的资产的系统性风险为负，则 $k<r$，$F>E(S_T)$；如果标的资产的系统性风险为正，则 $k>r$，$F<E(S_T)$。在现实市场中，大多数资产的系统性风险为正，所以大多数情况下，期货价格小于预期未来的现货价格。

对于有收益的资产也可以得出同样的结论。

【思考题 10-3】 如果期货价格是最终现货价格的无偏估计，那么对于一项资产来说，其系统性风险有何特征？

第五节 远期（期货）套期保值

运用远期（期货）进行套期保值是指当投资者在现货市场已拥有一定的头寸和风险暴露，运用远期（期货）的相反头寸对冲已有风险的风险管理行为。具体来说，由于投资者现在持有或者预期未来某个时刻需要或将持有某种资产，该资产的价格变动都可能给投资者带来风险，故可以看作是投资者对该种资产有一定的风险暴露。此时，持有远期（期货）的相反头寸，只要现货价格与远期（期货）价格同涨同跌，无论价格上涨还是下跌，现货与远期（期货）的盈亏都可以相互抵消，从而消除投资者所承担的价格风险。

一、远期（期货）套期保值的类型

运用远期（期货）进行套期保值主要有两种类型：多头套期保值（long hedge）与空头套期保值（short hedge）。

（1）多头套期保值。多头套期保值也称买入套期保值，即通过进入远期或期货市场的多头对现货市场进行套期保值。很显然，担心价格上涨的投资者会运用多头套期保值的策

略，比如计划在未来时刻买入标的资产的投资者或是已经卖空资产的投资者，其主要目的是锁定未来买入价格。

（2）空头套期保值。空头套期保值也称卖出套期保值，即通过进入远期或期货市场的空头对现货市场进行套期保值。很显然，担心价格下跌的投资者会运用空头套期保值的策略，比如持有现货资产多头的投资者，其主要目的是锁定未来卖出价格。

二、套期保值的风险

如果远期（期货）的到期日、标的资产和交易金额等条件的设定使得远期（期货）与现货都能恰好匹配，那么套期保值就能够完全消除价格风险。这种能够完全消除价格风险的套期保值称为"完美的套期保值"。一般来说，远期合约由于是交易双方直接商定的，大多数情况下可以实现远期与被套期保值资产在标的物、到期日和交易金额方面的完全匹配，从而实现完美的套期保值。但在现实的期货市场中，完美的套期保值通常是不存在的，不完美的套期保值，即无法完全消除价格风险的套期保值才是常态。下面以期货为代表来讨论不完美的套期保值。具体来说，期货不完美的套期保值主要源于基差风险（basis risk）和数量风险（quantity risk）。

（一）基差风险

所谓基差（basis），是指特定时刻需要进行套期保值的现货价格与用以进行套期保值的期货价格之差。如果期货的标的资产与投资者需要进行套期保值的现货是同一种资产，且期货到期日就是投资者现货的交易日，根据期货价格到期时收敛于标的资产价格的原理，可以实现完美的套期保值。但是，如果期货标的资产与需要套期保值的资产不是同一种资产，例如套期保值者无法在市场上获得所需标的资产的期货产品而不得不采用一个近似标的资产的期货产品进行套期保值，或者期货到期日与需要套期保值的日期不一致，例如套期保值者可能无法事先确定套期保值的确定时间①，也可能无法找到需要期限的期货产品，这时无法保证套期保值结束时期货价格与其标的资产价格一定会收敛，也就无法实现完美的套期保值。

基差风险描述了运用远期（期货）进行套期保值时无法完全对冲的价格风险。但通过套期保值，投资者将其所承担的风险由现货价格的不确定变化转变为基差的不确定变化，而基差的变动程度总是远远小于现货价格的变动程度，因此不完美的套期保值虽然无法完全对冲风险，但还是在很大程度上降低了风险。

---

① 在这种情况下，远期合约也可能存在基差风险。

（二）数量风险

除了基差风险之外，期货的套期保值中往往还因为数量风险而无法实现完美的套期保值。所谓数量风险，是指投资者事先无法确知需要套期保值的标的资产规模[①]或期货合约的标准数量规定，因而无法完全对冲现货的价格风险，这也是进行套期保值时需要考虑的问题之一。但是，数量风险与基差风险有所不同。通常认为套期保值最重要的风险是指在已确定进行套期保值的那部分价值内，由于基差不确定导致的无法完全消除的价格风险。因此，在下面的讨论尤其是对冲比率的讨论中，没有考虑数量风险。

三、期货(远期)套期保值的策略

在运用远期(期货)进行套期保值的时候，需要考虑以下四个问题：① 选择远期(期货)合约的种类；② 选择远期(期货)合约的到期日；③ 选择远期(期货)的头寸方向，即多头还是空头；④ 确定远期(期货)合约的交易数量。其中合约的交易数量取决于对冲比率。

运用衍生产品套期保值时，衍生产品合约的头寸不一定与资产组合的风险暴露一致，两者之间存在一个最佳比率，即对冲比率。对冲比率是持有衍生产品的头寸与风险暴露资产组合之间的比率。选择适当的对冲比率，可以使套期保值的风险最小化。对冲比率用 H 表示：

$$H = \frac{\text{衍生产品的价格变动}}{\text{被套期保值资产的价格变动}} \tag{10-6}$$

【例 10-2】 考虑某黄金交易组合，该组合由黄金的现货、远期和期货等组成。假设黄金价格上升 0.1 元/盎司，该组合价值就贬值 100 元。请问：如何用黄金现货来对冲该组合的风险暴露？

解 根据式(10-6)，该组合对黄金价格的 H 值为 -1000。现利用黄金现货对冲组合风险，现货的 H 值为 1。假设用 x 盎司的黄金对冲风险，应有 $x = 1000$，即购入 1000 盎司的黄金。

除了套期保值之外，远期和期货也可以用于套利和投机。当远期或期货价格偏离其与标的资产现货价格的均衡关系时，投资者可以运用远期或期货进行套利。当远期或期货的交易者并非出于对现货头寸套期保值的需要，也非由于市场偏离均衡平价关系存在套利机会，而是根据自己对未来价格变动的预期进行交易，通过承担风险获取收益时，该投资者就是在运用远期或期货进行投机。在现实市场上，远期和期货交易的高杠杆性吸引了大量投机者的介入，也曾演变出巴林银行事件等多个金融历史上的风险案例。但客观上，套期保值者和套利者往往不足以维持一个市场需要的流动性，此时适度的投机可以起到增强流

[①] 在这种情况下，远期合约也可能存在数量风险。

动性的作用。

本 章 小 结

（1）从本质上说，期货与远期完全是相同的，都是在当前时刻约定未来的各交易要素，二者的重要区别在于交易机制的差异。与场外交易的非标准化远期合约相反，期货是在交易所内交易的标准化合约。

（2）不支付收益资产的远期合约价值为 $f = S - \dfrac{K}{(1+r)^{T-t}}$，远期价格为 $F = S(1+r)^{T-t}$。

（3）远期合约价值 f 与远期价格 F、交割价格 K 存在如下的一般结论：

$$f = \frac{F-K}{(1+r)^{T-t}}$$

（4）当无风险利率为常数且对所有到期日都不变时，具有相同交割日的远期价格和期货价格相等。当标的资产价格与利率正相关时，期货价格将会高于远期价格；当标的资产价格与利率负相关时，期货价格要低于远期价格。但是，在大多数情况下，均假定远期价格与期货价格相等。

（5）远期（期货）价格并不是未来期货价格的无偏估计。在现实市场中大多数资产的系统性风险为正，所以大多数情况下期货价格小于预期未来的现货价格。

（6）套期保值的核心思想，就是利用远期合约、期货合约等衍生产品对冲风险，锁定资产组合将来的价值。其策略是选择适当数量的衍生产品，使原始资产组合加上衍生产品构成的新的资产组合的未来不确定性减小。在一定条件下，可以使新的资产组合价值确定，完全对冲风险。

第十一章　期权策略

本章要点
- 期权合约
- 期权到期时的价值
- 常用期权策略
- 看涨与看跌期权的平价关系
- 类似期权的证券

第一节　期权合约

期权是一种合约，它赋予持有者在未来某个时间或某段时间内以特定价格买进或卖出指定资产的权利，但是，不负有必须买进或者卖出的义务。期权合约的种类有很多，它们都有一个共同点，即期权的价值直接取决于其标的证券的价值。

一、期权类型

按照期权的权利来划分，最简单、交易最广泛的两种期权是看涨期权和看跌期权。

（1）看涨期权：赋予持有者在将来某一时间或在此时间之前以特定价格购买特定数量的某项资产的权利。通常，只能在到期日执行的看涨期权称为欧式看涨期权，可以在到期日和到期日之前执行的看涨期权称为美式看涨期权。

（2）看跌期权：赋予持有者在到期日或到期日之前以确定的执行价格出售某项资产的权利。也分为欧式看跌期权和美式看跌期权。

大多数期权都可以被看作这两种期权的组合进行定价，或者可以使用对这两种期权定价的方法对它们进行定价。

当期权持有者执行期权能获得利润，此期权为实值期权；当执行期权无利可图，此期权为虚值期权。以看涨期权为例，当执行价格低于资产价值时，看涨期权为实值期权；当执行价格高于资产价值时，看涨期权为虚值期权。当执行价格等于资产价格时，看涨期权为平价期权。

期权合约的场内交易起源于股票期权。除了标的物为股票的期权之外，以其他资产为标的物的期权也被广泛交易。常见的等标的物有市场指数、行业指数、外汇、农产品期货、黄金、白银、固定收益证券和股票指数等。下面对几种常见的类型进行介绍：

（1）指数期权：指数期权是以股票市场指数为标的物的看涨或看跌期权。指数期权不仅有几个广泛采用的指数，也有某些行业指数，甚至商品价格指数。

与股票期权不同，指数期权不需要看涨期权的卖方在执行日交割"指数"，也不需要看跌期权的买方购买"指数"，而是采用现金交割的方式，在到期日计算期权的增值额，卖方将此金额支付给买方即可。期权增值额即期权执行价格与指数价值之间的差额。

（2）期货期权：期货期权赋予了持有者以执行价格买入或卖出特定期货合约的权利，并把某一期货价格作为期权的执行价格。尽管交割过程稍微有点复杂，期货期权合约的条款设计使得卖方能以期货价格来出售期权。在到期日，期权持有者会收到一笔净支付，该支付等于特定标的物的目前期货价格与期权执行价格的差额。

（3）外汇期权：外汇期权赋予持有者以特定金额的本国货币买入或卖出一定金额外币的权利。外汇期权提供的收益取决于执行价格与到期日汇率的差额。

（4）利率期权：利率期权的标的物包括中长期国债、短期国债、大额存单、政府国民抵押协会转手证券等，此外还有一些利率期货期权。

二、期权交易

期权交易可在场内或场外进行。场外交易的优势在于期权合约的条款（执行价格、到期时间和标的物数量）可以根据交易者的需求量身定制。当然，建立场外交易期权合约的成本要比场内交易高很多。

场内交易期权合约的到期日、执行价格都是标准化的。期权合约条款的标准化意味着所有市场参与者只是交易一组有限的标准证券，这样增加了任何特定期权的交易深度，从而降低了交易成本，导致更激烈的市场竞争。交易所主要提供两种便利，一是简化交易，使买卖双方及其代理都可以自由进出交易中心；二是流动的二级市场，期权买卖双方可以迅速地、低成本地进行交易。大多数场内交易期权的有效期都相当短，最多几个月。

对股票期权来说，当标的股票进行分拆时，由于期权是以特定价格来买卖股票的权利，如果期权合约对股票分拆不做调整，那么股票分拆就会改变期权的价值。为了解决股票分拆问题，要按分拆降低执行价格，合约的数量也按同比增加。例如：如果某股票按 1：2 的比例分割，那么也要按照1：2的比例分拆为两份期权，每份新期权的执行价格为原来的一半。对超过 10% 的股票股利也要做同样的调整，期权标的股票数量应随股票股利同比增长，而执行价格则应同比降低。

与股票股利不同，现金股利则不会影响期权合约中内容的调整，所以期权价值受股利政策调整。在其他情况都相同时，高股利股票的看涨期权价值较低，因为高股利减缓了股票的增值速度；相反，高股利股票的看跌期权价值较高。期权价值不会在股利支付日或公告日当天突然上升或下降。股利支付是可以预期的，因此初始期权价格已包含了股利因素。

场内期权交易通过清算公司来完成。期权清算公司即期权交易的清算所，附属于期权交易所在的交易所。期权买卖双方在价格达成一致后就会成交。这时，清算公司就要在交易者中充当中间人，对期权卖方来说它是买方，对期权买方来说它是卖方。因此所有的期权交易都必须通过清算公司来保证合约的履行。

清算公司要求期权卖方交纳保证金来确保其能够履行合约。所需保证金部分由期权的实值金额来约定，这个金额代表了期权卖方的潜在义务。当所需保证金高于保证金账户余额时，卖方会收到补交保证金通知。相反，买方因为只在有利可图时执行期权，不需要交纳保证金。

保证金要求部分取决于投资者手中的其他证券。例如，看涨期权的卖方持有标的股票，只要把这些股票记入经纪人账户，就可以满足保证金要求，这些股票可以在期权执行时用来交割。如果期权的卖方没有标的证券，那么保证金要求就由标的资产价值的实值或虚值金额来决定。虚值期权需要的保证金相对要少一点，因为预期损失较低。

【思考题 11-1】 看涨期权的执行价格为 130 元（每份合约可以买 100 股股票），假如在执行日股票价格为 140 元，一份期权合约的收益是多少？当股票以 1∶2 比例分拆后，股价为 70 元，执行价格为 65 元，期权持有者可以购买 200 股。请分析说明股票分拆是否影响该期权的收益。

第二节　期权到期时的价值

一、看涨期权

看涨期权给予交易者以执行价格买入证券的权利。于是，到期时看涨期权的价值为

$$看涨期权买方的收益 = \begin{cases} S_T - X，如果 S_T > X \\ 0，如果 S_T \leqslant X \end{cases}$$

式中：S_T 为到期日的资产价格；X 为执行价格。

该公式着重强调了期权收益非负的特点，即只有 $S_T > X$ 时，期权才会被执行；如果 $S_T \leqslant X$，期权就不会被执行，期权到期价值为零，此时买方的净损失等于当初为购买该期权而支付的金额。一般的，期权买方的净利润等于期权到期时的价值减去初始购买价格，如图 11-1 中的虚线所示。

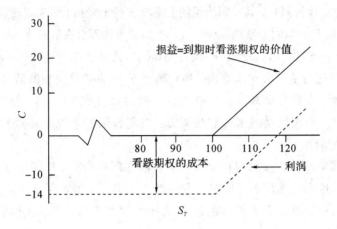

图 11-1　到期时看涨期权买方的损益与利润

二、看跌期权

看跌期权赋予交易者以执行价格卖出资产的权利。看跌期权买方只有在价格低于执行价格时，才会执行期权。到期时看跌期权的价值为

$$看跌期权买方的收益=\begin{cases} S_T-X，如果\ S_T<X \\ 0，如果\ S_T\geqslant X \end{cases}$$

图 11-2 中的实线表示到期时执行价格为 100 元的股票看跌期权买方的收益。如果到期时股票价格高于 100 元，则期权就没有价值，即以 100 元卖出股票的权利不会被行使。如果到期时股票价格低于 100 元，则股票价格每降低 1 元期权价值就增加 1 元。图 11-2 中所示，虚线表示到期时看跌期权买方扣除原始期权购买成本后的净利润。

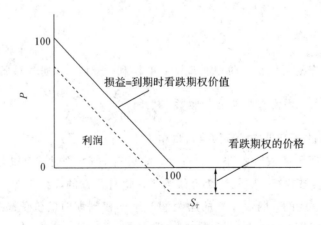

图 11-2　到期时看跌期权的损益与利润

【思考题 11-2】 考虑四种期权策略：买入看涨期权、卖出看涨期权、买入看跌期权和卖出看跌期权。

(1) 对于每一种策略，用图形描述收益与利润，表示出它们与股价的函数关系。

(2) 为何将买入看涨期权与卖出看跌期权视为"牛市"策略？它们之间有何区别？

(3) 为何将买入看跌期权与卖出看涨期权视为"熊市"策略？它们之间有何区别？

第三节 常用期权策略

一、保护性看跌期权

假如只想投资某只股票，却不愿承担超过一定水平的潜在风险，那么，可以考虑购买股票的同时，购买一份股票的看跌期权，该组合被称为保护性看跌期权。表 11-1 给出了该资产组合的总价值。不管股票价格如何变化，投资者肯定能够在到期时得到一笔至少等于期权执行价格的收益，因为看跌期权赋予投资者以执行价格卖出股票的权利。

表 11-1　到期时保护性看跌期权资产组合的价值

资产组合	$S_T \leqslant X$	$S_T > X$
股票	S_T	S_T
＋看跌期权	$+X-S_T$	$+0$
＝总计	X	S_T

【例 11-1】 假定持有保护性看跌期权，执行价格 $X=100$ 元。如果期权到期时股票售价为 97 元，那么期权到期时的价值是多少？如果期权到期时股票售价为 104 元，期权到期时的价值又是多少？

解 股票价值为 97 元，看跌期权到期时的价值为

$$X-S_T=100-97=3(元)$$

换种角度看，在既持有股票又持有它的看跌期权的情况下，该期权赋予投资者以 100 元卖出股票的权利，资产组合的最小价值锁定在 100 元。另一方面，如果股票价格超过 100 元，比如为 104 元，于是以 100 元卖出股票的权利就不再有价值。这时，在到期时不执行期权，继续持有价值 104 元的股票。

图 11-3 显示了保护性看跌期权策略的收益与利润。C 中的实线是全部收益，下移幅度($S_0＋P$，建立头寸成本)的虚线是利润。注意，潜在的损失是有限的。

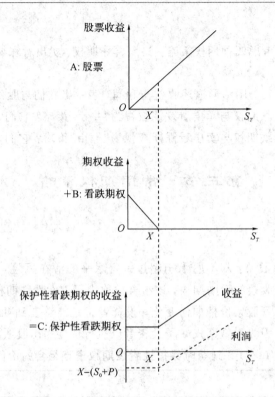

图 11-3　到期日保护性看跌期权的价值

图 11-3 将保护性看跌期权策略与股票投资做比较，为简单起见，考虑平值保护性看跌期权，这时 $X=S_0$。比较两种策略的利润，图 11-4 清楚地表明，保护性看跌期权提供了针对股价下跌的保险，限制了损失。因此，保护性看跌期权是一种资产组合保险。保护的成本是，一旦股价上升，购买期权成本会带来利润的减少，因为这时是不需要购买期权的。

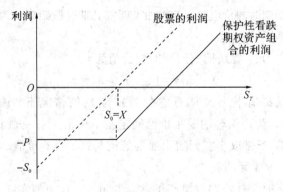

图 11-4　保护性看跌期权与股票投资（平价期权）

二、抛补看涨期权

抛补看涨期权头寸就是买入股票的同时卖出它的看涨期权。这种头寸称为"抛补"是因为将来交割股票的潜在义务正好被资产组合中的股票所抵消。相反，如果没有股票头寸而卖出看涨期权称为卖裸期权。在看涨期权到期时，抛补看涨期权的价值等于股票价值减去看涨期权的价值。如表 11-2 所示。期权价值被减掉是因为抛补看涨期权头寸涉及出售了一份看涨期权给其他投资者，如果其他投资者执行该期权，他的利润就是对方的损失。

表 11-2 到期日抛补看涨期权价值

资产组合	$S_T \leqslant X$	$S_T > X$
股票损益	S_T	S_T
＋卖出看涨期权损益	$+0$	$-(S_T-X)$
＝总计	S_T	X

图 11-5 中的 C 实线描述了其收益类型。可以看到在 T 时刻，当股票价格低于 X 时，总头寸价值为 S_T，当 S_T 超过 X 时，总价值达到最大值 X。本质上，卖出看涨期权意味着卖出了股价超过 X 的部分的要求权，而获得了初始的权利金（看涨期权价格）收入。因此，在到期时，抛补看涨期权的总价值最大为 X。图 11-5 中 C 的虚线是其净利润。

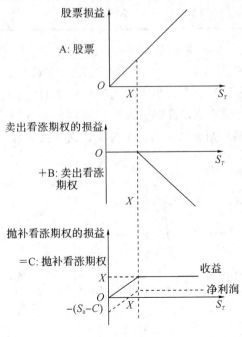

图 11-5 到期日抛补看涨期权的价值

【例 11 - 2】 假设某养老金拥有 1000 股股票，现在的股票价格为每股 100 元。如果股价升至 110 元，基金管理人愿意卖出所有的股票，而 60 天到期执行价格为 110 元看涨期权价格为 5 元。试构建投资策略并分析该养老基金的损益。

解 卖出 10 份股票看涨期权合约（每份合约 100 股），就可以获得 5000 元的额外收入。当然，如果股票价格超过 110 元，基金管理人就会损失超过 110 元的那部分利润。但是既然愿意在 110 元卖出股票，那么损失的那部分利润本来就没有期待实现。

三、跨式期权

买入跨式期权就是同时买进执行价格（X）相同、到期日（T）相同的同一股票的看涨期权与看跌期权。对于那些相信价格要大幅波动，却不知价格运行方向的投资者来说，买入跨式期权是很有用的策略。买入跨式期权的损益如表 11 - 3 所示。

表 11 - 3　到期时买入跨式期权头寸的价值

资产组合	$S_T \leqslant X$	$S_T > X$
看涨期权的损益	0	$S_T - X$
+看跌期权的损益	$+X - S_T$	$+\quad 0$
=总计	$X - S_T$	$S_T - X$

图 11 - 6(c) 中的实线也描述了买入跨式期权的损益。注意，该组合的收益除了在 $S_T = X$ 时为零外，总是正值。图 11 - 6(c) 中的虚线是买入跨式期权的利润。利润曲线在收益曲线的下方，二者之间的距离为买入跨式期权头寸的成本 $P + C$。从图中可以清晰地看出，除非股票价格显著偏离 X，否则买入跨式期权的头寸就会产生损失。只有股价与 X 的偏离大于购买看涨期权与看跌期权的全部支出时，投资者才会获得利润。

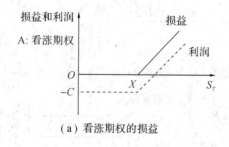

（a）看涨期权的损益

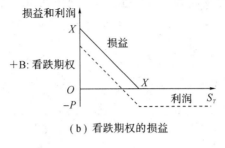

（b）看跌期权的损益

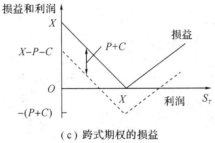

（c）跨式期权的损益

图 11-6 到期日买入跨式期权的价值

四、期权的价差套利

期权的价差套利是不同执行价格或者不同到期日的同一股票的两个或多个看涨期权（看跌期权）的组合。有些期权是多头，而其他期权是空头。常用的价差套利有两类方法：

（1）货币价差套利：是指同时买入或卖出具有不同执行价格的期权。

（2）时间价差套利：是指卖出与买入不同到期日的期权。

考虑一种货币价差套利，具体是买入一份执行价格为 X_1 的看涨期权，卖出一份到期日相同，执行价格为 X_2 的看涨期权，其中 $X_1 < X_2$。如表 11-4 所示，该头寸的收益是所买期权价值与所卖期权价值的差额。

表 11-4 到期时牛市价差套利的价值

资产组合	$S_T \leqslant X_1$	$X_1 < S_T \leqslant X_2$	$S_T > X_2$
买入执行价格为 X_1 的看涨期权的损益	0	$S_T - X_1$	$S_T - X_1$
卖出执行价格为 X_2 的看涨期权的损益	— 0	— 0	$-(S_T - X_2)$
=总计	0	$S_T - X_1$	$X_2 - X_1$

图 11-7 描述了这种策略的收益与利润，这种策略也称为牛市价差套利，在股票价格上涨时收益要么增加，要么不受影响。牛市价差套利头寸的持有者从股价升高中获利。

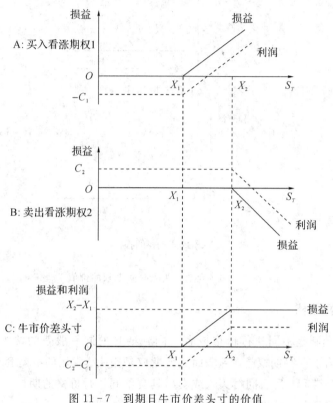

图 11-7 到期日牛市价差头寸的价值

五、双限期权

双限期权是一种期权策略，即把资产组合的价值限定在上下两个界限内。假设某投资者现在持有大量的股票，现在股票价格为每股 100 元。通过购买执行价格为 90 元的保护性看跌期权就可以设定下限为 90 元，但这需要投资者支付看跌期权的权利金。为了获得资金支付权利金，投资者可以卖出一个看涨期权，比如执行价格为 110 元的看涨期权。看涨期权的价格可能与看跌期权的价格基本相等，这意味着两种期权头寸的净支出基本为零。卖出看涨期权限定了资产组合的上限，即便是股票价格超过了 110 元，投资者也不会获得超过 110 元的那部分收益，因为价格高于 110 元时看涨期权将被执行。这样，投资者通过看跌期权的执行价格得到下限保护，同时卖出超过看涨期权执行价格的那部分利润的要求权，来获得支付买入看跌期权的权利金。下面通过案例介绍双限期权的应用。

【**案例 11-1**】 某人想购买 220 000 元的房子，现有财产是 200 000 元，愿意承担的损失不超过 20 000 元。如何采用期权策略实现预定目标？假设看涨期权和看跌期权的手续费相同。

可以通过以下步骤建立双限期权：① 以每股 100 元的价格购买 2000 股股票；② 购买 2000 份看跌期权，执行价格为 90 元；③ 卖出 2000 份看涨期权，执行价格为 110 元。该头寸以每股为基础的损益表如表 11-5 所示。

表 11-5 双限期权头寸的损益表

资产组合	$S_T \leqslant 90$	$90 \leqslant S_T \leqslant 110$	$S_T > 110$
买入看跌期权($X = 90$)	$90 - S_T$	0	0
股票	S_T	S_T	S_T
＋卖出看涨期权($X = 110$)	＋ 0	＋ 0	$-(S_T - 110)$
＝总计	90	S_T	110

如果以 2000 乘以每股价值，双期限期权会提供一个 180 000 元的最小收益（代表最大损失为 20 000 元）和一个 220 000 元的最大收益（代表房屋成本）。损益图如图 11-8 所示。

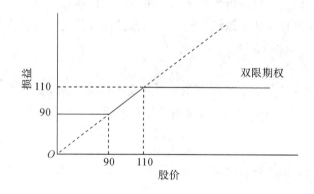

图 11-8 双限期权头寸的损益图

第四节 看涨与看跌期权的平价关系

一、复制组合

从前述内容可知，一个保护性看跌期权组合包括股票头寸和与该头寸对应的看跌期权，能保证最低收益，但没有限定收益上限，见表 11-1。但它并不是获得这种保护的唯一方式。看涨期权加国债的组合也能锁定风险下限，不锁定风险上限。

【**思考题 11-3**】 回顾一下保护性看跌期权的现金流，如表 11-1 所示，请问如何采用看涨期权和国债的组合复制该现金流？

考虑这样的策略，购买看涨期权，同时购买面值等于看涨期权执行价格的国债，两者到期日相同。例如：看涨期权执行价格为 100 元，则每份期权合约（每份合约 100 股股票）执行时需要支付 10 000 元，因此所购买国债的到期价值也应为 10 000 元。如果持有期权的执行价格为 X，则需购买面值为 X 的无风险零息债券。在 T 时刻，当期权与零息债券到期时，该组合的价值如表 11-6 所示。

表 11-6　组合到期时的价值

资产组合	$S_T \leqslant X$	$S_T > X$
看涨期权的价值	0	$S_T - X$
＋无风险利率债券的价值	＋　X	＋　X
＝总计	X	S_T

如果股票价格低于执行价格，则看涨期权价值为零，但是无风险债券到期时等于其面值 X，于是债券的价值是该组合价值的下限。如果股票价格超过 X，则看涨期权的收益是 $S_T - X$，与债券面值相加得 S_T。该组合的收益与保护性看跌期权的收益是完全相同的。

二、平价定理

如果两种资产组合的价值总是相等的，则其成本也必须相等。因此，看涨期权加债券的成本等于股票加看跌期权的成本。每份看涨期权的成本为 C，无风险零息债券的成本为

$$\frac{X}{(1+r_{\rm f})^T}$$

因此，看涨期权加债券资产组合的成本为

$$C+\frac{X}{(1+r_{\rm f})^T}$$

零时刻股票成本即现在的股票价格为 S_0，看跌期权的成本为 P，于是有

$$C+\frac{X}{(1+r_{\rm f})^T}=S_0+P \tag{11-1}$$

式（11-1）称为看跌-看涨期权平价定理，因为它代表看涨期权与看跌期权之间恰当的关系。如果这个关系被打破，就会存在套利机会。

三、考虑股息的平价定理

式（11-1）实际上只适用于在期权到期日前股票不分发股利的情况，但可以很直接的将其推广到股票支付股利的欧式期权情况。看跌期权与看涨期权平价关系的更一般公式是

$$P = C + PV(X - S_0) + PV(股利) \tag{11-2}$$

其中，PV(股利)为在期权有效期内收到股利的现值。这个一般公式也适用于除股票外其他资产为标的物的欧式期权，并用期权有效期内标的资产的收益代替股利。

【例 11-3】 假设一年到期的看涨期权执行价格为 130 元，距离到期日 44 天，价值为 2.18 元，相应的看跌期权价值为 4.79 元。公司股票价格为 127.21 元，短期年化利率为 0.2%。在期权到期日前，无股利支付。请问看涨-看跌平价关系是否成立？

解 根据平价关系，可以发现有

$$P = C + PV(X) - S_0 + PV(股利)$$

$$右边 = 2.18 + \frac{130}{(1.002)^{44/365}} - 127.21 + 0$$

$$= 2.18 + 129.97 - 127.21 = 4.94$$

$$左边 = 4.79 \neq 4.94$$

因此平价关系不满足，并且每股差 0.15 元的偏差。但是，这个偏差可能没有达到可以利用的程度，需权衡潜在的利润能否弥补看涨期权、看跌期权与股票的交易成本。更重要的是，在期权交易并不频繁的事实情况下，与平价的偏差可能并不是"真的"，可能只是"陈旧"报价造成的结果，而在此价格上已不可能进行交易了。

第五节　类似期权的证券

许多证券都具有明显或隐含将选择权给予一方或多方的特征。如果想评价并正确运用这些证券，必须理解这些嵌入期权的性质。

一、可赎回债券

大部分公司发行债券时都带有赎回条款，即发行方在将来某个时间可以以约定的赎回价格将债券从持有人手中买回。赎回条款实际上是给发行人的看涨期权，执行价格等于约定的赎回价格。可赎回债券实质上是出售给投资者的普通债券(没有可赎回、可转换等期权特征)与投资者同时出售给发行者的看涨期权的组合。当然，公司必须为它所拥有的这种隐式看涨期权付出代价。如果可赎回债券与普通债券的息票利率相同，那么可赎回债券的价格要低于普通债券，两者之差等于看涨期权的价值。如果可赎回债券是平价发行，那么其息票利率必须高于普通债券。因为发行公司获得看涨期权，所以高息票利率是对投资者的补偿。

图 11-9 描述了这种类似期权的特征。横轴表示与可赎回债券其他条款相同的普通债

券的价值，45 度虚线表示普通债券的价值，实线表示可赎回债券的价值，点线表示发行公司拥有的看涨期权的价值。可见，可赎回债券的潜在资本利得被发行公司拥有的以赎回价格购买债券的选择权所限制。

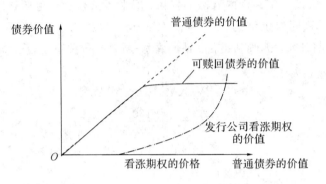

图 11-9　可赎回债券和普通债券的比较

【思考题 11-3】　可赎回债券与普通债券的抛补看涨期权有何相似性？

二、可转换债券

可转换债券是持有者拥有期权，而不是发行公司拥有期权。不管证券的市场价格如何，可转换债券的持有者有权将债券按照约定比例换为普通股。

（一）可转换债券的实质

可转换债券的实质是普通债券与看涨期权的组合。其底价由债券的转换价值或普通债券价值所决定。

债券的转换价值等于转换时刻所获得股票的价值。很明显，债券的售价至少等于转换价值，否则购买债券可以立刻转换，获得净利润。这种情况不会持续，否则所有投资者都会这样做，最终导致债券价格上升。

普通债券的价值，也称为"债券地板价"，是不能转换为股票的债券的价值。可转换债券的售价高于普通债券的售价，因此可转换这一特征是有价值的。实际上，可转换债券是一个普通债权与一个看涨期权的组合。因此，可转换债券具有两个市场价格的底价限制，转换价值与普通债券价值。

【思考题 11-4】　平价发行的可转换债券与平价发行的不可转换债券相比，其息票利率是高还是低？

（二）特征

可转换债券具有期权特征。当股票价格较低时，普通债券价值是价格下限，而转换期权几乎不相关,这时可转换债券能够像普通债券一样交易;当股票价格较高时,债券的价格就取决于它的转换价值,由于转换得到保证,这时债券与股票权益无异。下面通过案例来加深理解。

【案例 11－2】 已知期权价格为 5 元,债券面值均为 1000 元。表 11－7 分析了两种可转换债券(表中黑体字表示分析结果)的收益。

表 11－7 两种可转换债券的收益分析

债 券	A	B
年息票率	8％	8％
到期时间	10	10
评级	Baa	Baa
转换比	20	25
股票市价/元	30	50
转换价值/元	**600**	**1250**
同级同期限债券的 YTM	8.5％	8.5％
对应普通债券的价值/元	**967**	**967**
实际市场价格/元	**972**	**1255**
实际到期收益率	**8.42％**	**4.74％**

债券 A 的转换价值仅为 600 元,而对应的普通债券的价值为 967 元,这是普通债券将来的息票与本金按照 8.5％的利率折现后的现值。债券的实际价格为 972 元,与普通债券价值相比升水 5 元,转换的可能性很低。根据实际价格 972 元和定期支付的利息计算,它的到期收益率为 8.42％,与普通债券的收益率接近。

债券 B 的转换期权处于实值。转换价值是 1250 元,债券价格是 1255 元,反映了它作为权益的价值(5 元是债券对股票价格下跌时提供保护的价格)。到期收益率为 4.76％,远低于对应的普通债券的收益率。收益率的大幅降低是由转换期权价值较高造成的。

理论上,可以把可转换债券当作普通债券加上看涨期权来定价。但是在实践中,这种方法的可行性较差,原因如下:

(1)代表期权执行价格的转换价格经常随时间变动。

（2）在债券的有效期内，股票会支付一些股利，使得期权定价分析更加复杂。

（3）大部分可转换债券可由公司自行决定赎回，在本质上投资者与发行方都拥有对方的期权。这说明债券的实际期限是不确定的。

三、抵押贷款

许多贷款都要求借款人提供抵押资产作为担保，以保证贷款能够归还。一旦违约，贷款人就能获得抵押物的所有权。对没有追索权的贷款来说，贷款人对抵押物以外的财产没有追索权。也就是说，当抵押物不能抵偿贷款时，贷款人无权起诉借款人，要求进一步的支付。

这种协议赋予借款人一个隐含的看涨期权。假设借款人在贷款到期日需要偿还的金额为 L，抵押物价值为 S_T，而抵押物现在的价值为 S_0。借款人拥有这样的选择权，在贷款到期时，如果 $S_T > L$，则借款人归还贷款；如果 $S_T < L$，借款人可以违约，放弃仅值 S_T 的抵押物，卸去清偿义务。也可以直接用看涨期权来描述抵押贷款，借款人将抵押物移交给贷款人，在贷款到期时，通过偿还贷款将抵押物赎回。期初将具有赎回权的抵押物交出，等于支付的金额为 S_0，同时获得了一个执行价格为 L 的看涨期权。实际上，借款人移交抵押物，并且在贷款到期时，如果 $L < S_T$，就可以以 L 的价格购回抵押物。

另一种看待抵押贷款的方法是用看跌期权来描述的。假定借款人肯定会归还贷款金额 L，但是仍有将抵押物以 L 的价格卖给贷款人的权利，即便是 $S_T < L$。在这种情况下，抵押物出售可以产生足够的现金流来偿还贷款。以 L 的价格卖出抵押物就是一个看跌期权，保证借款人通过移交抵押物得到足够的现金来偿还贷款。

可见，描述同一个抵押贷款，既涉及看涨期权，也涉及看跌期权，两者的等价正好反映了看涨期权与看跌期权的平价关系。

用看涨期权描述贷款时，借款人的负债为 $S_0 - C$。借款人移交了价值为 S_0 的抵押物，持有价值为 C 的看涨期权。用看跌期权描述贷款时，借款人有义务偿还贷款金额 L，持有价值为 P 的看跌期权，其净负债的现值为 $L/(1+r_f)^T - P$。因为这两种描述对同一抵押贷款来说是等价的，则其负债的值应该相等，即

$$S_0 - C = \frac{L}{(1+r_f)^T} - P \qquad (11-3)$$

将 L 视为期权的执行价格，式（11-3）就是看跌期权与看涨期权的平价关系。

当 S_T 超过 L 时，偿还贷款，赎回抵押物。否则，放弃抵押物，总偿还的贷款仅值 S_T。

图 11-10 说明了这个事实。图 11-10（a）是贷款人收到还款的价值，等于 S_T 与 L 的最小值。图 11-10（b）将其表示为 S_T 与隐含的看涨期权（贷款人出售，借款人持有）收益的差额。图 11-10（c）将其视为 L 与看跌期权收益的差额。

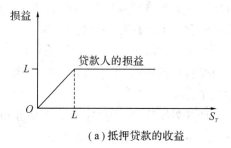

（a）抵押贷款的收益

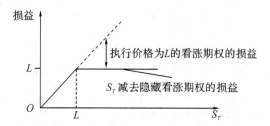

（b）贷款人从借款人处获得抵押物，发行一个期权给
　　借款人，这样借款人能够以贷款面值来赎回抵押物

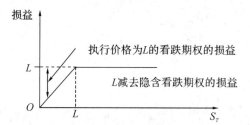

（c）贷款人以借款回收无风险的贷款，并发行看跌期权
　　给借款人，这样借款人能够以贷款面值来卖出抵押物

图 11-10　抵押贷款的损益

本 章 小 结

（1）按照期权的权利来划分，最简单的两种期权是看涨期权和看跌期权。看涨期权是以规定的执行价格来购买某项资产的权利，看跌期权是以规定的执行价格出售某项资产的权利。

（2）期权可以用来改变投资者的资产价格风险敞口，或对资产价格波动提供保险。常用的期权策略有保护性看跌期权、抛补看涨期权、跨式期权、价差套利和双限期权。

（3）看跌期权与看涨期权平价定理将看跌期权与看涨期权的价格联系在一起。如果平价关系被打破，就会出现套利机会。具体地讲，平价关系为

$$P=C+PV(X)-S_0+PV(股利)$$

式中，X 为看涨期权与看跌期权的执行价格，$PV(X)$ 为期权到期日 X 元的现值，$PV(股利)$ 是到期日前股票支付股利的现值。

（4）许多经常交易的证券具有期权特征，例如：可赎回债券和可转换债券。其他的一些协议，如抵押贷款也可用一方或多方拥有的隐含期权来分析。

第十二章　期权定价

本章要点
- 期权的价值
- 布莱克-斯科尔斯期权定价模型
- 期权定价的二叉树模型
- 含权债券的定价

第一节　期权的价值

一、内在价值和时间价值

考虑标的资产为股票的看涨期权，假设在某时刻该期权处于虚值状态，即股票价格低于执行价格，这并不意味着期权毫无价值。即使现在执行期权无利可图，但期权价值仍为正，因为在到期前股票价格有可能上涨到足以使执行期权变得有利可图。否则，最坏的结果是期权以零值失效。关于期权价值分析的相关概念如下。

（1）内在价值。价值 $S_0 - X$ 被称为实值期权的内在价值，它是立即执行期权所带来的收益。虚值期权和平价期权的内在价值为零。

（2）时间价值。期权实际价格与内在价值的差，通常称为期权的时间价值。

期权的时间价值不同于货币的时间价值，它仅是期权价格与期权被立即执行时的价值之差。它是期权价值的一部分，源于期权距离到期日还有一段时间。

期权的大部分时间价值是一种典型的"波动性价值"。因为期权持有者可以选择不执行期权，收益最低也就是零。虽然看涨期权现在属于虚值，但仍然具有正的价格，因为一旦股价上升，就存在潜在的获利机会，而在股价下跌时却不会带来更多损失的风险。波动性价值依赖于当选择执行无利可图时可以选择不执行的权利。执行权利而不是履行义务，期权为表现较差的股票价格提供了保险。

图 12-1 是到期前看涨期权的价值函数。从价值曲线可以看出，当股票价格非常低时，期权价值几乎为零，因为几乎不存在执行期权的机会；当股票价格非常高时，期权价值接近经调整的内在价值；在中间阶段，期权价值接近平值时，曲线偏离调整的内在价值对应的直线，这是因为在这个区域执行期权的收益可以忽略不计（或者为负），但期权的波动性却很高。

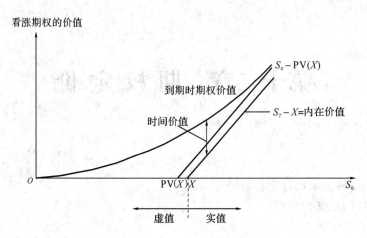

图 12-1　到期前看涨期权的价值

看涨期权的价值总是随着股价上涨而增加。当期权处于深度实值时，曲线的斜率最大。

二、期权价值的决定因素

影响期权价值的因素至少有六个：股票价格、执行价格、股票价格的波动性、到期期限、利率和股票的股息率。

看涨期权价值与股票价格同向变动，而与执行价格反向变动，因为如果期权被执行，其收益等于 $S_T - X$。看涨期权期望收益的幅度随 $S_0 - X$ 的增加而增加。

看涨期权价值也随着股票价格的增加而增加。同样，到期期限越长，看涨期权的价值越大。假设股票价格保持不变，当利率上升时，看涨期权的价值增加，因为高利率降低了执行价格的现值。最后，公司的股利支付政策也影响期权的价值。高额股利政策会降低股票价格的增长率。对于任何股票的期望收益率来说，股利支付越高意味着期望资本收益率越低。对股票价格估值的抑制也降低了看涨期权的潜在收益，从而降低了期权的价值。

表 12-1 对以上关系进行了总结。

表 12-1　看涨期权价值的决定因素

如果该变量变大	看涨期权价值
股票价格 S	增加
执行价格 X	降低
波动性 σ	增加
到期时间 T	增加
利率 r_f	增加
股利支付	降低

【思考题 12-1】 请列举看跌期权价值的决定因素及其对期权价值的影响。

三、期权价值的限制

(一) 看涨期权

(1) 期权的价值不可能为负。因为期权并不一定执行,它不会给持有者强加任何义务;而只要执行期权可能获得利润,期权就会有一个正的价值。期权的期望收益最差时为零,且有可能为正,因此投资者乐意支付一笔钱去购买看涨期权。

(2) 期权的价值不可能超过股票价格。划定期权价值的上限为股票的价格。没有人会支付高于 S_0 元的金额去购买价值为 S_0 元的股票的期权。因此,有 $C \leqslant S_0$。

(3) 期权的价值要高于杠杆化的股票头寸的价值。假定股票在到期日之前的时刻 T(现在为 0 时刻)支付数量为 D 的股利。现在比较两个资产组合,一个包括一份股票看涨期权,另一个是由该股票和数额为 $(X+D)/(1+r_f)^T$ 的借款组成的杠杆化的股票头寸。在期权到期日那天,还付贷款 $X+D$ 元。

期权到期时杠杆化的股票头寸的收益如表 12-2 所示。

表 12-2 到期时杠杆化的股票头寸的收益

头寸	收益
股票价值	S_T+D
−借款偿还额	$-X+D$
=总计	S_T-X

式中,S_T 为期权到期时的股票价格。注意,股票的收益等于不含股利的股票价值加上收到的股利。股票加借款头寸的总收益是正或负,取决于 S_T 是否超过了 X。建立杠杆化的股票头寸的净现金支出为 $S_0-(X+D)/(1+r_f)^T$,也就是当前股票价格 S_0 减去初始借款额。

如果期权到期时处于实值状态,则看涨期权的收益为 S_T-X,否则为零。在期权收益与杠杆化的头寸收益均为正时,两者收益相等,而当杠杆化头寸收益为负时,期权收益高于杠杆化头寸的收益。因为期权收益总是高于或等于杠杆化头寸的收益,所以,期权价格必须超过建立该头寸的成本。

于是,看涨期权的价值必须高于 $S_0-(X+D)/(1+r_f)^T$,即

$$C \geqslant S_0-(X+D)/(1+r_f)^T$$

或者为

$$C \geqslant S_0-PV(X)-PV(D)$$

式中,$PV(X)$ 为执行价格的现值,$PV(D)$ 为期权到期时股票支付股利的现值。更一般地,

我们把 PV(D) 作为期权到期日之前所有股利的现值。由于已知看涨期权价值为非负，因此，C 为 0 和 $S_0 - \text{PV}(X) - \text{PV}(D)$ 两者中的较大值。

图 12-2 给出了看涨期权价值所处的范围，该范围由上述的上限和下限决定。

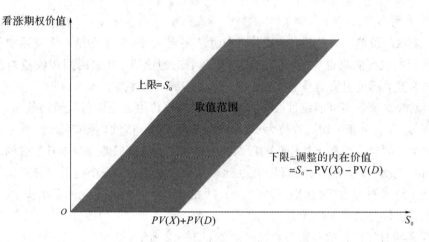

图 12-2　看涨期权价值的可能范围

根据得到的期权价值的限制，期权价值不可能处于阴影区域之外。期权到期之前，看涨期权的价值在阴影区域之内，但是不会到达上下边界，如图 12-3 所示。

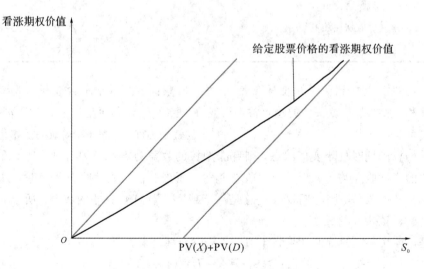

图 12-3　看涨期权价值与股票现价之间的函数关系

（二）看跌期权

（1）看跌期权价值不可能为负。理由与看涨期权相同。

（2）看跌期权价值不可能超过执行价格现值。看跌期权赋予持有者在未来以执行价格卖出标的资产的权利，其未来收益是执行价格与行权时标的资产价格的差额，标的资产的价格不会为 0，因此看跌期权的买方最高回报为执行价格。欧式看跌期权只能在到期日 T 时刻执行，因此欧式看跌期权价格 P 不能高于 X 的现值 $PV(X)$：

$$P \leqslant \frac{X}{(1+r_f)^T}$$

或者更一般地表示为

$$P \leqslant PV(X)$$

（3）期权下限是其内在价值。考虑以下两种组合，组合 A 包括一份股票看跌期权和该股票，而组合 B 是金额为 $X/(1+r_f)^T$ 的贷款。在 T 时刻，如果 $S_T < X$，期权将被执行，组合 A 价值为 X；如果 $S_T > X$，期权将不被执行，组合 A 价值为 S_T。组合 A 在 T 时刻的收益如表 12-3 所示。

表 12-3　组合 A(保护性看跌期权)到期时的收益

资产组合	$S_T \leqslant X$	$S_T > X$
股票	S_T	S_T
＋看跌期权	＋$X - S_T$	＋0
＝总计	X	S_T

即组合 A 的价值为

$$\max(S_T, X)$$

假定组合 B 的现金以无风险利率投资，则在 T 时刻组合 B 的价值为 X。由于组合 A 的价值在 T 时刻大于等于组合 B，因此组合 A 的当前价值也应大于等于组合 B，即

$$P + S_0 \geqslant \frac{X}{(1+r_f)^T}$$

$$P \geqslant \frac{X}{(1+r_f)^T} - S_0$$

假定股票在到期日之前的时刻 T（现在为 0 时刻）支付数量为 D 元的股利，只需将上述组合 B 的现金改为 $(X+D)/(1+r_f)^T$ 就可得到看跌期权价格的下限为

$$P \geqslant \frac{(X+D)}{(1+r_f)^T} - S_0$$

或者更一般地表示为

$$P \geqslant PV(X) + PV(D) - S_0$$

从以上分析可知,看跌期权的下限就是其内在价值。

(三) 美式期权是否会被提前执行

(1) 看涨期权。想平掉头寸的看涨期权持有者有两种选择:执行期权或将其售出。如果美式期权持有者在 $t \leqslant T$ 时刻执行期权,获利收益为 $S_t - X$,假定期权处于实值状态,我们已经知道,期权最低可以 $S_t - PV(X) - PV(D)$ 的价格卖出。因此,如前文所述,对不支付股利的股票期权,C 高于 $S_t - PV(X)$。因为 X 的现值小于 X 本身,所以有

$$C \geqslant S_t - PV(X) > S_t - X$$

这意味着以价格 C 出售期权的收益一定大于执行期权的收益 $S_t - X$。从经济角度讲,出售期权要比执行期权更有吸引力,因为出售期权可以让期权继续存在而不是消失。换句话说,对不支付股利的股票看涨期权而言,"活着比死更有价值"。

如果在到期日之前执行期权无法带来收益,那么提前执行毫无价值。因为美式期权不会提前执行,所以提前执行的权利就毫无价值了。因此,可以认为对不支付股利的股票而言,美式看涨期权与欧式看涨期权是等价的。

(2) 看跌期权。对于美式看跌期权而言,肯定会有因提前执行而达到最优的可能性。美式看跌期权要比相应的欧式看跌期权价值更高。美式看跌期权允许在到期日之前的任何时间行权。因为提前行权在某些情形下可能有用,这会在资本市场上获得一个溢价。于是,在其他条件相同时,美式看跌期权的价格高于欧式看跌期权。

图 12-4(a)给出了美式看跌期权的价值与股票现价 S_0 之间的函数关系。一旦股票价格跌破临界值(图中记为 S^*),执行就是最优的选择。在这一点,期权价格曲线与代表期权内在价值的直线相切。当股票价格达到 S^* 时,看跌期权被执行,其收益等于期权的内在价值。作为对比,如图 12-4(b)中的欧式看跌期权的价值并不渐近于内在价值线。因为欧式期权不允许提前执行,所以在 $S_0 = 0$ 时欧式看跌期权价值的最大值是 $PV(X)$。显然,对于足够长的横轴,$PV(X)$ 可以任意小。

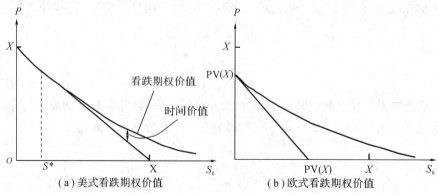

(a)美式看跌期权价值　　(b)欧式看跌期权价值

图 12-4　看跌期权价值与股票现价之间的函数关系

第二节　布莱克(B)-斯科尔斯(S)期权定价模型

一、B-S模型的形成

(一)模型的假设条件及形式

B-S模型[①]由布莱克和斯科尔斯于1973年提出,已被期权市场的参与者广泛使用。B-S模型是在以下一系列的假设条件下得到的:

(1)股票价格遵循几何布朗运动。

(2)允许卖空股票。

(3)没有交易费用和税收,所有证券都是完全可分的。

(4)在衍生证券有效期内标的股票没有现金收益。

(5)不存在无风险套利机会。

(6)证券交易是连续的,价格变动也是连续的。

(7)在衍生证券有效期内,无风险连续复利r为常数。

由于股票价格S遵循几何布朗运动,设μ和σ为常数,因此有

$$\mathrm{d}S = \mu S \mathrm{d}t + \sigma S \mathrm{d}z \tag{12-1}$$

在一个小的时间间隔Δt中,S的变化值ΔS为

$$\Delta S = \mu S \Delta t + \sigma S \Delta z \tag{12-2}$$

假设f是依赖S的衍生证券的价格,则f一定是S和t的函数,由式(12-1)可得,f遵循

$$\mathrm{d}f = \left(\frac{\partial f}{\partial S} \mu S + \frac{\partial f}{\partial t} + \frac{1}{2} \frac{\partial^2 f}{\partial S^2} \sigma^2 S^2 \right) \mathrm{d}t + \frac{\partial f}{\partial S} \sigma S \mathrm{d}z \tag{12-3}$$

因此,在一个小的时间间隔Δt中,f的变化值Δf满足

$$\Delta f = \left(\frac{\partial f}{\partial S} \mu S + \frac{\partial f}{\partial t} + \frac{1}{2} \frac{\partial^2 f}{\partial S^2} \sigma^2 S^2 \right) \Delta t + \frac{\partial f}{\partial S} \sigma S \Delta z \tag{12-4}$$

可以知道,式(12-2)和式(12-4)中Δz都等于$\varepsilon \sqrt{\Delta t}$。因此只要选择适当的衍生证券和标的股票的组合就可以消除不确定性。为了消除Δz,可以构建一个包括一单位衍生证券

[①] Fisher Black and Myron Scholes. The Pricing of Options and Corporate Liabilities. Journal of Political Economy，May-June 1973：81.

空头和 $\partial f / \partial S$ 单位标的证券多头的组合。令 Π 代表该证券组合的价值，则

$$\Pi = -f + \frac{\partial f}{\partial S} S \qquad (12-5)$$

在 Δt 时间后，该投资组合的价值变化 $\Delta \Pi$ 为

$$\Delta \Pi = -\Delta f + \frac{\partial f}{\partial S} \Delta S \qquad (12-6)$$

综合式 (12-4) 可得

$$\Delta \Pi = \left(-\frac{\partial f}{\partial t} - \frac{1}{2} \frac{\partial^2 f}{\partial S^2} \sigma^2 S^2 \right) \Delta t \qquad (12-7)$$

由于式 (12-7) 中不含有 Δz，该组合的价值在一个小的时间间隔 Δt 内的变化是确定的，在不存在套利机会的条件下，该组合在 Δt 中的瞬时收益率一定等于 Δt 中的无风险收益率。因此，在没有套利机会的条件下，有

$$\Delta \Pi = r \Pi \Delta t$$

代入式 (12-5) 和式 (12-7) 可得

$$\left(\frac{\partial f}{\partial t} + \frac{1}{2} \frac{\partial^2 f}{\partial S^2} \sigma^2 S^2 \right) \Delta t = r \left(f - \frac{\partial f}{\partial S} S \right) \Delta t$$

化简得

$$\frac{\partial f}{\partial t} + rS \frac{\partial f}{\partial S} + \frac{1}{2} \sigma^2 S^2 \frac{\partial^2 f}{\partial S^2} = rf \qquad (12-8)$$

这就是著名的 B – S – M 微分方程，它是衍生证券价格 f 所满足的方程。通过式 (12-8)，运用风险中性定价原理求解方程，即可得出期权定价公式。

（二）B-S 期权定价公式

下面分别介绍欧式看涨期权和看跌期权的 B-S 公式。

1. 看涨期权的公式

看涨期权的公式为

$$C_0 = S_0 N(d_1) - X e^{-rT} N(d_2) \qquad (12-9)$$

式中

$$\begin{cases} d_1 = \dfrac{\ln\left(\dfrac{S_0}{X} \right) + \left(r + \dfrac{1}{2} \sigma^2 \right) T}{\sigma \sqrt{T}} \\ d_2 = d_1 - \sigma \sqrt{T} \end{cases}$$

式中，C_0 为当前的看涨期权价值；S_0 为当前的股票价格；$N(d)$ 为标准正态分布小于 d 的概率，图 12-5 中的阴影部分在 Excel 中可通过函数 NORMSDIST() 计算；X 为执行价格；

e 为自然对数的底；r 为无风险利率；T 为期权到期时间；σ 为股票连续复利的年收益率的标准差。

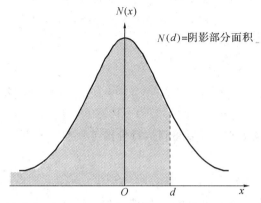

图 12-5 标准正态曲线

可以从直觉上来理解 B-S 公式，诀窍是把 $N(d)$ 项（不严谨地）视为看涨期权在到期时处于实值的风险调整概率。首先，在式(12-9)中，假定两个 $N(d)$ 项都接近于 1.0，也就是说看涨期权被执行的概率很高。于是，看涨期权价值等于 $S_0 - Xe^{-rT}$，这也是前面提到过的调整后的内在价值 $S_0 - PV(X)$。这一点很有意义，如果确实执行了，就获得了现在价格为 S_0 的股票的索取权，而承担现值为 $PV(X)$ 的义务，或以连续复利计算的义务 Xe^{-rT}。

再次观察式(12-9)，假定 $N(d)$ 项接近于 0，意味着期权不会被执行。于是该等式说明看涨期权毫无价值。对于 $N(d)$ 项取值范围为 0 至 1 时，式(12-9)告诉我们可以把期权价值视为看涨期权经过到期时处于实值的概率调整的潜在收益的现值。

2. 看跌期权定价公式

由看涨-看跌期权平价定理可以得到

$$P = C + PV(X) - S_0 = C + Xe^{-rT} - S_0 \qquad (12-10)$$

把根据布莱克-斯科尔斯公式求出的看涨期权的价值代入式(12-10)中，可以得到欧式看跌期权的价值为

$$P = Xe^{-rT}[1 - N(d_2)] - S_0[1 - N(d_1)] \qquad (12-11)$$

【**例 12-1**】 假定对一个看涨期权定价，已知条件如下：股票价格 $S_0 = 100$ 元；执行价格 $X = 95$ 元；无风险利率 $r = 0.10$（每年 10%）；期权期限 $T = 0.25$ 年（3 个月）；标准差 $\sigma = 0.5$（每年 50%）。该期权的价值是多少？

解 首先计算：

$$d_1 = \frac{\ln(100/95) + (0.10 + 0.5^2/2)0.25}{0.5\sqrt{0.25}} = 0.43$$

$$d_2 = 0.43 - 0.5\sqrt{0.25} = 0.18$$

查 $N(d_1)$ 与 $N(d_2)$（在统计学课本中查正态分布表），可得

$$N(0.43) = 0.6664 \quad N(0.18) = 0.5714$$

于是，看涨期权的价值为

$$C = S_0 N(d_1) - X e^{-rT} N(d_2)$$
$$= 100 \times 0.6664 - 95 e^{-0.10 \times 0.25} \times 0.5714$$
$$= 66.64 - 52.94 = 13.70（元）$$

应用以上看涨期权的数据，可以得到执行价格与到期时间都相同的股票欧式看跌期权的价值为

$$P = X e^{-rT}[1 - N(d_2)] - S_0[1 - N(d_1)]$$
$$= 95 e^{-0.10 \times 0.25}(1 - 0.5714) - 100(1 - 0.6664) = 6.35$$

注意这个值与看跌-看涨期权的平价是一致的：

$$P = C + PV(X) - S_0 = 13.70 + 95 e^{-0.10 \times 0.25} - 100 = 6.35$$

作为交易策略的一个步骤，可以将该计算结果与实际看跌期权价格相比较。

二、B-S 模型的应用

（一）隐含波动率

股票收益率的历史方差可从 n 个观察值得到，其计算公式如下：

$$\sigma^2 = \frac{n}{n-1} \sum_{t=1}^{n} \frac{(r_t - \bar{r})^2}{n}$$

式中：$\bar{r}$ 为在样本期的平均收益率。在 t 天的收益率被定义为 $r_t = \ln(S_t / S_{t-1})$，与连续复利一致。

历史方差一般用几个月的每日收益率来计算。因为股票波动率是估算的，所以真实的期权价格与用公式算出的期权价格有可能不同，这是由于股票波动率的估计误差造成的。

市场参与者往往从隐含波动率的角度来看待期权定价问题。**期权的隐含波动率**，即期权价格中隐含的股票波动率水平，可以通过使期权价格与 B-S 模型中的结果一致的情况，反推出模型中对应的标准差。投资者可以判断实际的股票标准差是否超过了隐含波动率。如果实际波动率高于隐含波动率，期权的公允价格就要高于观察到的价格，则购买期权是一个好的选择。比较到期日相同而执行价格不同的同一股票的期权，具有较高隐含波动率的期权相对贵一些，因为需要较高的标准差来调节价格。一般认为应该买入低隐含波动率的期权，卖出高隐含波动率的期权。

（二）德尔塔对冲（对冲比率）

对冲比率在总体上概括了不同执行价格和到期期限的资产组合的风险。一个期权的对冲比率就是股票价格上涨 1 元时期权价格的变化，用公式表示如下：

$$H = \frac{\text{期权的价格变化}}{\text{股票的价格变化}} \qquad (12-12)$$

因此，看涨期权的对冲比率为正值，看跌期权的对冲比率为负值。期权的对冲比率通常被称为期权的德尔塔。

如图 12-6 所示，如果画出期权价值与股票价格的函数曲线，那么对冲比率就是曲线在当前股票价格上的斜率。假设当股票价格为 120 元时，曲线的斜率为 0.6。当股票价格上升 1 元时，期权价格近似增加 0.6 元。每出售一份看涨期权，就需要 0.6 股股票对冲投资者的资产组合。某人出售 10 份看涨期权并且持有 6 股股票，根据 0.6 的对冲比率，股票价格升高 1 元，股票的收益增加 6 元，而售出 10 份看涨期权则损失 0.6×10＝6 元。股票价格变动没有引起总财富变动，这就是对冲头寸所要求的。投资者按股票与期权相对变动比率持有股票与期权就对冲了资产组合。

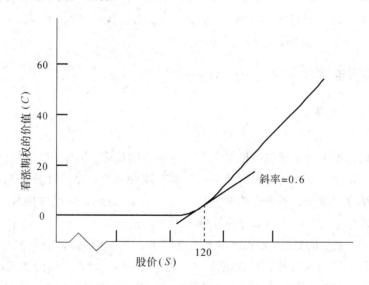

图 12-6　看涨期权价值与对冲比率

布莱克-斯科尔斯对冲比率非常容易计算。看涨期权的对冲比率是 $N(d_1)$，看跌期权的对冲比率是 $N(d_1)-1$。将 $N(d_1)$ 定义为布莱克-斯科尔斯公式的一部分，$N(d)$ 表示标准正态曲线中至 d 的区域面积。因此，看涨期权的对冲比率总是正值且小于 1，而看跌期权的对冲比率总是负值且绝对值小于 1。

【例 12 - 2】 考虑两种资产组合，一是持有 750 份 M 看涨期权与 200 股 M 股票，另一个是持有 800 股 M 股票。哪种资产组合对 M 股票价格波动的风险敞口更大？假设 $H=0.6$。

解 利用对冲比率很容易回答这个问题。用 H 代表对冲比率，则股票价格每变动 1 元，期权价格就会变动 H 元。这样，如果 H 的值为 0.6，股票价格波动时，750 份期权就相当于 $0.6\times750=450$ 股股票。显然，第一种资产组合对股票价格的敏感度更低，因为其相当于 450 股股票的期权再加上 200 股股票，要小于第二种资产组合的800 股股票。

对冲比率小于 1 的事实与由于期权的杠杆作用带来的对股价波动的敏感性并不矛盾。尽管期权价格变动要比股票价格变动小，但是期权收益率波动性却远比股票高，因为期权价格低。期权价格变动百分比与股票价格变动百分比的比值，称为**期权弹性**，即 $\dfrac{\Delta C/C}{\Delta S/S}$。

在例 12 - 2 中，第一种资产组合总价值可能低于第二种资产组合，但并不是说第一种资产组合对股票收益率的敏感度也较低。从期权弹性可以知道，从市场总价值来说，它的敏感度较低，但是它的收益率敏感度较高。因为一份看涨期权的市场价值要低于股票价格，所以它的价格变动幅度要高于股票的价格变动幅度，尽管它的对冲比率小于 1。

【思考题 12 - 2】 如果股票的价格为 122 元，那么执行价格为 120 元、对冲比率为 −0.4、售价为 4 元的看跌期权的弹性为多少？

三、期权套期保值策略

（一）动态套期保值

人们普遍认为，如果需要的资产组合的看跌期权不存在，可以通过期权定价公式（如B-S 模型）从理论上来确定期权价格对资产组合价值的反应。例如，股票价格未来要下降，看跌期权价值会增加，那么期权定价模型可以量化这种关系。保护性看跌期权资产组合对股票价格波动的净风险敞口是资产组合中的两个组成部分（股票和看跌期权）的风险敞口之和。净风险敞口等于股票的风险减去看跌期权的风险。

通过持有一定数量的股票，使得该股票对市场波动的净风险敞口与保护性看跌期权头寸相同，相当于构造了"合成"的保护性看跌期权。这种策略的关键是期权的德尔塔（对冲比率），也就是标的股票资产组合价值的单位变化引起的保护性看跌期权价格的变化量。

这种策略的困难在于德尔塔值经常改变。图 12 - 7 表明，股票价格下跌，恰当的对冲比率将增大。因此，市场下跌时需要增加额外的对冲，也就是将更多股票变为现金。不断更新对冲比率被称为动态套期保值（Dynamic Hedging），也称为德尔塔对冲、动态对冲。

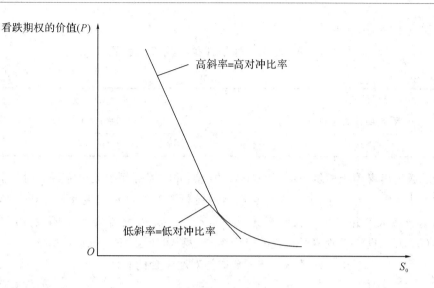

图 12-7 对冲比率随股票价格变化而变化

动态对冲是资产组合保险者对市场波动性有影响的原因之一。市场下跌时，资产组合保险者努力增加对冲，从而导致额外的股票抛售，这些额外的抛售股票又会加剧市场的下跌。

（二）合成期权

当为高度分散化的资产组合进行套期保值时，还可以采取构造合成期权的套期保值策略，通过购买标的资产（或其期货合约、期权等）构造一个合成证券，使这个合成证券等价于与理论分析一致的对冲期权。这样，就可以运用这个合成证券达到对冲的目的，实现套期保值。

由于经常发现市场上没有足够满足对冲要求所需的期权，或者可能得不到想要的期权，或者期权执行条件不一定符合要求，因而产生了采取构造合成期权的套期保值策略的需求。所谓构造合成期权，就是根据对冲比率，在一定时间卖出占原资产组合一定比例的资产并投资于无风险资产，或者反向操作，其实质就是使资金在股票和无风险资金之间重新分配。当股票价值增加时，出售无风险头寸，增加股票组合头寸；反之，则增加无风险头寸，减少股票组合头寸。

【例 12-3】 假定现在一个资产组合的现值为 1 亿元，以该资产组合为标的物的看跌期权的德尔塔值为 -0.6，意味着该资产组合价值每变动 1 元，期权价值就朝相反方向变动 0.6 元。如果资产组合价值减少了 2%，那么组合利润是多少？如何合成保护性看跌期权？

解 假定资产组合价值减少了 2%。如果存在看跌期权的话，合成的保护性看跌期权的利润如表 12-4 所示。

表 12-4 保护性看跌期权的利润

百万元

股票的损失	2‰×100=2.00
−看跌期权的盈利	−0.6×2.00=1.20
=净损失	0.80

可以通过出售等于德尔塔值（即 60%）的股票并购买等额的无风险短期国债来构造合成的期权头寸。基本原理是：看跌期权可以抵消股票资产组合价值变化的 60%，所以可以直接出售 60% 的股票并将收入投资于无风险资产。6000 万元投资于无风险资产（如短期国债）与 4000 万元投资于股票所组成的资产组合的利润如表 12-5 所示。

表 12-5 合成的对冲组合的利润

百万元

股票的损失	2‰×40=0.80
+国债的损失	+ 0
=净损失	0.80

可以发现，合成的和实际的保护性看跌期权头寸具有同样的收益。因此得出结论，如果出售等于看跌期权的德尔塔值的股票，换成现金等价物，那么在股票市场的风险敞口等于想要的保护性看跌期权头寸的风险敞口。

在实践中，资产组合保险者并不直接买入或者卖出股票来更新其对冲头寸。他们通过买入或卖出股票指数期货替代买卖股票，使交易成本最小化。在跨市场套利作用下，股票价格与指数期货价格通常紧密相关，因此期货交易就可以代替股票交易。保险者通过卖出相应数额的期货合约来代替卖出基于看跌期权德尔塔值的股票数量。

当运用合成期权进行套期保值时，必须经常关注市场行情。当市场异常波动时，可能导致合成期权（指数）方法实施困难，不能迅速卖出或买进资产，从而无法构造合成期权。

第三节 期权定价的二叉树模型

一、风险中性原理

二叉树模型属于数值类期权定价方法，图 12-8 为三阶段的二叉树模型示意图。图中二叉树模型假设股票价格在很短的时间间隔 Δt 内的变化只有两种情况，即从开始的 S 变

动到 Su 或 Sd，其中 $u>1$，$0<d<1$。令 p 为股票价格上涨到 Su 的概率，则 $1-p$ 为股票下降到 Sd 的概率。当市场不存在套利机会时(无套利)，一定存在一个风险中性概率测度，在该风险中性概率测度下，所有资产未来现金流的期望按无风险利率折现后，就是该资产现在的价格。因此，如果 $Q=(p,1-p)$ 为风险中性概率测度，则必须满足

$$S=[Sup+Sd(1-p)]e^{-r\Delta t} \tag{12-13}$$

利用二叉树求解期权的价格时，首先设置比较小的时间间隔 Δt，勾勒出股票价格运动完整的二叉树图，然后从树图的末端(时刻 T)开始，向后倒推，计算各时刻各棵树上节点的期权价值，一直计算到当前时刻 t 的期权价值，这时的期权价值就是当前时刻 t 的期权价格。对于看涨期权，如果在 T 时刻，二叉树图上的某个节点上的股票价格为 S_T，则在该节点的期权价值为 $\max(S_T-X,0)$。对于看跌期权，则在该节点的期权价值为 $\max(X-S_T,0)$。然后计算 $T-\Delta t$ 时刻二叉树图上各个节点的期权价值，具体过程如下：先利用风险中性定价原理计算在 $T-\Delta t$ 节点期权的价值 V_1，设在紧接该节点后面的二叉树上面分枝的期权价值为 A，在紧接该节点后面的二叉树下面分枝的期权价值为 B，则 $V_1=[pA+(1-p)B]e^{-r\Delta t}$。将 V_1 作为该节点的期权价值，类似的，再计算 $T-2\Delta t$，$T-3\Delta t$，$\cdots$，t 各节点的期权价值，最后得到当前时刻 t 的期权价值。

二、构建无风险头寸

用二叉树模型进行期权定价，还有另一种方法，构建或复制一个完全对冲的头寸是关键。对冲锁定了期末的收益，该收益可以用无风险利率来折现。采用完全对冲或复制的方法，可以根据股票的价值得到期权的价值，同时并不需要知道股票的 β 值与期望收益率。在实际操作中，每个节点的期权价值可以通过对冲头寸得到，而无需采用式(12-13)。这时，根据对冲比率构建无风险对冲头寸是关键，下面以单阶段二叉树模型为例进行说明。

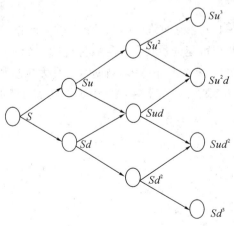

图 12-8 二叉树模型

【例 12-4】 现在假定股票价格为 100 元，到年底股票价格可能上涨 20％，也可能下跌 10％。该股票的看涨期权执行价格为 110 元，到期期限为 1 年。同期的无风险利率为 10％。求期权的价格。

解 首先用二叉树来表述股票价格和期权价值的变化：

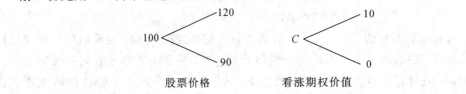

可见，对冲比率为 1/3。

然后，用一股股票和出售三份看涨期权构成的资产组合构成对冲头寸，其年末价值不受最终股票价格的影响，如表 12-6 所示。

表 12-6 对冲头寸到期时的价值

股票价格	90	120
＋出售三份看涨期权的收益	－ 0	－ 30
＝净收益	90	90

该对冲头寸期末的价值为 90 元，那么期初的价值为 90 元的现值。所以，

$$S_0 - 3C = \frac{90}{1+10\%}$$

$$100 - 3C = 81.82$$

$$C = 6.06$$

如果将单阶段的二叉树模型扩展到两阶段或更多的阶段，也同样可以使用构建对冲头寸的方法来进行期权定价。

【例 12-5】 在例 12-4 中考虑两阶段的二叉树模型，即将一年分成两个 6 个月。在任何一个时期，股票都只有两个可能的价值，假定股价可能上涨 10％，即 $u=1.10$（u 表示上涨）或者下跌 5％，即 $d=0.95$（d 表示下跌），同期六个月无风险利率为 5％。

解 股票的初始价格为每股 100 元，在一年中价格变化可能的路径是：

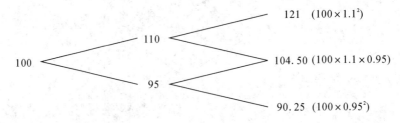

中间价为 104.5 元，可通过两条路径获得：上升 10％后下跌 5％，或者下跌 5％后上升 10％。

这里有三种可能的年末股票价值与期权价值：

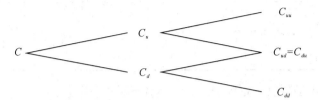

可以从 C_{uu} 与 C_{ud} 得到 C_u，然后从 C_{du} 与 C_{dd} 得到 C_d，最后从 C_u 和 C_d 得到 C。首先从 C_u 的价值入手，从这点开始，直到期权的到期日，看涨期权价值能上升至 $C_{uu}=11$ 元（因为在该点股票价格 $u \times u \times S_0 = 121$ 元）或者下跌至 $C_{ud}=0$（因为在此点，股价 $u \times d \times S_0 = 104.50$ 元，低于期权执行价格 110 元）。因此，在该点的对冲比率为

$$H = \frac{C_{uu} - C_{ud}}{uuS_0 - udS_0} = \frac{11-0}{121-104.50} = \frac{2}{3}$$

由于对冲比率是 2 股股票对 3 份看涨期权，对出售的每 3 份看涨期权，资产组合中必须保持 2 股股票来对冲风险。这样，不管到期日价格如何，下列资产组合的价值都为 209 元：

股票价格	$udS_0 = 104.50$ 元	$uuS_0 = 121$ 元
以 $uS_0 = 110$ 元的价格购买 2 股股票	209	242
＋以价格 C_u 卖出 3 份看涨期权	＋　0	－　33
＝总计	209	209

该组合的当前市场价值必定等于 209 元的现值：

$$2 \times 110 - 3C_u = \frac{209}{1.05} = 199.047（元）$$

由上式可以求得 $C_u = 6.984$ 元。

下一步，求 C_d 的价值，很容易看出其价值一定是零。如果达到这个点（相应股票价格为 95 元），期权到期日股票价格将为 104.50 元或 90.25 元。在任何一种情况下，期权到期时处于虚值状态。（注意：在 $C_{ud} = C_{dd} = 0$ 时，对冲比率为零，即一个具有零股股票的资产组合将复制看涨期权的收益情况。）

最后，用 C_u 和 C_d 的值求出 C 的值。此时

$$H = \frac{C_u - C_d}{uS_0 - dS_0} = \frac{6.984 - 0}{110 - 95} = 0.4656$$

即对于每个看涨期权空头的对冲比率为买入 0.4656 股股票。

由 0.4656 股股票和一份看涨期权空头构成的资产组合，其第一个时期价值是无风险的。

股票价格	$dS_0 = 95$	$uS_0 = 110$
在价格 $S_0 = 100$ 元时，买入 0.4656 股	44.232	51.216
＋在价格 C_0 时卖出一份看涨期权	＋　　0	－　6.984
＝总计	44.232	44.232

该资产组合的市场价值一定等于 44.232 元的现值。

$$0.4656 \times 100 - C_0 = \frac{44.232}{1.05} = 42.126（元）$$

所以，$C_0 = 46.56 - 42.126 = 4.434（元）$。

接下来可以把 1 年分成 4 个 3 个月，或者 12 个 1 个月，或者 365 天，每一个时间段都假定是一个两状态过程。虽然计算量变得很大而且枯燥，但是对计算机编程来说却很容易，并且这种计算机编程在期权市场上得到了广泛应用。

随着将持有期分成越来越小的间隔，每个事件树的节点对应着无限小的时间间隔，那么在这些时间间隔内股票价格的变动也相应地非常小。随着时间间隔的增加，最后股票的价格越来越接近于对数正态分布。可以证明，在这种情况下二叉树模型近似为 B-S 模型。

第四节　含权债券的定价

一、可赎回债券的价格确定

可赎回债券赋予发行人在到期日之前按照约定赎回债券的权利。从本质上看，投资者购买可赎回债券时实际上是在进行两种互相独立的交易。首先，投资者从发行者手中以某种价格购买一种不可提前赎回的债券。然后，他出售给发行者一种提前赎回的期权，从发行者手中获得一笔金额（期权价格）。

因此，可赎回债券的价格可分为两个部分：不可提前赎回债券的价格和期权价格，三者的关系如下：

可赎回债券的价格＝不可赎回债券的价格－期权价格

之所以从不可赎回债券的价格中减去期权价格，是因为投资者向发行者出售期权时会收到期权价格，这等同于减少了债券购买价格。图 12-9 直观表达了上述三种价格的关系：线段 $y'e$ 代表可赎回债券的价格，线段 ef 代表期权的价格，线段 $y'f$ 代表不可赎回债券的价格。

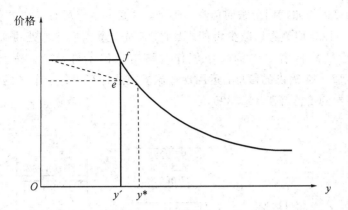

图 12-9　可赎回债券和普通债券的价格收益率曲线

目前，估计附加期权债券价值的方法主要有两种：二叉树方法和蒙特卡罗模拟方法。这两种方法都要事先对利率期限结构的形成过程（或利率的波动性）做出假设。

（一）二叉树方法

二叉树方法的关键是利用无套利方法构造出利率二叉树，以此计算出可赎回债券的价值。假设构造 4 年期的利率二叉树，如图 12-10 所示。可以利用构造出的利率二叉树计算普通债券的价值，也可以计算可赎回债券的价值。

假设市场上存在普通债券和可赎回债券两种债券，面值均为 100 元，票面利率都是 6.5%，剩余期限都是 4 年，均是按年付息。可赎回债券的发行者可以在一年后按照面值 100 元提前赎回。普通债券的价值可以通过各年的即期利率计算未来现金流的现值总和得出来，也可以通过利率二叉树计算债券的价值，两种方法的计算结果应该是一样的。下面主要介绍如何利用利率二叉树计算可赎回债券的价值。

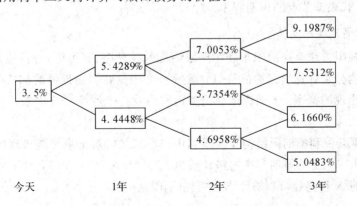

图 12-10　4 年期债券价值的利率二叉树

由于发行者可以按照赎回价赎回债券，所以，只要某节点处计算出的债券价值超过赎回价，发行者就可以赎回债券以减少负债。因此，应先计算所有节点处的债券价值 V，然后取赎回价 100 元和 V 两者之中的较小值作为该节点的债券价值。按上述方法得到图 12-11。根据图 12-11 提供的信息，运用现金流折现法计算出每个节点的债券价值，逐步倒推出可赎回债券的价值等于 102.899 元。

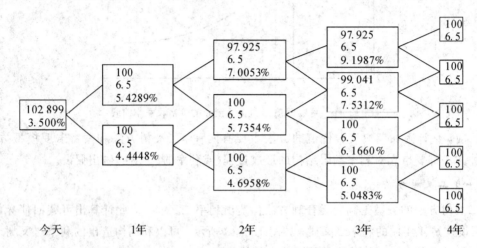

图 12-11　利用利率二叉树确定 4 年期的可赎回债券价值

某个节点上债券价值 V 为

$$V = \frac{1}{2}\left(\frac{V_H + C}{1+r} + \frac{V_L + C}{1+r}\right) \tag{12-14}$$

式中，C 为债券支付的利息，V_H 为按照较高利率计算的债券价值，V_L 为按照较低利率计算的债券价值，r 代表该节点的短期利率。

（二）蒙特卡罗模拟方法

蒙特卡罗模拟方法首先对未来利率期限结构的各种路径（可能）进行假设，然后根据每种利率期限结构分别计算出债券的价值，最后求这些债券可能价值的加权平均值，权数为每种债券价值出现的概率。下面详细介绍如何利用蒙特卡罗模拟方法来计算可赎回债券的价值。

首先，根据某种利率期限结构模型或利用利率二叉树对未来可能出现的多种利率路径进行估计。表 12-7 是年即期利率的路径模拟，$Z_t(N)$ 表示 N 种路径中 t 年期的一年期即期利率，利率的 N 种路径可以看作 N 种利率期限结构。

表 12-7 年即期利率的路径模拟

年	路径 1	路径 2	路径 3	⋯	路径 N
1	$Z_1(1)$	$Z_1(2)$	$Z_1(3)$	⋯	$Z_1(N)$
2	$Z_2(1)$	$Z_2(2)$	$Z_2(3)$	⋯	$Z_2(N)$
3	$Z_3(1)$	$Z_3(2)$	$Z_3(3)$	⋯	$Z_3(N)$
⋯	⋯	⋯	⋯	⋯	⋯
T	$Z_T(1)$	$Z_T(2)$	$Z_T(3)$	⋯	$Z_T(N)$

其次，对于任何一种利率路径都可以确定可赎回债券相应的现金流，此处需要注意的是，如果沿着某种利率路径，某年后的现金流的现值总和超过了赎回价，发行者将赎回债券，则该年的现金流就是赎回价加利息，其后各年的现金流都是零。表 12-8 是根据表 12-7 模拟的各种即期利率路径得到的各年现金流。

表 12-8 每种利率路径下现金流模拟

年	路径 1	路径 2	路径 3	⋯	路径 N
1	$C_1(1)$	$C_1(2)$	$C_1(3)$	⋯	$C_1(N)$
2	$C_2(1)$	$C_2(2)$	$C_2(3)$	⋯	$C_2(N)$
3	$C_3(1)$	$C_3(2)$	$C_3(3)$	⋯	$C_3(N)$
⋯	⋯	⋯	⋯	⋯	⋯
T	$C_T(1)$	$C_T(2)$	$C_T(3)$	⋯	$C_T(N)$

沿着利率路径 n 第 t 年的现金流 $C_t(n)$ 的现值为

$$PV(C_t(n)) = \frac{C_T(n)}{(1+Z_t(n)+S)^t}$$

式中，S 为适当的价差，该价差反映了不同债券的违约风险和流动性风险等风险。沿着即期利率路径 n 的现值 $PV(n)$ 为该路径各年现金流的现值总和，即

$$PV(n) = \sum_{t=1}^{T} PV(C_t(n))$$

债券的价值等于所有路径现值的加权平均数，假设每种利率路径出现的可能性相同，债券价值可以计算如下：

$$P = \frac{1}{N} \sum_{n=1}^{N} PV(n)$$

二、可转换债券的价格确定

（一）可转换债券的价值

可转换债券是一种公司债券，持有人有权在规定期限内按事先确定的转换价格将其转换成发债公司的普通股股票。从本质上看，可转换债券可看作由以下两部分构成：普通债券和债券持有者将债券转换为普通股票的期权。因此，可转换债券的价值由三部分决定：普通债券价值、转换价值和期权价值。

债券的转换价值等于它立即转换为股票的市场价值。很显然，可转换债券的价值不能低于其转换价值，否则，投资者就可以购买可转换债券，然后立即将其转换，获得无风险的利润。同理，可转换债券的价值不会低于其作为普通债券的价值。因此，可转换债券的价值至少不会低于普通债券价值和转换价值中的最高者。

可转换债券的价值通常会超过纯粹债券价值和转换价值。原因在于可转换债券的投资者不必立即转换债券。相反，投资者可以通过等待并在将来比较普通债券价值和转换价值二者孰高来选择对己有利的策略，这种可以选择等待而获得的期权也是有价值的，它使可转换债券的价值超过普通债券价值和转换价值。

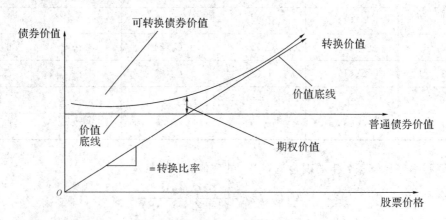

图 12-12　可转换债券价值的图解

图 12-12 表示可转换债券价值作为普通股票价格的函数。假设可转换债券无违约风险，普通债券价值不依赖于股票价格，普通债券价值为一条直线，转换价值线的斜率就是转换比率。可见，可转换债券价值等于其普通债券价值和转换价值二者之间的最大值与期权价值之和，即

$$可转换债券价值＝\max(普通债券价值，转换价值)＋期权价值$$

图 12-12 中可转换债券价值线和其价值底线间的垂直距离就是期权价值。当公司的股

票价格比较低时，可转换债券的价值主要取决于普通债券的价值；当股票价格比较高，即转换价值高于普通债券价值时，可转换债券价值主要取决于转换价值。

二叉树定价方法是计算可转换债券价值的常用方法。

(二) 用二叉树定价方法计算可转换债券价值

从本质上看，可转换债券就是一种期权，故可以用二叉树定价模型计算可转换债券的价值。首先要构建可转换债券价值的二叉树。在确定每一个节点的价值时要考虑各种附加条款对可转换债券的影响，投资者和发行者都会追求自己的利益最大化，在对自己有利的情况下行使权利。投资者可能将债券转换为股票或提前将债券返售给发行者，发行者也有可能提前赎回债券。应该综合考虑所有的附加条款，选择最有可能的价值作为该节点处的价值。某节点处的价值可以表示如下：

$$某节点的价值 = \max[\min(Q_1, Q_2), Q_3] \tag{12-15}$$

式中：Q_1 为普通债券价值；Q_2 为赎回价格；Q_3 为转换价值。

也就是说，某节点的价值应该按照如下原则确定：首先，选择普通债券价值和赎回价格中的较小值，然后在较小值和转换价值中选择较大值作为该节点的价值。如果赎回价格小于普通债券的价值，发行者将会赎回自己的债券。投资者接到提前赎回通知后，会对赎回价格和转换价值进行比较，选择对自己最有利的策略。

构建可转换债券价值的二叉树后，按照期权定价公式逐步倒推出可转换债券的价值。

【例 12-6】 某可转换债券的面值是 1000 元，票面利率为 4%，按年付息，赎回价格为 1100 元。该可转换债券发行者的股票价格为 50 元，剩余期限为 9 个月，转换比率为 20，无风险利率为 10%。该公司发行的同等期限的普通债券的到期收益率是 15%。求可转换债券的价值。

解 采用三个时期的二叉树计算可转换债券的价值，即每个时期期限是 3 个月。根据利率二叉树[①]，可以得出

$$u = e^{0.3\sqrt{1/4}} = 1.1618$$

$$d = \frac{1}{u} = 0.8607$$

$$p = \frac{1+r+d}{u-d} = \frac{1+(10\%/4)-0.8607}{1.1618-0.8607} = 0.546$$

所以，节点处普通债券的价值为

$$V = \frac{1}{1+r}[pV_u + (1-p)V_d] \tag{12-16}$$

---

① 上行和下行的概率分别为：$u = \exp(\sigma\sqrt{\Delta t})$，$d = \exp(-\sigma\sqrt{\Delta t})$。

根据以上信息可以构建可转换债券价值的二叉树，如图 12-13 所示。

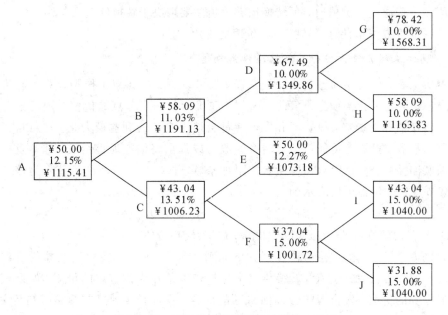

图 12-13 三阶段可转换债券价值的二叉树

图 12-13 中，每个节点都有 3 个数字，自上而下分别是股票价格、即期利率和该节点的价值。在节点 G、H，转换价值分别为 1568.31 和 1163.83，而普通债券的价值则为 1040元(本金 1000 元，利息 40 元)，因此，投资者会选择转换，节点 G、H 的价值分别是1568.31 和 1163.83 元。而在节点 I、J，价值都是 1040 元，投资者不会转换。在 D 节点，由于赎回价格小于可转换价值，根据式(12-15)投资者肯定会转换，该节点的价值等于转换价值，即67.49×20＝1350(元)。在 E 节点，根据式(12-16)计算出的结果为 1073.18 元，小于赎回价格 1100 元，同时又大于转换价值 50×20＝1000(元)。节点 E 处的价值等于1073.18 元。在节点 B，根据式(12-16)计算出的结果为 1191.13 元，超过了赎回价格1100 元，所以发行者提前赎回，投资者接到提前赎回通知后会将债券转换为股票，最终获得转换价值58.09×20＝1161.8(元)，节点 B 的价值为 1191.13 元。在节点 C，根据式(12-16)计算出的结果为 1006.23 元，小于赎回价格，同时又大于转换价值 43.04×20＝860.8(元)，节点 C 的价值为 1006.23 元。在节点 A，根据式(12-16)计算出的结果为1115.41 元，小于赎回价格，同时又大于转换价值 50×20＝1000(元)，节点 A 的价值为1115.41 元，可转换债券的价值就是 1115.41 元。

本 章 小 结

（1）期权价值包括内在价值与时间价值或波动性价值。波动性价值是指如果股票价格与预计方向相反时期权持有者选择不执行的权利。不论股票如何变动，期权持有者的损失不会超过期权的成本。

（2）看涨期权的价值至少等于股票价格减去执行价格的现值。这说明不支付股利的看涨期权的售价可能要比立即行权所获得的收益高。因为提前执行不支付股利的美式看涨期权没有价值，所以对不支付股利的看涨期权而言，欧式期权与美式期权价值相同。

（3）不管股票是否支付股利，看跌期权都可提前执行。因此，美式看跌期权一般比欧式看跌期权价值更高。

（4）对冲比率是指卖出一份期权时，为了对冲价格风险而需要的股票的数量。期权的德尔塔用来决定期权头寸的对冲比率。德尔塔中性策略独立于标的资产价格的变化，但是仍受波动率风险的约束。

（5）可以用两时期、两状态定价模型对期权进行定价。随着时期数量的增加，二叉树模型能够近似反应股票价格的分布。布莱克-斯科尔斯定价公式可以视为当时间间隔持续分为更小区间，在利率与股票波动率保持不变的情况下，二叉树定价公式的极限情况。

（6）可转换债券可看成是由以下两部分构成：普通债券和债券持有者将债券转换为普通股票的期权。可以用二叉树定价模型计算可转换债券的价值，某节点的价值应该按照如下原则确定：首先，选择普通债券价值和赎回价格中的较小者，然后在上述较小者和转换价值中选择较大值作为该节点的价值。

第十三章 投资组合绩效衡量

本章要点
- 传统的业绩评价指标
- 选股和择时能力
- 风格分析
- 基于多指数模型的业绩评价

第一节 传统的业绩评价指标

一、平均收益率指标

(一)时间加权收益

【案例 13-1】 考虑一只股票,每年支付股利 2 元,当前市价为 50 元/股。假如现在购买该股票,第一年年末获得 2 元股利,这时候该股票价格为 53 元,同时在第一年年末购买了第二股同样的股票,并将两股都持有至第二年年末,然后以每股 54 元的价格出售。那么

第一年的年收益率为

$$r_1 = \frac{53+2-50}{50} = 10\%$$

第二年的年收益率为

$$r_2 = \frac{54+2-53}{53} = 5.66\%$$

几何平均收益率为

$$r_G = (1.10 \times 1.0566)^{1/2} - 1 = 7.81\%$$

几何平均收益率是指可以产生相同累积回报的投资期限内的连续收益率。在本例中,几何平均收益率可以定义为

$$(1+r_G)^2 = (1+r_1)(1+r_2)$$

在几何平均中,每一期的收益权重相同。此时,几何平均收益率又称为时间加权收益率。有时也用算术平均收益率作为时间加权平均收益率。

（二）货币加权收益率

【案例 13-2】　继续考虑案例 13-1，其总现金流如表 13-1 所示。

表 13-1　股票买卖的总现金流

时　期	支　出
0	50 元购买第 1 股
1	53 元购买第 2 股

时　期	收　入
1	最初购买股票得到 2 元股利
2	第 2 年持有两股得 4 元股利，并以每股 54 元出售股票得 108 元

利用现金流贴现法（DCF），令现金流入的现值与现金流出的现值相等，便可得到这两年的平均收益率为

$$50 + \frac{53}{1+r} = \frac{2}{1+r} + \frac{112}{(1+r)^2}$$

解得 $r = 7.12\%$。

该值叫作内部回报率，也叫作货币加权收益率。之所以称之为"货币加权"，是因为第二年持有两股股票和第一年只持有一只股票相比，前者对平均收益率的影响更大。

这里的货币加权收益率比时间加权收益率要小一些，原因是第二年的股票收益率相对要小，而投资者恰好持有较多股票。

【例 13-1】　设 XYZ 公司在每年的 12 月 31 日支付 2 元的股利，某投资者在 1 月 1 日以每股 20 元的价格购入 2 股股票。一年后，即次年的 1 月 1 日他以 22 元/股的价格出售了其中一股；又过了一年，他以 19 元/股的价格出售了另一股。请分别计算该投资者这两年投资的货币加权收益率及时间加权收益率。

解　两年内的现金流变化如表 13-2 所示。

表 13-2　股票买卖的现金流变化

时间	行　为	现金流/元
0	买入两股	-40
1	收入股利，并卖出其中一股股票	4+22
2	在剩余股份中收入股利，并卖出	2+19

（1）货币加权收益：由

$$-40+\frac{26}{(1+r)}+\frac{21}{(1+r)^2}=0$$

求解得到

$$r=11.91\%$$

（2）时间加权收益：

每年该股票的收益率分别为

$$r_1=\frac{2+(22-20)}{20}=0.20,\ r_2=\frac{2+(19-20)}{22}=-0.045$$

按算术平均计算两年内的收益率可得

$$r=\frac{r_1+r_2}{2}=0.077=7.7\%$$

二、风险调整收益指标

（一）类似风险的投资基金的比较

评估投资组合业绩的时候，仅计算出其平均收益是不够的，还必须考察其风险调整收益。在根据投资组合风险来调整收益的各种方法中，最简单最普遍的方法是将某特定投资基金的收益率与其他具有类似风险的投资基金的收益率进行比较。例如，可以把高收益债券组合归为一类，将增长型股票组合归为一类等。然后，确定每一类中各项基金的平均收益（一般是时间加权平均收益），并在每个类别中对各项基金的业绩进行百分比形式排序。例如，在由 100 个基金组成的大类里，第 9 名的管理者的排序为 90%，表示在评估期内其业绩超过 90% 的同类竞争者。

然而，由于不同基金在投资组合中配置的资产重点不同，或者基金经理对 β 值或增长率的关注不同，这些排名并不十分准确，甚至可能产生误导。因此，考虑两种风险调整的业绩评估基准：均值-方差比值标准和资本资产定价模型。

（二）总风险指标：基于标准差

1. 夏普测度（$(\bar{r}_P-r_f)/\sigma_P$）

夏普测度是用某一时期内投资组合的平均超额收益除以这个时期收益的标准差。它测度了对总波动性权衡的回报。图 13-1 中资本配置线（CAL）的斜率即表示夏普测度。

2. 差别收益率

当标准差作为风险衡量指标时，考虑连接无风险利率和市场组合的直线，即得到资本市场线。连接无风险资产和市场组合的直线的斜率为 $(\bar{r}_M-r_f)/\sigma_M$，截距就是无风险收益率，此时资本市场线的方程为

$$\overline{r}_P = r_f + \frac{\overline{r}_M - r_f}{\sigma_M} \times \sigma_P$$

差别收益率等于实际收益率减去位于连接无风险资产和市场组合的直线上标准差相同的点的收益率。

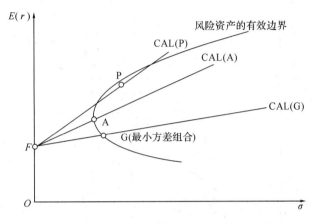

图 13-1　资本配置线与夏普测度

（三）系统性风险指标：基于 β 值

1. 特雷诺测度（$(\overline{r}_P - r_f)/\beta_P$）

与夏普测度指标类似，特雷诺测度给出单位风险的超额收益，但它用的是系统风险而不是总风险。如图 13-2 所示，在期望收益率-贝塔系数的坐标中的无风险资产与一个风险组合构成的所有投资组合都在一条直线上，并且连接风险资产 i 和无风险利率的直线的斜率为 $(\overline{r}_i - r_f)/\beta_i$。显然，投资者更愿意选择从无风险资产出发的逆时针方向上最高的射线，如图 13-2 所示。

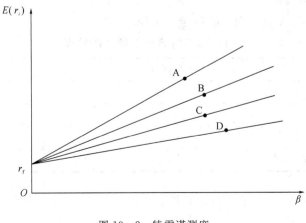

图 13-2　特雷诺测度

2. 詹森测度(投资组合的 α)

$\alpha_P = \overline{r}_P - [\overline{r}_f + \beta_P(\overline{r_M} - \overline{r_f})]$ 是投资组合超过 CAPM 预测值那一部分的平均收益,它用到了投资组合的 β 值和平均市场收益,其结果即为投资组合的 α 值,如图 12-3 所示。

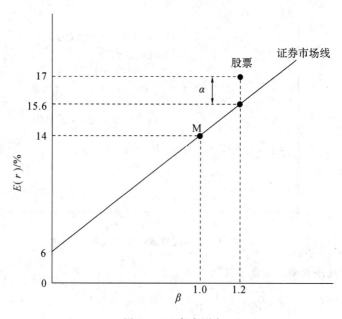

图 13-3 詹森测度

(四)非系统性风险指标:信息比率

信息比率是用投资组合的 α 除以该组合的非系统风险(也称为"循迹误差"),即 $\alpha_P/\sigma(e_P)$。它测量的是每单位非系统风险所带来的超额收益。非系统风险是指原则上可以通过持有市场上全部投资组合而分散掉的那一部分风险。

【例 13-2】 某特定样本期内的数据如表 13-3 所示。

表 13-3 特定样本期内的数据

测量指标	投资组合 P	市场 M
平均收益率/%	35	28
β 值	1.20	1.00
标准差/%	42	30
非系统风险(循迹误差)/%	18	0

假设此时无风险利率为 6%,试计算投资组合 P 和市场 M 的下列业绩评估测量指标:

夏普测度、差别收益率、詹森测度（α 值）、特雷诺测度、信息比率。在哪种测度指标下，投资组合 P 的表现要比市场好？

解　（1）投资组合 P 的夏普测度：

$$\frac{\overline{r}_P - r_f}{\sigma_P} = \frac{35\% - 6\%}{42\%} = 69\%$$

同时市场组合的夏普测度为

$$\frac{\overline{r}_M - r_f}{\sigma_M} = \frac{28\% - 6\%}{30\%} = 73.3\%$$

所以该资产组合 P 的夏普测度低于市场，比市场表现差。

（2）差别收益率：

$$F_P - \left(r_f + \frac{\overline{r}_M - r_f}{\sigma_M} \times \sigma_P\right) = 35\% - \left(6\% + \frac{28\% - 6\%}{30\%} \times 42\%\right) = -1.80\%$$

（3）投资组合 P 的詹森测度（α 值）：

$$\overline{r}_P - [r_f + \beta_P(\overline{r}_M - r_f)] = 35\% - [6\% + 1.2(28\% - 6\%)] = 2.6\% > 0$$

可知资产组合 P 的截距项为正，表现超过市场预期的收益率。

（4）投资组合 P 的特雷诺测度：

$$\frac{\overline{r}_P - r_f}{\beta_P} = \frac{35\% - 6\%}{1.2} = 24.2\%$$

同时市场组合的特雷诺测度为

$$\frac{\overline{r}_M - r_f}{\beta_M} = \frac{28\% - 6\%}{1} = 22\%$$

该资产组合的特雷诺测度高于市场组合，单位风险获得的收益率高于市场。

（5）信息比率：

$$\frac{\alpha_p}{\sigma(e_p)} = \frac{2.6\%}{18\%} = 0.144$$

综上所述，可以看出资产组合 P 在詹森测度（α 值）、特雷诺测度上表现比市场好。

三、业绩测度

（一）M^2 测度：基于资本市场线

与夏普测度指标类似，M^2 测度指标也把全部风险作为对风险的度量。但是，这种收益的风险调整方法可解释为特定投资组合与市场基准指数之间的收益率差额。下面举例介绍 M^2 测度指标的计算方法。

假定有一个投资基金 P，当一定量的国库券头寸加入其中，经调整后投资组合的风险就可以与市场指数（如沪深 300 指数）的风险相等。如果投资基金 P 原先的标准差是市场指数的 1.5 倍，那么经调整的投资组合应包含 2/3 的基金 P 和 1/3 的国库券。把经调整的投资组合称为 P*，它与市场指数有着相同的标准差(如果投资基金 P 的标准差低于市场指数的标准差，调整方法可以是卖空国库券，然后投资于 P)。因为 P* 和市场指数的标准差相等，所以只要比较它们之间的收益率就可以考察它们的业绩。M² 测度指标的计算如下：

$$M^2 = r_{P^*} - r_M \tag{13-1}$$

图 13-4 给出了 M² 指标的一个图形表述。当 P 与国库券以适当比例组合时，就可以沿着 P 的资本配置线向下移动，直到调整后投资组合的标准差与市场指数的标准差相等。这时，P* 与市场指数线的垂直距离(即它们期望收益率间的距离)就是 M² 测度。从图 13-4 中可以看出，当投资基金 P 的资本配置线斜率小于资本市场线的斜率，即它的夏普测度小于市场指数时，P 的 M² 测度就会低于市场。

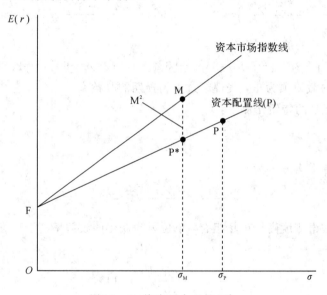

图 13-4　资产组合 P 的 M²

【例 13-3】 某特定样本期内的数据如表 13-4 所示。

表 13-4　特定样本期内的数据

	投资组合 P	市场 M
平均收益率/%	35	28
β 值	1.20	1.00
标准差/%	42	30
循迹误差(非系统风险)/%	18	0

假设此时无风险利率为 6%，求 M^2 测度。

解　P 的标准差为 42%，而市场指数的标准差为 30%。因此调整后的投资组合 P^* 可以由 30/42＝0.714 份的 P 和 1－0.714＝0.286 份的国库券组成。该组合的期望收益率为

$$0.286 \times 6\% + 0.714 \times 35\% = 26.7\%$$

比市场指数的平均收益率少 1.3%。所以该投资基金的 M^2 测度为 −1.3%。

（二）T^2 测度：基于证券市场线

图 13-5 所示，假定 P、Q 是某基金中众多子投资组合元素中的两个。因此，非系统风险就在很大程度上得到分散，最后只剩下 β 作为其合适的风险测度指标。图 13-5 中证券市场线与 P、Q 的距离就是 α_P 与 α_Q 的值。

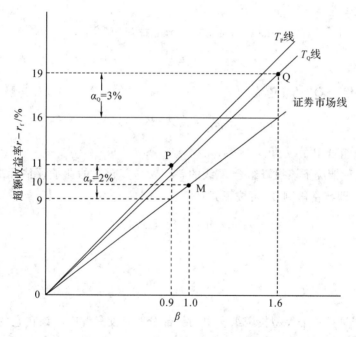

图 13-5　特雷诺测度与 T^2 测度

假设投资组合 Q 可以与国库券进行混合，并把 w_Q 的比例投资于投资组合 Q，那么国库券中的投资比例即为 $w_F = 1 - w_Q$。于是，最终投资组合 Q^* 的 α 值和 β 值就会由 Q 的 α 值、β 值及比例 w_Q 来决定：

$$\alpha_{Q^*} = w_Q \alpha_Q$$

$$\beta_{Q^*} = w_Q \beta_Q$$

因此，所有如此生成的投资组合 Q^* 就都可以在连接原点与 Q 点的直线上找到。这条线称为 T 线，其斜率为特雷诺测度。

图 13-5 也显示了投资组合 P 的 T 线。显然，P 的 T 线更陡，尽管它的 α 值较低，但它应该是一个更佳的投资组合。在任意给定的 β 值下，P 与国库券的混合投资组合会比 Q 与国库券的混合投资组合有更大的 α 值。

【例 13-4】 假设投资组合 P 和投资组合 Q 的 α 值和 β 值如图 13-5 所示。现把投资组合 Q 与一定比率的国库券混合组成投资组合 Q*，并使该组合的 β 值与组合 P 的 β 值相等。试比较新组合与组合 P 的詹森测度差异。

解 由图 13-5 可知

$$\alpha_P = 2\%, \ \alpha_Q = 3\%$$
$$\beta_P = 0.9, \ \beta_Q = 1.6$$

解出混合比率为

$$\beta_{Q^*} = w_Q \beta_Q = 1.6 w_Q = \beta_P = 0.9$$

$$w_Q = \frac{9}{16}$$

因此，投资组合 Q* 的 α 值为

$$\alpha_{Q^*} = w_Q \alpha_Q = \frac{9}{16} \times 3\% \approx 1.69\%$$

它显然小于投资组合 P 的 α 值。

可见，在这种情况下该投资组合 T 线的斜率就是其合适的业绩评估标准。投资组合 P 的 T 线斜率 T_P（即特雷诺测度）可按下式计算：

$$T_P = \frac{\overline{r_P} - r_f}{\beta_P}$$

所以斜率之差为

$$T_P - T_M = \frac{\alpha_P}{\beta_P} \tag{13-2}$$

当一项资产只是一个大型投资组合中的一部分时，投资者就应该在它的平均超额收益（超过无风险利率部分）与系统风险之间进行权衡，而不是与其总风险权衡。因此，当评估这项资产对其投资组合总业绩的贡献时，特雷诺测度就显现出其优势了。

把市场超额收益从特雷诺测度指标中减去后，将会得到图 13-5 中的 $\beta=1$ 时 T_P 线收益与证券市场线收益之差。这个差称为特雷诺平方，或 T^2 测度（类似于 M^2）。T^2 测度用公式表示如下：

$$T^2 = \overline{r_{P^*}} - r_M \tag{12-3}$$

注意：正如夏普测度与特雷诺测度是不同的一样，M^2 和 T^2 也是不同的，它们可能对相同的投资组合得出完全不同的排序。

四、风险分散效果

通常，分散化也是衡量组合业绩的一个方面。在一个投资组合的总风险中，来自市场整体波动的有多少，又有多少是来自组合中单个证券特有的波动？一般以总风险中来自市场风险的比例来表示分散化。

由于

$$\sigma_i^2 = \beta_i^2 \sigma_M^2 + \sigma^2(e_i)$$

$$\beta_i = \frac{\text{cov}(r_i, r_M)}{\sigma_M^2}$$

所以整个组合 i 的系统性风险占该组合总体风险的比例为

$$\frac{\beta_i^2 \sigma_M^2}{\sigma_i^2} = \frac{\text{cov}^2(r_i, r_M)}{\sigma_i^2 \sigma_M^4}\sigma_M^2 = \frac{(\rho_i \sigma_i \sigma_M)^2}{\sigma_i^2 \sigma_M^2} = \rho_i^2 \qquad (13-4)$$

第二节　选股和择时能力

影响基金业绩的因素非常多，早在 20 世纪 70 年代国外已经进行了大量的实证研究。法马(1972)认为，基金的业绩可以通过基金的两种预测能力进行分析：一是"微观预测"能力，是指对于股票市场整体而言，预测个股价格走势的能力；二是"宏观预测"能力，是指预测整个股票市场总体价格走势的能力。前者通常称为证券选择能力，即选股能力；后者称为市场时机把握能力，即择时能力。证券选择能力的体现要看基金经理能否识别那些相对于整个市场而言被低估或者高估的股票，市场时机把握能力的体现则要看基金经理能否预测市场组合未来的走势情况。如果基金经理相信自己能够预测未来市场收益情况，他(她)将根据预期的市场走势调整其投资组合的风险水平：在预期市场收益上升时增加该组合的风险水平，在预期市场收益下降时降低组合的风险水平，即通过高风险资产和低风险资产的不断转换来战胜市场。

一、选股能力

法马提出了风险调整收益方法的详细分析框架，由此能得出对基金业绩比较细致的分解。图 13-6 表示了法马对业绩进行风险调整收益分析的整体框架。纵轴表示收益率(%)，横轴表示风险度量，通常用 β 值表示，即从市场风险的角度评价基金的业绩。图中的斜线是证券市场线，这条直线为评价所实现的收益率是否与所面临的风险相匹配提供了一个评价的基准。

【案例 13-3】 假设市场收益率 r_M 是 9%，无风险利率 r_f 是 2%，在上述分析框架下考察基金 A 的业绩。假设基金 A 的坐标为 $(0.67, 8\%)$，即该基金实现的收益率为 8%，其面临的市场风险 $\beta = 0.67$。根据图 13-6 中证券市场线上给出的风险收益关系，可以知道当基金处于 $\beta = 0.67$ 的市场风险水平时，投资者所期望获得的收益率为 6.7%。而这一期望收益率由两部分组成：一是无风险利率 $r_f = 2\%$，图 13-6 中表示为证券市场线的截距；二是风险溢价 4.7%，图中表示为 r_f 到 r_{β_A} 的距离。基金实际获得的收益率为 8%，比期望值高 1.3%，在图中表示为 r_{β_A} 到 r_A 的距离，这一收益率增溢称为股票选择收益率。

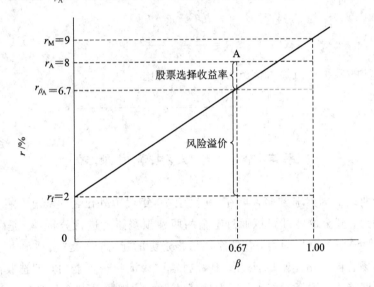

图 13-6 投资组合的业绩构成

根据图 13-6 来分析股票选择对基金业绩的影响，发现基金的业绩构成如下：

$$总超额收益率 = 股票选择收益率 + 市场风险溢价$$

对应于基金 A 的超额收益率构成，则有 $r_A - r_f = (r_A - r_{\beta_A}) + (r_{\beta_A} - r_f)$。代入数值可以得到

$$8\% - 2\% = (8\% - 6.7\%) + (6.7\% - 2\%)$$

$$6\% = 1.3\% + 4.7\%$$

因此，如果基金经理要想获得超过市场平均值的收益率，一般要舍弃一些分散性，通过承担更高风险的投资组合来获取高收益。

二、择时能力

市场择时解决的是何时在市场指数基金和安全资产之间转移资金的问题，这里的安全资产是指国库券或货币市场基金，决策的依据是市场作为一个整体的表现是否优于安全资产的表现。当市场表现不错时，将如何考虑资金的部分转移呢？

为简单起见，假设某投资者只持有市场指数基金和国库券两种证券。如果两者之间的比率是一定的，比如说市场投资基金占 0.6，那么投资组合的 β 值也是一定的，并且其证券特征线就是一条斜率为 0.6 的直线（如图 13-7(a)所示）。如果投资者能看准时机，在市场表现不错时把资金移入市场指数基金，那么原来的证券特征线就会如图 13-7(b)所示。该特征线向上弯曲的原因是，如果投资者能够预测牛市和熊市，那么他在市场上升时就会加大市场指数基金的权重，于是当 r_M 升高时，证券特征线的斜率也会随之增大，如图 13-7(b)所示的曲线。

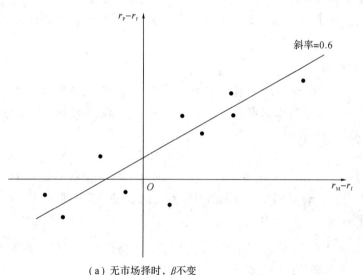

（a）无市场择时，β 不变

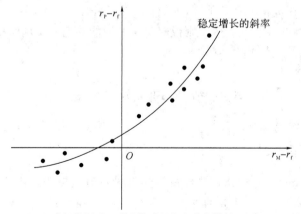

（b）市场抉择时，β 随预期市场超额收益增长

图 13-7　市场择时与证券特征线

（一）T-M模型

Treynor 和 Mazuy(1966)认为，基金的超额收益率与市场组合的超额收益率并非简单的线性关系，因而引入了一个二次项构建了 T-M 模型来描述两者之间的关系，以此来判断基金经理的选股择时能力。Treynor 和 Mazuy(1996)从资本资产定价模型出发，在一般线性指数模型中加入一个平方项来估计特征线的方程，其形式如下：

$$r_{it} - r_{ft} = \alpha_i + \beta_i(r_{Mt} - r_{ft}) + \gamma_i(r_{Mt} - r_{ft})^2 + \varepsilon_{it} \qquad (13-5)$$

式中，r_{it} 为投资组合收益；α_i、β_i、γ_i 为回归分析后得到的系数。

如果 γ_i 为正，说明市场择时确实存在，因为最后一项能够使特征线在 $r_M - r_f$ 较大时相应变陡。

（二）H-M模型

Henriksson 和 Merton(1981)通过加上一个虚拟变量区分选股择时能力。他们假设投资组合的 β 只取两个值：当市场走好时，β 取较大值；当市场萎靡时，β 取较小值。这条线的回归线方程形式为

$$r_{it} - r_{ft} = \alpha_i + \beta_i(r_{Mt} - r_{ft}) + \delta_i(r_{Mt} - r_{ft})D + \varepsilon_{it} \qquad (13-6)$$

式中 D 是一个虚变量，当 $r_M > r_f$ 时，$D=1$，否则 $D=0$。于是投资组合的 β 值在熊市时为 β_i，在牛市时就变为 $\beta_i + \delta_i$。同样，如果回归得到正的 δ_i 值，就说明有市场择时存在。

（三）C-L模型

Chang 和 Lewellen(1984)在 H-M 模型的基础上将虚拟变量转换成双变量模型，其特点是将市场上升及下降的情况区分开来，其形式如下：

$$r_{it} - r_{ft} = \alpha_i + \beta_1 \max(r_{Mt} - r_{ft}, 0) + \beta_2 \min(r_{Mt} - r_{ft}, 0) + \varepsilon_{it} \qquad (13-7)$$

式中，β_1 和 β_2 分别为在市场上升和下降的条件下资产组合 i 与市场组合之间的敏感系数。如果 β_1 和 β_2 显著不为 0，并且 $\beta_1 > \beta_2$，则说明基金经理能够把握市场时机。α 的意义与前面两个模型相同，表示基金经理的选股能力。

第三节　风　格　分　析

一、风格分析的基本思路

风格分析(Style analysis)由诺贝尔经济学奖得主威廉·夏普提出，并得到了 Brinson、Springer 和 Beebower(1991)的研究的支持。后者发现 82 种共同基金收益的差异中 91.5% 可以由基金国库券、债券以及股票各部分的资产配置上的差别来解释。其后的研究，在考虑了更大范围内用不同资产等级的资产配置方法后发现，有 97% 的基金收益可以单独由资

产配置来解释。

夏普认为，如果把基金收益用指数（代表某个风格的资产）进行回归，那么每个指数的回归系数就可以测度该"风格"资产隐含的配置额。由于基金不允许为空头头寸，所以回归系数一定是非负的，且加总后比率为100%，表示一个完整的资产配置。回归的R^2表示由资产配置引起的收益率变动所占的百分比，收益率变动剩下的部分可以被解释为是由股票选择或者定期更换各种资产风格的权重所引起。

【案例13-3】 为了解释此方法，下面对富达公司麦哲伦基金1986年10月至1991年9月5年的月收益进行研究，如表13-5所示。表中有7种资产风格，每一种都由一个股票指数代表，其中只有3个指数的回归系数是正的，仅这三种风格的投资组合就可以解释97.5%的收益。也就是说，一个如表13-5中比例构造起来的追踪组合，可以解释麦哲伦月度收益变动的绝大部分。于是可以得出结论：基金的收益可以只用上述三种风格的投资组合来解释。

表13-5 对麦哲伦基金的组合风格分析

组 合 风 格	回 归 系 数/%
国库券	0
小盘股	0
中盘股	35
大盘股	61
成长股	4
中等市盈率	0
价值股	0
总计	100
R^2	97.5

（资料来源：《投资学》（滋维·博迪等著，原书第10版）P552，表24-5。）

收益波动性中不能被资产配置所解释的部分，可以归因于股票选择或者是定期更换各种资产类型的权重。对于麦哲伦基金来说，这一部分是100%－97.5%＝2.5%。这种结果通常用于说明股票的选择与经常调整组合成分相比并非特别重要，但是这种分析忽略掉了截距项的重要性（R^2可以是100%，但是由于风险调整后的异常收益，截距可以不为零）。

风格分析提供了除CAPM的证券市场线（SML）之外的另外一种评估业绩的方法。

SML 只用了一种组合，即总市场指数，而风格分析更为自由地从一些特定的指数中构造追踪组合。比较这两种方法，麦哲伦的证券投资特征线（SCL）是通过将组合的超额收益与包括所有 NYSE、Amex、NASDAQ 股票的市场指数的超额收益回归得到的。麦哲伦的 β 值为 1.11，回归 R^2 为 0.99。风格分析对回归系数加入了额外的约束条件：回归系数必须全部为正且总和为 1。所以，尽管在 SCL 回归中只用了一个市场指数，但其 R^2 要高于利用 6 个股票指数的风格分析。

　　风格分析揭示了最密切跟踪基金活动的策略和对于这一策略的业绩评估。如果由风格分析方法得出的策略与基金的募股说明书是一致的，那么相对于该策略的业绩评估就是对基金成功的正确测度。

二、风格分析与多因素基准

　　风格分析给基金业绩评估带来了一个有意思的问题。假设某个时期内一个成长指数组合比沪深 300 指数一类的共同基金有更好的业绩。若把该成长指数包含到风格分析中，将会从组合的 α 值中消除其优秀业绩的成分。分析认为，该成长股的价值被低估了，从而使组合可以从中牟利。这个决定所带来的 α 值是合理的，不应当被风格分析所消除。但是，这就带来了一些相关的问题。传统的业绩评估基准是一个四因素模型，模型中包括法马-佛伦奇模型的三个因素加上一个动量因素（基于前一年股票收益构建的组合），这个四因素模型中估计的 α 控制了很多可能会影响到平均收益率的风格选择。但是，使用多因素模型得到的 α 假设消极性策略会包含上述因素组合。在什么时候这种假设才是合理的呢？

　　只有在假设因素组合都是基金的备选消极性策略的一部分时，才可以使用单指数基准之外的基准。很多时候这种假设并不符合现实，尽管研究表明多因素模型对资产收益的解释力更好，但单指数基准仍被用于业绩评估。业绩评估的基准往往是在不考虑任何指定风格组合的情况下选定的。

三、利用 Excel 进行风格分析

　　风格分析在投资管理行业中相当受欢迎，并且产生了一系列类似的方法。比如：可以用 Excel 中的 Solver 功能进行风格分析。方法是将基金的收益对于各种风格的组合做回归，如表 13-5 所示。风格组合是代表一种可能的资产配置的消极（指数）基金。假设选择了三种风格组合，分别标记为 1、2、3，风格回归的系数包括 α（即描述异常业绩的截距）和三个斜率，斜率系数表示了基金业绩受各种消极型组合收益的敏感程度，回归的残值项代表"噪声"，独立于各个风格的投资组合。由于想让每个回归系数非负且相加为 1，因此不能使用传统的多元线性回归。

用 Solver 做风格分析，先指定系数(比如设 α 为 0，每个 β 都是 1/3)，计算下述残值的时间序列为

$$e(t) = R(t) - [\alpha + \beta_1 R_1(t) + \beta_2 R_2(t) + \beta_3 R_3(t)] \qquad (13-8)$$

式中：$R(t)$ 为 t 时刻基金的超额收益；$R_i(t)$ 为第 i 个类型组合的超额收益($i=1$，2，3)；α 为样本期基金的非常规业绩；β_i 为第 i 个类型组合对基金的 β 值；α 为样本期基金的非常规业绩。

在式(13-8)中代入回归系数可得出残差项。取每个残差的平方和，利用"by changing variables"命令，使用 Solver 通过改变四个回归系数来最小化残差的平方和。同时加上约束条件：系数非负且相加为 1。

Solver 的结果给出了三个风格系数以及以截距衡量的对基金唯一差异业绩的估值。

第四节　基于多指数模型的业绩评价

基金业绩评价的研究一直集中于单指数指标，随着套利定价理论的发展，以及与之相伴的多指数模型理论的更新，使新的业绩指标得到了迅速发展。同时，由于基金经理在组合中配置的资产更加多元化，要求使用更复杂的比较基准和模型，从而促进了新业绩指标的发展。

一、多指数模型进行业绩评价

(一) 单指数模型的直接拓展

如果基金经理持有的资产远远超过了市场指数的大型股票，那么以单一指数作为比较基准，其危险在于组合持有但不包含在市场指数中的资产，可能与市场指数的表现不同。同时，也不能肯定收益率的差异是来源于基金经理挑选证券的能力，还是这类证券本身相对于市场指数而言有更优异或糟糕的表现。如果某一基金持有的证券具有多类特点，而不是仅仅具有某一类特点，可以使用一个多指数模型来适应基金持有证券的这一特性。

(二) 多基准评价——詹森阿尔法

运用多指数模型来控制多种资产类型是对单指数模型的一种直接扩展。下面运用一个三基准模型计算詹森 α：

$$r_{it} - r_{ft} = \alpha_i + b_{iL}(r_{Lt} - r_{ft}) + b_{iS}(r_{St} - r_{ft}) + b_{iB}(r_{Bt} - r_{ft}) + \varepsilon_{it} \qquad (13-9)$$

式中，r_{it} 为评价的组合在 t 期的收益率；r_{ft} 为在 t 期无风险资产的收益率；b_{ij} 为对基准 j 的敏感程度；r_{jt} 为在 t 期基准 j 的收益率；ε_{it} 为随机误差项；L 为大公司股票指数；S 为小公司股票指数；B 为债券指数。

可以将基金的 α 值视为基金的实际收益率与三种消极组合构成的收益率之差，消极组合在风险上和被评价的基金经理的选择要尽可能地相似。上述方法可以被看作詹森模型的一般化。对于时机选择指标也可以直接按上面的思路进行扩展，比如在 T - M 模型中，就要对三个指标的收益率都加上平方项。

二、结合 APT 模型进行业绩分解

使用 APT 模型并结合多指数模型可以更好地认识一个基金经理在做什么，求出更合适的比较基准，对业绩表现进行更好的度量和分解。APT 模型的形式如下：

$$\bar{r}_i = \lambda_0 + \lambda_1 b_{i1} + \lambda_2 b_{i2} + \cdots + \lambda_j b_{ij}$$

可以用 APT 模型来度量总体表现以及产生总体表现的原因。

（一）业绩评价

结合 APT 模型，假设多指数模型表示的收益产生过程如下：

$$r_i - \lambda_0 = \lambda_1 b_{i1} + \lambda_S b_{iS} + \lambda_O b_{iO} + \lambda_M b_{iM} + b_{i1} I_I + b_{iS} I_S + b_{iO} I_O + b_{iM} I_M \qquad (13-10)$$

式中，I 代表非预期性变化，所有 I 的期望值为零，I 的下标代表的含义如下：I 为通货膨胀；S 为总销售；O 为石油价格；M 为沪深指数，其他影响已去除。
假设

$$r_i - r_f = -4.32 b_{i1} + 1.49 b_{iS} + 0.00 b_{iO} + 3.96 b_{iM} + b_{i1} I_I + b_{iS} I_S + b_{iO} I_O + b_{iM} I_M$$

其中，沪深指数的平均 b_Z 为

$$b_{ZI} = -0.37, \ b_{ZS} = 1.71, \ b_{ZO} = 0, \ b_{ZM} = 1.0$$

再假设，在对基金经理所评价的时期内，每一指数与其期望值之间的差异为

$$I_I = 0.7, \ I_S = 0.5, \ I_O = 0.4, \ I_M = 1.0$$

假设基金经理能够自由选择对每一指数的敏感程度，想要调查的是为什么基金经理的表现会优于或劣于沪深指数。进一步假设基金经理能够获得 14.52% 的超额收益率（超出无风险利率），可以把基金经理的收益率（与沪深指数相比）分解为下面几类：沪深指数的期望收益率；沪深指数的额外收益率（源自那些实际收益率不同于期望收益率的因素）；额外的期望收益率（源自组合对各种因素的敏感程度不同于沪深指数）；额外的收益率（源自组合对各种因素的敏感程度不同于沪深指数，且各因素的实际收益率不同于它们的期望值）；源自正确选择证券的额外收益率。

沪深指数的期望收益率为式（13 - 10）中所有 I 的期望值为 0 时的期望值。

$$\begin{aligned}
\bar{r}_Z - r_f &= -4.32 b_{ZI} + 1.49 b_{ZS} + 0.00 b_{ZO} + 3.96 b_{ZM} \\
&= -4.32 \times (-0.37) + 1.49 \times 1.71 + 0.00 \times 0.0 + 3.96 \times 1.0 \\
&= 8.103\%
\end{aligned}$$

在任何时期沪深指数的超额收益率都与上面的数字不同，这是因为在这一时期各因素的收益率并不等于他们的期望值（$I_{Zj} \neq 0$）。为了说明这一点，将评价期间（I_{Zj}）的值乘以沪深指数的 β 值，即

$$r_Z - \bar{r}_Z = b_{Z1}I_1 + b_{ZS}I_S + b_{ZO}I_O + b_{ZM}I_M$$
$$= (-0.37) \times (0.7) + (1.71) \times (0.5) + (0.0) \times (0.4) + (1.0) \times (1.0)$$
$$= 1.591\%$$

根据以上计算结果，可以看到沪深指数的超额收益率为 9.694%，其中 8.103% 为期望值，1.591% 是因为影响证券收益率因素的收益率在这一时期不同于期望收益率。

选择不同的敏感性会从两方面影响业绩。一方面，敏感性不同，承担风险的收益率（期望收益率）也不同；另一方面，不同敏感性将影响额外收益率，是否得到或失去额外收益率的原因在于一个指数的收益率与一般投资者要求的收益率（$I \neq 0$）不同。

（二）业绩分解

前面提及基金经理的选择对于残余市场作用的敏感性高于沪深指数。对于这一风险的市场价格为正，可以预期高敏感性平均将带来高的收益率。但是，这一期望收益率的增加仅仅反映投资者对多出风险所要求的回报。如果将这一超额收益率归结于基金经理的表现，那么，所有不受约束的基金经理一般都会出现其组合中 λ 为正的因素的 β 值较高的现象。

现在假设有一特定基金经理 x，其组合的敏感性 b_x 数值如下：

$$b_{xI} = -0.5$$
$$b_{xS} = 2.75$$
$$b_{xO} = -1.00$$
$$b_{xM} = 1.30$$

因为基金经理选择承担更多的风险，投资者因而要求超额收益率（期望），它等于组合的敏感性与沪深指数的敏感性之差乘以对应的 λ。具体见表 13-6 中"期望收益率差异"一栏。

现在，考虑投资者是否因基金经理适时调整敏感性之间的差异而获益。它等于两项的乘积，一项是基金经理选择的因素敏感性与沪深指数的敏感性之间的差异，另一项是任何因素的收益率中非风险补偿部分，即非要求的收益率（期望）。它是 b_{ij} 和 I_{ij} 乘积的加总，具体见表 13-6 中名为"非期望收益率差异"一栏。

将这四个因素相加，我们得到 13.323%（由 8.103% + 1.591% + 3.3% + 0.329% 得到）。由于基金经理获得的超额收益为 14.52%，两者之差 1.197% 归于证券选择。上述总结见表 13-7。

表 13 - 6   不同敏感性对基金业绩的影响

共同影响因素	a 基金经理组合的敏感性 b_X	b 市场组合的敏感性 $b_{S\&P}$	c 敏感性差异 $c=a-b$	d 因素的期望收益率 λ_j	e 因素的非期望收益率 I_j	f 期望收益率差异 $f=c\times d$	g 非期望收益率差异 $g=c\times e$
通货膨胀	-0.5	-0.37	-0.13	-4.32	0.7	0.512	-0.091
销售增长	2.75	1.71	1.04	1.49	0.5	1.550	0.520
石油价格	-1.00	0.0	-1.00	0.00	0.4	0.000	-0.400
市场指数	1.30	1.0	0.30	3.96	1.0	1.188	0.300
收益率差异						3.300	0.329

表 13 - 7   运用 APT 分解业绩   %

基准收益：	
a. 期望	8.103
b. 来自均值之外的因素	1.591
来自不同敏感性的收益：	
a. 期望	3.300
b. 来自均值之外的因素	0.329
来自证券选择的收益：	1.197
基金总收益：	14.52

　　显然，上述业绩分析中 1.197％是归功于管理技巧的。但是，能否将因选择不同市场指数的敏感性及其不同于期望值的表现而获得的收益率归功于基金经理，取决于基金经理是否有权选择敏感性。如果该基金经理选择的敏感性与基金类型相匹配，那么并不是其主动选择的结果。

　　一般而言，评价基金经理的比较基准有两类：一类是由投资者选择，要求基金经理必须超过目标，此时只要将市场指数的 β 值换成选择基准的 β 值，前面的所有分析都是成立的；另一类是被考察基金经理的平均 β 值，所有与平均数不同的超额收益都归功于基金经理。

本 章 小 结

　　(1) 正确的业绩评估取决于被评估投资组合的性质和作用。合适的业绩评估指标主要有以下几种：a. 夏普测度：适用于该投资组合就是投资者所有投资的情况。b. 信息比率：如果该投资组合由积极的投资组合和消极的投资组合组成，那么估价比率能帮助投资者寻找最佳混合点。c. 特雷纳测度和詹森测度：适用于该投资组合只是众多子投资组合中某个组合的情况。

（2）积极投资策略下的投资组合具有不定的均值和变化的方差，这使得评估工作变得更加困难。一个典型的例子就是投资组合管理者会把握市场择时，从而使投资组合的 β 值发生变化。

（3）衡量把握市场择时并成功选股是否奏效的一个简单检验方法就是利用推广的证券特征线去估计参数，该方程是在一般的指数模型的基础上改进得到，常用的模型有三种：T‑M 模型、H‑M 模型和 C‑L 模型。

（4）风格分析多使用多重回归模型，在模型中，因子是组合的资产（风格），如国库券、债券、股票等。风格组合上基金收益的回归产生了残值，它代表股票选择的增加值。这些残值可用于估计基金的业绩，以便于与同类基金做比较。

（5）运用多指数模型来控制多种资产类型是对单指数模型的一种直接扩展。使用 APT 模型并结合多指数模型可以更好地认识一个基金经理在做什么，求出更合适的比较基准，对业绩表现进行更好的度量和分解。

第十四章 行为金融学的发展

本章要点

- 有效市场假说面临的挑战
- 行为金融学的基础理论
- 行为金融学的主要模型

第一节 有效市场假说面临的挑战

传统金融学理论认为投资者是理性的，具有风险厌恶的特质，且依据效用最大化原则进行投资活动。传统金融学的理论基础是有效市场假说（EMH），即证券价格能反映所有投资者可获得的信息。然而，20 世纪 80 年代以来，相当一部分实证研究结果对 EMH 提出了质疑。早期的实证研究主要是支持 EMH 而后期的许多实证研究又与 EMH 相矛盾，其原因可能有两方面：一方面是早期实证研究方法上存在局限性，另一方面与在早期由于 EMH 的权威性导致反对 EMH 的论文难以发表有关。随着实证研究的进一步深入，越来越多的学者认识到了 EMH 的局限性，并针对金融市场上的各种异常现象（比如规模效应、日历效应、反转效应和惯性效应等）提出了越来越多的质疑。

1. 规模效应现象

一些研究结果显示，在排除风险因素后，小公司股票的收益率明显高于大公司股票的收益率。Banz(1981)发现，不论是总收益率还是风险调整后的收益率，都存在随着公司规模（根据企业普通股票的市值衡量）的增加而减少的趋势。Reinganum(1981)也发现，公司规模最小的普通股票的平均收益率要比根据 CAPM 模型预测的理论收益率高出 18%。Keim(1983)、Reinganum(1983)、Blume 和 Stambaugh(1983)等人也进行了类似的研究。Siegel(1998)发现，纽约证交所从 1926 年到 1996 年的历史记录显示，小公司的股票收益率要高于大公司的股票收益率。Fama 和 French(1992)、Lakonishok(1994)发现，从历史表现看，那些市场价值与账面价值之比（M/B）大的公司，其收益率明显低于 M/B 小的公司，而且在股市低迷和经济衰退时其业绩也较差。

2. 日历效应现象

日历效应是指在某些特定时间内进行股票交易可以取得超额的收益，主要包括 1 月效应和周效应等。Rozeff 和 Kinney(1976)发现美国股票市场中存在 1 月效应，即在 1 月份股票市场的平均收益率显著高于其他月份的平均收益率。他们运用方差分析技术，计算了纽约证券交易所市场指数在 1924 年至 1974 年的月收益率，结果发现 1 月份股票市场指数平均收益率是 3.48%，而其他月份的平均收益率只有 0.68%，这样的差别是极为显著的。周效应最早由 Kelly(1930)发现，指在交易周的星期一，收益率大大低于其他交易日。随后，其他学者如 Cross(1973)、Keim 和 Stambaugh(1984)均证实美国股市存在周效应。French(1980)、Gibbons 和 Hess(1981)发现，股票在星期一的收益率明显为负值，而在星期五的收益率则明显高于一周内的其他交易日。这种在特定交易日或交易期内的收益异常，显然与有效市场假说相矛盾。

3. 股价反转效应和惯性效应现象

De Bondt 和 Thaler(1985)发现，选择那些最近表现不佳的股票、放弃那些近来表现优异的股票，可以取得超额的投资收益。这些超额收益并不是一种短期现象，而要经过一个较长时间才能反映出来，即股价过度反应造成了证券市场长期收益的反转效应。后续很多研究也证实了这种"长期异常收益"的存在，比如：Cusatis、Miles 和 Moolridge(1993)发现，公司股票分拆后存在着正的长期异常收益；Ikenberry、Lakonishok 和 Vermaelen(1995)发现，公司在股票市场上回购本公司股票会导致正的长期异常收益；等等。与之相反，Jegadeesn 和 Titman(1993)、Rouwenhorst(1997)、Chan(1997)的研究发现，过去一年中平均月收益高的股票在未来的收益依然较高，即惯性效应。以上研究证实了反应不足现象的存在，即投资者并不总是能够将信息反映到当前的股票价格中去。这些异象的存在不仅证明了证券市场不是有效的，而且还在一定程度上告诉投资者可以基于股票过去的表现预测出股票价格的大致走向。

有效市场假说是现代金融学理论的一个重要基石，但其过于简单的假设并不能完全解释现实市场中的许多金融现象。随着金融市场上各种异常现象的累积以及心理学等相关科学的发展，许多经济学家开始对有效市场假说进行反思和质疑，越来越多的研究人员开始尝试从实验心理学的角度来研究人的经济与金融行为，试图借此修正传统金融理论的假设。在此背景下，行为金融学开始悄然兴起。

【思考题 14－1】　某价值信托基金到 2005 年为止连续 5 年表现优于标准普尔 500 指数。该基金的业绩是否使你不再相信有效市场假说？如果不是，那么业绩要达到什么程度才能使你不再相信？

第二节 行为金融学的基础理论

行为金融学是金融学、心理学、行为学和社会学等学科相交叉的边缘学科，它以金融市场中投资者的事实行为为基础，力图解释金融市场的异象和投资者非理性行为的决策机制。行为金融学体现了作为社会科学当中重要分支的行为学在金融学中的渗入。行为金融学真正迎来发展是在 20 世纪 80 年代。自普林斯顿大学的卡尼曼（Dainiel Kahneman）教授和斯坦福大学的特维尔斯基（Amos Tversky）创立前景理论（prospect theory）之后，行为金融学终于成为金融学寻找学科发展的突破口之一。

与传统金融学理论不同，行为金融学否定了"理性人"的假定，认为人是"有限理性"的。即个人在做决策时，无法如"理性人"那样对所有可能发生的事件及其发生概率做详尽分析，且个人常常在不能充分了解自己所面临的情况下，以认知的偏差、经验法则或直觉作为决策依据，进而使得决策存在情感偏差（Emotional Bias）和认知偏差（Cognitive Bias）。从传统金融学的"理性人"视角来看，这样的决策结果可能是次优的，会使得金融市场短暂甚至长期偏离有效状态。行为金融学尚在发展过程中，目前也未形成具有共识的基本理论框架。下面对行为金融学的基础理论——前景理论和套利限制做简单介绍。

一、前景理论

前景理论是由卡尼曼和特维尔斯基共同在 1979 年提出来的一种研究人们在不确定的条件下如何做出决策的理论，它包括以下核心内容：

（1）决策参考点（reference point）决定行为者对风险的态度。投资者衡量效用的依据并非传统金融理论所述的最终财富水平，而是总会以自己身处的位置和心理预设的衡量标准来判断行为的收益与损失，也就是选取一个决策参考点。决策参考点的存在使得预期具有不确定性和不稳定性，由预期所带来的行为偏离了传统金融模型。

（2）厌恶损失（loss aversion）。卡尼曼和特维尔斯基通过实验发现，在决策参考点进行心理计算时，行为者在大多数情况下对预期损失的估值会高于预期收益的两倍，因为在不确定的条件下，人们的偏好是由财富的增量而不是总量决定的，所以人们对于损失的敏感度要高于收益，这种现象称作损失规避。卡尼曼和特维尔斯基还利用两种函数来描述个人的选择行为：一种是取代了传统效用理论中效用函数的价值函数（value function），另一种是利用预期效用函数的概率转换成的决策权数函数（decision weighting function）。由于厌恶损失的特征，效用函数表现为正的增量是凹的，负的增量则是凸的（而新古典模型则表现为效用函数所有点都是凹的）。从而，人们在已经亏损的情况下，会成为一个风险追求者，而不是一个风险厌恶者。

（3）非贝叶斯法则预期。概率论中的贝叶斯法则指当分析样本数接近总体数时，样本中事件发生的概率将接近总体中事件发生的概率。卡尼曼和特维尔斯基认为，行为人面对不确定的情况做预期的时候，经常会体现出非贝叶斯法则，或是对其他概率理论的违背。通常是把小样本中的概率分布当作总体的概率分布，夸大小样本的代表性，对小概率加权太重，形成"小数法则偏差"。比如，如果在十个高尔夫学习者中，文化程度高的人更容易掌握高尔夫球的初学要领，那么人们可能会形成一种观念：一般情况下，在高尔夫学习者中，文化水平高的人更容易学会。这就是一种非贝叶斯法则的预期。

（4）框架效应（framing）。卡尼曼和特维尔斯基研究人类在不确定条件下的决策时注意到行为选择与行为环境之间的关系。人们面对决策时，不仅考虑行为的预期效用，也会受到问题框架方式的影响，也就是说，问题以何种方式呈现在行为人面前，会在一定程度上影响人们对于风险的态度。面对同样预期效用的确定性收益与风险性收益，如果行为方案是代表收益的，行为人会选择确定性收益，即呈现出一种风险规避；然而，面对同样预期效用的确定性损失和风险损失，如果方案是代表损失的，行为人会选择风险损失，即呈现一种风险爱好。

除以上核心内容外，前景理论还不断地被丰富和发展，形成了围绕预期理论的其他理论模型和实证研究，其中著名的包括塞勒（Thaler）的机会成本和原赋效应——人们常常会对机会成本低估而且会对已经拥有的物品的评价大大超过没有拥有之前，以及谢弗林（Shefrin）和斯塔特曼（Statman）的处置效应——投资者倾向于过早卖出盈利股票而继续持有亏损股票等。

二、套利限制

传统金融学家也意识到并非市场上的所有投资者在任何时候都是理性的，但是在理性投资者与非理性投资者共存的证券市场上，价格是由理性投资者确定的。如果非理性投资者的交易促使价格偏离价值，则理性投资者可以通过建立套利组合来消除这种偏离（Friedman，1953），非理性投资者在市场上会不断地遭受损失最终被赶出市场。然而这种通过理性投资者套利而清除非理性投资者对价格影响的理论受到现实市场中套利限制的制约。这种套利限制主要表现在以下两方面：

（1）执行成本（implement costs）。理性投资者构建套利组合会遇到一定的执行成本，包括经纪费（commission）、买卖价差（bid-ask spread）等交易成本以及两种重要的执行成本：卖空限制（short sales constraints）与发掘套利机会成本。

① 卖空限制是指任何妨碍投资者建立空头寸的因素，包括借入股票以出售要支付给股票所有人的费用，以及由于监管限制而使部分股票不能卖空等。

② 发掘套利机会成本高昂。传统金融学家认为，非理性投资行为会表现出收益率可预

测现象，理性投资者很容易就会发现这一现象并进行套利活动。然而正如 Shiller(1984)指出的，套利机会是很难发现的，发掘套利机会成本昂贵。

(2) 套利风险。套利限制还体现在套利并非像传统教科书中所说的那样无风险。现实生活中的套利包含以下风险：① 基本面风险(fundamental risks)——一只价格被高估的股票可能因随后出现好消息而价值上升，从而使卖空该股票的套利者遭受损失。② 噪声交易者风险(noise trader risks)——当某一证券价格偏离其价值时，套利者通过构造套利组合来盈利，但接下来该证券价格在相同方向上进一步偏离其价值，噪声交易者风险可能会使套利者不得不提前清算套利头寸从而造成损失(De Long，et al，1990；Shleifer and Vishny，1997)。

从上面的分析可以看出，由于执行成本与套利风险的存在，套利者并不能立即纠正非理性行为。理性投资者可能不会及时且充分地消除非理性投资者行为的影响。

传统金融学理论面临着没有实证证据支持的尴尬局面，在对学科进行审视和反思的过程中，行为金融学便成为学界关注的焦点。行为金融学是建立在投资主体非理性假设基础上的，是对正统的、经典的有效市场理论的挑战和补充，是对贝叶斯理性人假设的否定。从20 世纪 80 年代开始，尤其是进入 90 年代以后，行为金融学理论研究迅速发展，有力地解释了许多用传统金融学理论无法解释的现象。

第三节　行为金融学的主要模型

早期的行为金融学研究侧重于批判传统金融学理论假设的不足，在动摇了传统金融学的理论基础之后，行为金融学提出了修正的理论假设，并借鉴传统的经济学分析工具，构建行为金融学理论模型。行为金融学从投资者的心态特征出发，提出了 BSV 模型、HS 模型和 DHS 模型等投资者行为决策模型。此外，在有限理性的假定下，行为金融学引入心理学的研究成果，对传统金融学理论中的资产组合理论和资本资产定价模型进行了修正，相应地提出了行为资产定价模型(BAPM)和行为资产组合理论(BPT)。

一、投资者行为决策模型

BSV 模型、HS 模型和 DHS 模型是行为金融学中描述投资者非理性行为的三个典型理论。这三个模型都是以投资者情绪和认知偏差为前提的，都在各自的理论框架内演绎出了对惯性效应和反转效应的解释。

(一) BSV 模型

BSV 模型是由 Barberis、Shleifer 和 Vishny 于 1998 年提出的，他们将两种决策偏差纳入投资者的行为中。其一是代表性偏差（representative bias），即投资者基于近期数据，以某种模式的相似性来预测，过分重视近期数据而忽视历史总体数据，且投资者对整体的判断往往受小样本特征的影响；其二是保守性偏差（conservatism bias），即投资者不能及时根据变化了的情况修正自己的预测。代表性偏差会造成投资者对新信息反应过度，保守性偏差会造成投资者对新信息反应不足。

BSV 模型的提出者认为，实证研究中发现的中短期收益惯性和长期收益反转现象与有限理性和保守主义倾向是密切相关的。他们在心理学分析的基础之上建立了自己的模型。假设只有一个代表性的风险中性投资者，他只对一种金融资产进行投资，假设收益满足随机游走（random walk），由于代表性投资者是有限理性的，因此，他对于收益的随机特征是全然不知的。对于在 t 期出现的个别收益信息 z_t（其值为 G 代表好的信息，B 代表差的信息），人们会产生两种反应：反应不足和反应过度。反应不足是指 t 期的信息对资产收益的影响在当期并没有完全体现，在下期会出现继续的调整来释放信息的所有影响，可以用方程抽象表示如下：

$$E(r_{t+1} \mid z_t = G) > E(r_{t+1} \mid z_t = B) \tag{14-1}$$

而反应过度则正好与上面的情况相反，由于人们的过分举动夸大了信息对价格的影响，进而资产在下一期会有些回复性的反应。这种情况一般出现在人们面临一系列相同性质信息时。比如一连串的好信息会使人们过分乐观，而连续的坏消息又会使人们陷入过分悲观的境地，用方程可以抽象地表示如下：

$$E(r_{t+1} \mid z_t = G, z_{t-1} = G, \cdots, z_{t-j} = G) < E(r_{t+1} \mid z_t = B, z_{t-1} = B, \cdots, z_{t-j} = B)$$
$$\tag{14-2}$$

在这样的情形假定下，BSV 模型提出者认为人们只会在上述式（14-1）、式（14-2）的指导下做出决策。此外，还假设整个模型满足马尔科夫随机过程（Markov process），即人们本期的决策取决于上一期的决策，如果上期个体选择了模型式（14-1），那么他也会继续选择模型式（14-1）作为本期的指导决策，保守主义倾向在这里得到了体现。比如在接收了一系列好消息之后，个人会利用先前的经验选用模型式（14-2）做出决策；如果接收到相反的信息，则又会选用模型式（14-1）做出决策。随着时间的推移，人们观察到的样本区间会越来越多，即使这样，由于保守主义的假设，人们也不太愿意调整前两个模型，以构造一个与事实情况相符的随机游走模型，这也再次反映了人是有限理性的。该模型认为，中短期内，人们更愿意选择模型式（14-1），进而在一定程度上解释了收益的惯性；而在长期内，由于信息的选择数量增多，连续同质信息出现的可能性增加，人们更倾向于选用模型式（14-2），从而过度反应，使收益出现反转性。

BSV 模型可以解释公开事件的预测效应、惯性效应和长期反转。对于单个未预期的盈利增长（正盈利冲击），由于投资者的保守主义倾向，他们对正盈利冲击反应不足。而真实的盈利是随机游走的，那么下一次盈利公告常常会给投资者带来"惊喜"，产生公开事件的预测效应和惯性效应。经历一系列的正盈利冲击后，投资者会调整自己的保守性特征，利用代表性法则推断盈利有增长趋势，不断将价格推动到相对目前盈利的一个更高的价格水平。既然真实的盈利是随机游走的，平均来讲之后的盈利公告会给投资者带来"失望"，由此产生长期反转。

当然，BSV 模型也存在一定的缺陷。该模型并不完全是在两种偏差的基础上推演并建立的，而是这两种偏差能够对 BSV 模型提供解释和支持，所以模型才用这两种偏差作为假设基础。由此带来的问题一是在某种程度上是否限制了模型对于现实市场的解释力；二是在不同的市场环境下个体会受到不同决策偏差不同程度的影响，投资者是否一定具有"保守性偏差"和"代表性偏差"，以及这两种偏差是否在反应过度和反应不足中起到了主要作用；三是这两种偏差是否在市场中同时存在并发挥作用。这些都是需要进一步探讨的问题。另外，从直观的角度来讲，股票市场中人们形成对未来预期的心理过程十分复杂，把复杂的预期过程抽象为模型中假设的模式是存在问题的。不管是"均值回归"机制，还是"趋势"机制，它们对有些类型的信息也许是存在的，对另外一些信息可能根本不存在。还有不容忽视的一点是，既然投资者在代表性偏差和保守性偏差之间的状态转移过程遵循贝叶斯法则，能够理性地从实践中、从前期中学习，为什么又说投资者是有限理性的呢？研究者基于有限理性的理论框架与其沿用的传统分析工具（如贝叶斯法则）反映出行为金融学研究的矛盾，这还有待于后续研究改善。

【思考题 14-2】　股票市场上发现有一种短期和中期的价格趋势，且伴随着长期逆转。那么保守性偏差和代表性偏差是如何相互作用并导致这种现象的？

（二）DHS 模型

Daniel、Hirshleifer 和 Suhramanyan 在 1998 年提出了基于投资者分类的 DHS 模型。他们把投资者划分为有信息的投资者（informed）和无信息的投资者（uninformed）两类，后者不存在心理偏差，而前者存在两种心理偏差：过度自信（overconfidence）和自我归因偏差（biased self attribution）。

总的来讲，DHS 模型认为在过度自信的影响下，投资者通常高估自身的预测能力，低估自己的预测误差，过分相信私人信息，低估公开信息的价值。过度自信使私人信息比公开信息具有更高的权重。如果私人信息是正向的，过度自信意味着投资者会将价格推动到一个高于基本价值的水平，造成反应过度。当包含噪声的公开信息到来时，价格偏差得到部分矫正。当越来越多的公开信息到来后，反应过度的价格趋于反转。另外，DHS 模型假设公开信息对投资者源于私有信息的自信心的影响是不对称的，如果公共信息证实了投资者的私有信息，将大大增强投资者的自信心；如果公共信息和投资者的私有信息相反，投资者将不会给予重视，自信心也不会受到太大影响。自我归因偏差是当发生的事件与投资者的行动一致时，投资者将其归结为自己的高能力；而当发生的事件与投资者行为不一致时，投资者将其归结为外在的噪声。自我归因偏差一方面导致了短期的惯性和长期的反转，另一方面也助长了投资者的过度自信。

DHS 模型基于投资者过度自信和自我归因的影响对反应过度及反应不足进行了解释。DHS 模型与一般看法不同的是：一般看法认为正的收益自相关性表明对新信息的反应不足，而负的收益自相关性表明对新信息的反应过度，但 DHS 模型表明正的收益自相关性是连续反应过度的结果，随后是长期的价格纠正，因而短期的正自相关与长期的负自相关协调一致。DHS 模型还解释了平均公开事件日的股票价格与事件后的长期超额收益趋势具有相同的符号现象。然而，DHS 模型仍存在一些主要问题：模型中过度自信的投资者是否能归属于一类特定的投资者，如机构、投资专家以及小的个体投资者，或者可以将三者均包括在内；对于假定具有较少信息的小投资者，是否会表现出过度自信。DHS 模型指出模型中的无信息投资者可以被认为是采用反向策略（contrarian-strategy）的投资者，同时模型认为尽管一些精明的反向投资者被视为理性的和有信息（informed）的，但在模型中纳入这些投资者并不会改变模型的预测性质。因此识别不同群体投资者在过度自信方面存在的不同特质，同时辨别过度自信和自我归因是否是导致反应过度和反应不足的主要投资者行为因素，对于进一步发展模型是很重要的。

（三）HS 模型

Hong 和 Stein 在 1999 年提出了 HS 模型。模型中假定市场由两种有限理性投资者组成：信息挖掘者和惯性交易者。这两类投资者都只能处理所有公开信息中的一个子集。信息挖掘者基于他们自己观测到的关于未来基本情况的信号做出预测，其局限性是不能根据当前和过去的价格的信息进行预测。惯性交易者正好相反，他们可以根据过去的价格变化做出预测，但是他们的预测仅是过去价格的简单函数。除了对交易者的信息处理能力加以限制外，模型还加了一个假定：私人信息在信息挖掘者中间是逐步扩散的。HS 模型所有的结论都是基于以上三个假设做出的。HS 模型将中期的反应不足和长期的价格反应过度统一起来，因此又被称为统一理论模型。

在 HS 模型中，信息挖掘者实际上就是一种套利者，在发现证券的价值被低估或者有关证券基本面的利好消息时，他们就会采取买入策略。而统一理论中的噪声交易者则固定为一种类型，即惯性交易者，套利者的买入决策会使惯性交易者进行跟随买入，引起证券价格上涨，而这种行为对后面加入进来的惯性交易者又会产生负面影响。之前的价格上涨可能被后面的交易者曲解为有更多利好消息到达，这使得更多的交易者买入，使价格远远超出了最初的信息所引起的应有的价格变化部分。因此，整体上价格表现为：最初的连续上涨表现为过度上涨，然后再跌落。相反，如果到达的是坏消息，证券价格会出现相反的运动趋势：连续并过度跌落，然后再上涨。从这一过程中可以看出，价格体现为初期的反应不足和随后的反应过度相结合的过程。

确切地讲，HS 模型并不是基于心理决策偏差，而是将投资者分成两个有限理性群体，进而考虑其相互作用来解释反应过度和反应不足的。首先，从某种程度上来讲，HS 模型的有限理性假设是具有一定的说服力和直觉上的适用性的，进而在 HS 模型的框架中，认为使用简单惯性策略的套利者具备有限理性是有较广泛的可信度的，也与现实市场中的观察经验较吻合。其次，从简单的原则出发，HS 模型的推论仅来自一种主要的外部冲击，即关于未来基本面状况的缓慢扩散的消息，而并不包含投资者心态或流动性干扰等外部变量。因而 HS 模型展示的主要概念性结论是：如果某一类投资者（如消息观察者）对一些信息存在短期的反应不足，那么在其他投资者使用简单套利策略（如惯性策略）的情况下，最终将导致长期的反应过度。从模型上看，相对于 BSV 模型和 DHS 模型，HS 模型可能具有较强的解释力度。对于 HS 模型提出的一些有待实证的推论，如：价格短期的连续性和长期的反转更有可能发生在那些规模较小或分析师较少关注的股票上（因为有关这些股票的消息扩散较慢），价格对信息的长期反应过度更有可能最初发生在私有信息而非公开信息上；又如价格收益自相关性的形式将与惯性投资者的投资期限存在一定的关联关系等，仍有待于进一步的实证检验。

（四）三个模型的比较

上面三个模型从不同心理特征角度解释惯性与反转的异象，呈现出不同特征。

（1）三个模型涉及不同的心理学基础和投资者心理偏差。BSV 模型基于保守性偏差和代表性偏差，这两个偏差体现在投资者预期中的均值回归模型和趋势模型以及两者之间的转化模型中；DHS 模型一方面基于投资者对私人信息的过度自信，低估预期的方差，另一方面基于投资者的自我归因偏差，加剧过度自信，进一步低估方差；HS 模型强调投资者是异质且交互作用的，虽然模型中没有明显提出投资者的心理偏差，但隐含了信息挖掘者的保守思维和惯性交易者的代表性思维，信息挖掘者仅对信息的子集做出反应，而惯性交易者的作用仅是改变证券交易的数量。

（2）三个模型涉及不同的市场假设。BSV 模型假设市场是均质的；DHS 模型和 HS 模型都是在非均质市场条件下建立起来的；DHS 模型将信息区分为公开信息和私人信息，投资者自身的心理偏差使得他对这两种信息区别对待；HS 模型将投资者分为信息挖掘者和惯性交易者，两者的相互影响引起证券价格的变化。

（3）三个模型涉及对异象的不同解释过程。BSV 模型认为，在保守性偏差决定的均值回复模式下，投资者对单个的收益意外反应不足导致惯性现象；在代表性偏差决定的趋势模式下，投资者对一系列同向的收益意外产生过度反应，导致长期反转现象。DHS 模型中，投资者对私有信息过度自信，公开信息在自我归因偏差的作用下使过度自信加剧，两者共同作用产生了价格对基本面的偏差，即短期惯性现象；从长期来看，价格偏离会逐渐消失，并导致长期反转的现象。HS 模型中，两个有限理性的投资者表现不一——信息挖掘者对新的信息反应不足，惯性交易者清除这种反应不足，并直至过度反应，这导致了惯性现象和长期反转现象。

二、行为资产定价模型(BAPM)

随着行为金融学理论的发展，有些学者逐渐认识到，把行为金融学理论与现代金融学理论完全对立起来似乎是不当的，而将二者结合起来，对现代金融学理论和模型进行改进和完善，正成为行为金融学理论的另一个重要发展方向。在这方面 Statman 和 Shefrin (1994)提出的行为资产定价模型(Behavior Asset Pricing Model，BAPM)引起了金融界的广泛关注。BAPM 是对现代资本资产定价模型(CAPM)的扩展。与 CAPM 不同，在 BAPM 中，投资者并非都具有相同的理性信念，而是被分为两类：信息交易者和噪声交易者。信息交易者是严格按 CAPM 行事的理性投资者，他们不会受到认知偏差的影响，只关注组合的均值和方差。噪声交易者则不按 CAPM 行事，他们会犯各种认知偏差错误，并没有严格的对均值方差的偏好。两类交易者互相影响，共同决定资产价格。当前者是代表性交易者时，市场表现为有效率；而当后者成为代表性交易者时，市场表现为无效率。在 BAPM 中，证券的预期收益是由其"行为 β"决定的，β 是"均值方差有效组合"的切线斜率。在这里，均值方差有效组合并不等于 CAPM 中的市场组合，因为此时的证券价格受到噪声交易者的影响。另外，BAPM 还对在噪声交易者存在的条件下，市场组合回报的分布、风险溢价、期限结构、期权定价等问题进行了全面研究。

BAPM 模型典型地体现了行为金融学的基本理念，即非理性交易者实质性的存在，它描述了理性交易者和非理性交易者都存在的情况下的资产定价方式。BAPM 将信息交易者和噪声交易者以及两者在市场上的交互作用同时纳入资产定价框架，实现了主流经济学向理性之外的转向，让理论对现实更加具有解释力。与此同时，行为资产定价理论仍然具有一定的局限性，噪声交易者的界定，噪声交易风险的度量都还具有一定的主观臆断性，这给未来的发展带来了挑战。在跨学科研究方面，BAPM 的提出给学者们提供了一个思路，即从不同的方面综合研究资产定价理论，去掉一些不必要的假设前提，将以前只能够定性分析的变量量化，这样可以使理论更接近实际。

三、行为投资组合模型(BPT)

谢弗林和斯塔曼(Shefrin & Statman，1997)借鉴资产组合理论(MPT)的有益部分在前景理论基础上建立了行为资产组合理论(Behavioral Portfolio Theory，BPT)。MPT认为投资的最优组合配置位于均值方差有效边界上，而BPT认为现实中的投资者无法做到这一点，他们实际构建的资产组合是基于对不同资产的风险程度的认识以及投资目的所形成的一种金字塔式的行为资产组合，位于金字塔各层的资产都与特定的目标和风险态度相联系，而各层之间的相关性被忽略了。BPT投资者将通过综合考虑期望财富、对投资安全性与增值潜力的欲望、期望水平以及达到期望值的概率等因素来选择符合个人意愿的最优组合。与MPT相比，BPT与实际投资行为更为接近。

BPT与MPT的分析框架是相似的，都是在一定风险下寻求最大收益，在风险与收益平面内构造有效边界，并根据效用函数判断最优组合。但二者存在大差异，这体现在风险度量与未来收益的确定方面，这种差异主要源于对投资者心理与行为的不同理解。MPT中的投资者对未来各种不同前景出现的概率以及相应的期望值能够进行客观公正的估价，而且因为投资者均是理性人，他们的估值也无差异。其直接结果便是产生一条供所有投资者选择的有效边界，这条有效边界不会因人而异。但BPT中的投资者是正常人，他对未来的估计会受到害怕、希望、期望等感情因素的影响，而且不同的投资受影响程度有所不同。这种差异体现为对未来收益的期望均值估值不同，悲观者会做估值偏低而乐观者会估值偏高，与此对应的是每位投资者都有属于自己的有效边界。

行为组合理论的诞生给投资组合选择理论注入了新的生命力，但其研究才刚刚开始，理论上还需构建更加完备的构架，且还有待于实证检验。因此，行为组合理论今后的发展方向应是针对不同的市场进行实证检验以判断其适用性，并在此基础上不断完善。此外还有很多问题值得我们进一步探索。

(1) 谢弗林和斯塔曼的BPT模型对证券的未来收益做了离散化处理，而且该模型中证券的收益被假定为只有两种情况。因此，对于未来收益任意多种情况的处理以及未来收益连续的情况需进一步研究。

(2) BPT模型中的最优化问题很难求解。由于离散化的最优化问题很多情况下都没有解析解，所以对于BPT模型的求解方法还需进一步探讨。

(3) 行为组合理论有两种分析模型：单一账户资产组合理论(BPT-SA)和多重账户资产组合理论(BPT-MA)。关于多账户行为资产组合模型中各个账户之间的平衡问题有待解决：在投资者建立了3个及3个以上心理账户的情况下，投资者依据什么样的效用函数来联合各个账户？在选择一定的效用函数以后，怎样来求解这一系列的最优化问题？

(4) BPT模型对风险的衡量采用的是破产概率，这与其他用破产概率来衡量风险的模型具有同样的问题，即用破产概率来衡量风险虽然符合投资者希望减少不利情况发生概率的心理，但是没有考虑不利情况下损失风险的大小。

　　作为现代金融学的一个新兴领域和重要研究方向，行为金融学并不是对传统金融学进行全盘否定。简单来说，二者的区别仅在于行为金融学添加了心理学的研究成果，对传统金融学理论进行了修正和补充，突破了传统的最优决策模型，使对投资者的决策研究方向从"应该怎么做"转变为"实际该怎么做"，从而更加符合现实情况。然而，行为金融学理论的发展仍然处于初级阶段，其主要理论和模型的出现还比较零散，尚未形成如传统金融学理论那样统一的理论体系。在现有理论和模型的基础上，整合和发展出一套统一的行为金融学理论体系是接下来亟待解决的问题。

本 章 小 结

　　(1) 有限理性指的是人的信息收集能力、计算能力和认识能力是有限的，故在决策中追求的是"满足"而非理性的"最优"。

　　(2) 在行为金融学中，前景理论替代了传统金融学的期望效用理论。在前景理论中，人们的效用取决于财富的变化量而非财富的大小。

　　(3) 由于执行成本与套利风险的存在，投资者的套利行为并不能立即纠正非理性行为。所以，通过理性投资者套利来清除非理性投资者对价格的影响受到现实市场中套利限制的制约。

　　(4) 投资者行为决策模型、行为资产定价模型(BAPM)和行为投资组合模型(BPT)等是行为金融学的核心理论。

附录　部分思考题答案

【思考题 2-1】答案：

解　(1) EAR＝$(1＋0.01)^{12}－1＝0.1268＝12.68\%$

(2) EAR＝$e^{0.12}－1＝0.1275＝12.75\%$

【思考题 3-1】答案：

这三种资产组合的收益和风险关系均符合高风险、高收益的原则。因此，投资者应根据自己的偏好做出最满意的选择，可通过比较每个组合的效用值来进行筛选，组合效用值的分数越高，投资者的满意程度越大。

【思考题 3-2】答案：

解　对 $A＝4$ 的投资者，风险组合的效用是 $U＝0.02－1/2×4×0.3^2＝0.02$，短期国债效用为 $U＝0.07－1/2×4×0＝0.07$ 所以，相对于股票，投资者更偏好短期国债。

对 $A＝2$ 的投资者，风险组合的效用是 $U＝0.02－1/2×2×0.3^2＝0.11$，短期国债的效用依旧是 0.07，所以风险厌恶程度低的投资者偏好于风险组合。

【思考题 3-3】答案：

解　可采用 Excel 模板进行绘制，详略。

【思考题 4-1】答案：略。

【思考题 6-1】答案：

(1) 路上的钞票是假的，因为很多人捡起过，发现是假的又丢回去了；

(2) 路上的钞票是真的，因为大家都以为是假的，没有人捡起过；

(3) 路上的钞票是真的，因为是刚刚路过这里的一个人遗落的。

地上的钞票表示市场上的超额收益，三种观点代表有效市场假说下的三种投资学思想：

(1) 市场是有效的，所以任何人都不能获得超额收益；

(2) 市场是有效的，所有人都采取消极的投资策略，结果市场存在错误定价使得积极投资可以发现获利机会。

(3) 市场是有效的，但是由于信息的突然变化来不及反映到价格，市场上存在超额收益。

【思考题 6-2】答案：

(1) 高层管理人员可能获得公司的机密信息。根据这些信息，他们有能力获得对自己有益的交易，这并不违背弱有效市场形式：超额收益并不是来自对过去的价格与交易数据的分析。如果这些异常收益时来自对过去价格与交易数据的分析，则说明从这种分析中可以收集到有用的信息。这违背了强式有效市场假说，很明显一些机密信息并没有反映在股票价格中。

（2）弱式、半强式和强式有效市场假说的信息包容关系可以用附图1来表示。

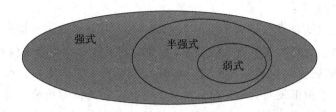

附图1　弱式、半强式和强式有效市场假说的信息包容关系

弱有效市场假说的信息仅仅包括价格和交易量的历史信息。强式除了弱式还包括内幕信息。内幕交易是违法的。正确的推导方向是：

强有效市场假说 ⟶ 半强式有效市场假说 ⟶ 弱有效市场假说

相反的推导是错误的。例如，股票价格可能反映全部的历史数据（弱有效形式），但可以不反映相关的基础性数据（半强有效形式）

【思考题6-3】答案：

实际上我们在观察股价趋于被称为阻力水平的价格时，可以认为股价可以由阻力水平决定。如果一只股票可以任意价格被出售，那么投资者必须相信如果股票以该价格买入，那么就可以获得一个公平的收益率。对于一只股票来说，既存在阻力水平，又可以在低于阻力水平的价格上获得公平的收益率，这在逻辑上是不可能出现的。如果认为价格是合理的，就一定要放弃有关阻力水平的假定。

【思考题6-4】答案：

如果每个人都采取消极投资策略，股价将不能再反映新的信息。这时就存在通过发现定价不当的证券来积极投资从而获得获利的机会。当投资者买卖此类资产时，价格又将趋于公平的水平。

【思考题6-5】答案：

预计累积的异常收益递减与有效市场假说不符。如果可以预测到这一现象，那么获利机会可以出现：在价格预计下跌之前就卖空在事件发生日将受到影响的股票。

【思考题7-1】答案：

n 年期即期利率是指剩余期限为 n 年的零息债券的到期收益率；第 n 年的短期利率是指第 n 年将实行的1年期利率。

【思考题7-2】答案：

如果发行人更愿意发行长期债券，则他们会更愿意接受比短期债券更高的逾期利息成本。这种意愿与投资者对长期债券的高利率要求相结合，形成了正的流动性溢价。

【思考题 8-1】答案：

在连续复利的情况下，麦考利久期和修正久期相等。

【思考题 8-2】答案：

麦考利久期定义为债券全部现金流发生时间的加权平均。修正久期可表示为麦考利久期除以 $1+y$（其中 y 为每次支付时的收益率，例如：如果债券每半年支付一次利息，y 就是半年的收益率）。这表明对普通债券而言，修正久期等于债券价格变化率比上收益率变化量。有效久期抓住了修正久期的这一最后特征。它被定义为债券价格变化率与市场利率变化量之比。关于嵌入期权债券的有效久期，在计算价格变化时，需要一种考虑这些期权的定价方法。此时计算有效久期不能用对现金流的发生时间进行加权平均的方法，因为这些现金流是随机的。

【思考题 8-3】答案：

应选择(D)。以上都可能发生，取决于你持有投资的时间是多久。

从短期来看，赔钱了，因为利率和价格成反比。高利率意味着：当利率上升时，债券投资值下降，10 年期国债的收益为 6%，利率上涨 2 个百分点将使你的本金价值下降大概 14%。

但是，如果留着国债而不出售，你将把收到的利息以新的 8% 的较高利率投资。随着时间的变化，这种利息会累积起来，抵消本金初始的损失，而且比利率不变时得到的收益高一些。

判断债券利率敏感性的最好方法之一是实际运用久期。久期是债券投资偿还期限的一种测度，介于短期和长期之间。当投资期限等于债券久期时，不管利率如何变化，债券收益实际上没有变化。因此，久期具有对将来到期投资的再保证特征，确保投资者的投资大体上与支出的到期期限相匹配，避免在利率出现波动时出现不利。

【思考题 10-1】答案：

远期是一种场外交易工具。交易双方通过直接协商（通常是通过电话），确定某一特定的交易金额和交割日期。因此，远期合约是非标准化的。相比之下，期货合约是标准化的合约。两者的差别见附表 1。

附表 1　远期与期货的差别

远期	期货
交易双方直接协议交易	在交易所进行交易
市场参与者之间不互通大宗交易信息	交易信息很快被其他参与者获得
在到期日进行实物交割或现金结算	合约通常在到期日前就被对冲
通常只有一个交割日	有一系列交割日
到期日前没有现金支出	保证金账户每天都有现金的出入
交割日和合约规模可以协商而定	标准化合约

【思考题 10 - 2】答案：

（1）在合约有效期内，假设远期合约的标的资产为投资者提供已知的现金收益，例如股票支付的已知红利以及附息债券支付的债券利息。如果在合约有效期限内所有已知现金收益的现值为 I，那么远期价格 F 与现价 S 的关系是：

$$F = \frac{S - I}{(1 + r)^{T-t}}$$

上式可以用无收益资产远期合约价格分析中的类似方法证明。

（2）当利息收益率 q 已知时，远期价格 F 与现价 S 之间存在如下关系：

$$F = S\left(\frac{1 + r}{1 + q}\right)^{T-t}$$

【思考题 10 - 3】答案：

如果期货价格是一个无偏估计，那么可以推知风险溢价为 0，也就意味着贝塔值为 0。

【思考题 11 - 1】答案：

解　股票分拆前，最终的收益为 $100 \times (140 - 130) = 1000$ 元。

股票分拆后，收益为 $200 \times (75 - 60) = 1000$ 元。收益不受影响。

解　股票价格上升 1 元，即百分比增加为 $1/122 = 0.82\%$。看跌期权下跌 $0.4 \times 1 = 0.40$ 元，下跌百分比为 $0.40/4 = 10\%$。弹性为 $-10/0.82 = -12.2$。

【思考题 11 - 2】答案：

解

（1）四种期权策略与股价的函数关系如图 11 - 11 所示。

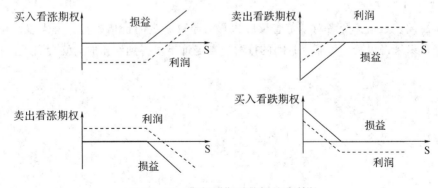

图 11 - 11　期权到期时的损益和利润

（2）一般来说，股价越高，买入看涨期权与卖出看跌期权的收益与利润越高。从这个意义上看，这两种头寸都是看涨的，都包含着潜在的股票买入交割。但是，股价较高时，看涨期权持有者会选择交割买入股票，而当股价较低时，看跌期权的卖方有义务必须交割买入股票。

（3）一般来说，股价越低，卖出看涨期权与买入看跌期权的收益与利润越高。从这个意义上讲，这两种头寸都是看跌的，都包含着潜在的股票卖出交割。但是，当股价较低时，看跌期权持有者会选择交割卖出股票，而当股价较高时，看涨期权的卖方有义务必须交割卖出股票。

【思考题 11-3】答案：

解 普通债券的抛补看涨期权策略包括一种普通债券和该债券的看涨期权。到期时该策略的价值可以表示为普通债券价值的函数。普通债券价值的收益直线如图 10-12 所示，与图 10-9 在本质上是相同的。

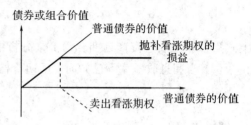

图 11-12 普通债券价值的收益

【思考题 11-4】答案：

解 更低。投资者将接受较低的息票利率以获得转换的权利。

【思考题 12-1】答案：略。

【思考题 12-2】答案：

解 股票价格上升 1 元，即百分比增加为 $1/22=0.82\%$。看跌期权下跌 $0.4 \times 1 = 0.40$ 元，下跌百分比为 $0.40/4 = 10\%$。弹性为 $-10/0.82 = -12.2$。

【思考题 14-1】答案：

是否相信取决于投资者对有效市场假说是否信仰。由于市场上存在着许多基金，某些基金持续表现出异常收益并不足为奇，需要对基金业绩进行持续研究。

【思考题 14-2】答案：

保守性偏差是指投资者对新信息反应太慢，导致一定的价格趋势；而代表性偏差会使这种趋势在未来得以延续。随着时间的推移，当定价错误得到纠正时，就会出现价格反转。

参 考 文 献

[1] LINTNER J. The Valuation of Risk Assets and the Selection of Risky Investments in Stock Portfolios and Capital Budgets[J]. Review of Economics and Statistics, 1965, 47(1): 13 - 37.

[2] BLACK F, JENSEN M C, SCHOLES M. The Capital Asset Pricing Model: Some Empirical Tests[J]. Social Science Electronic Publishing, 1972, 94(8): 4229 - 4232.

[3] FAMA E F, Macbeth J D. Risk, Return, and Equilibrium: Empirical Tests[J]. The Journal of Political Economy, 1973, 3(81): 607 - 636.

[4] BANZ R W. The Relationship Between Return and Market Value of Common Stocks [J]. Journal of Financial Economics, 1981, 9: 3 - 18.

[5] FAMA E F, FRENCH K R. The Cross - Section of Expected Stock Returns[J]. The Journal of Finance, 1992, 2(47): 427 - 465.

[6] FAMA E F, FRENCH K R. Multifactor Explanations of Asset Pricing Anomalies. Journal of Finance, 1996, (51): 55 - 84.

[7] LAKONISHOK J, SCHLEIFER A, VISHNY R W. Contrarian Investment, Extrapolation and Risk[J]. Journal of Finance, 1994, 12.

[8] DEBONDT W, THALER R. Does the Stock Market Overreact[J]. Journal of Finance, 1985, (40): 793 - 805.

[9] JEGADEESH N, TITMAN S. Returns to Buying Winners and Selling Losers: Implications for Stock Market Efficiency[J]. The Journal of Finance, 1993, 1(48): 65 - 91.

[10] FAMA E F, FRENCH K R. Value Versus Growth: The International Evidence [J]. The Journal of Finance, 1998, 53(6): 1975-1999

[11] FAMA E F. Components of Investment Performance[J]. Journal of Finance, 1972, 27(3):551—567.

[12] 滋维·博迪, 等. 投资学(原书第 10 版)[M]. 汪昌云, 等译. 北京: 机械工业出版社, 2017.

[13] 埃德温·J埃尔顿, 等. 现代投资组合理论与投资分析(原书第 9 版)[M]. 王勇, 等译. 北京: 机械工业出版社, 2017.

[14] 罗伯特·豪根. 现代投资理论(原书第 5 版)[M]. 郑振龙, 等译. 北京: 北京大学出

版社，2005.

[15] 露西·阿科特，等. 行为金融：心理、决策和市场[M]. 戴国强，等译. 北京：机械工业出版社，2012.

[16] 赫什·舍夫林. 超越恐惧和贪婪：行为金融学与投资心理学[M]. 贺学会，等译. 上海：上海财经大学出版社，2017.

[17] 张亦春，郑振龙，等. 金融市场学[M]. 4 版. 北京：高等教育出版社，2013.

[18] 曹志广，韩其恒. 投资组合管理[M]. 上海：上海财经大学出版社，2005.

[19] 汪昌云. 金融经济学[M]. 北京：中国人民大学出版社，2006.

[20] 汪昌云，类承曜，谭松涛. 投资学[M]. 3 版. 北京：中国人民大学出版社，2017.

[21] 贺显南. 投资学原理及应用[M]. 3 版. 北京：机械工业出版社，2017.

[22] 刘红忠. 投资学[M]. 4 版. 北京：高等教育出版社，2019.

[23] 金德环. 投资学[M]. 北京：高等教育出版社，2007.

[24] 吴晓求. 证券投资学[M]. 5 版. 北京：中国人民大学出版社，2020.

[25] 郑振龙，陈蓉. 金融工程[M]. 5 版. 北京：高等教育出版社，2020.

[26] 林清泉. 金融工程[M]. 5 版. 北京：中国人民大学出版社，2018.

[27] 许承明. 金融工程学[M]. 广州：中山大学出版社，2006.

[28] 类承曜. 固定收益证券[M]. 3 版. 北京：中国人民大学出版社，2013.

[29] 张宗新. 金融计量学[M]. 北京：中国金融出版社，2008.

[30] 金辉. 投资学实证方法及课程论文集[M]. 杭州：浙江大学出版社，2018.

[31] 董志勇. 行为金融学[M]. 北京：北京大学出版社，2009.

[32] 饶育蕾，彭叠峰，盛虎. 行为金融学[M]. 2 版. 北京：机械工业出版社，2020.